Gongcheng Jianshe Fagui yu Hetong Guanli

工程建设法规与合同管理

宁先平　主编

人民交通出版社

内 容 提 要

本教材为浙江省"十一五"重点教材建设项目成果之一。全书共分三大模块 11 个单元。主要内容包括：模块一建设法规，包括单元一《中华人民共和国建筑法》关于施工许可、建筑工程发承包及建筑工程监理的主要内容，单元二《中华人民共和国安全生产法》与工程建设相关的主要内容，单元三《建设工程安全生产管理条例》的主要内容，单元四《建设工程质量管理条例》的主要内容。模块二建设工程招投标，包括单元一招标投标法律概述，单元二建设工程施工招投标，单元三建设工程监理招投标。模块三合同法律制度，包括单元一合同法概述，单元二建设工程施工合同，单元三工程变更与工程索赔，单元四建设工程委托监理合同。

本书既可作为高等职业院校土建类相关专业的教材和指导书，也可作为土建类相关专业职业资格考试培训教材，又可作为工程招投标人员、合同管理人员、工程技术人员和管理人员的学习参考书。

图书在版编目(CIP)数据

工程建设法规与合同管理/宁先平主编. —北京：
人民交通出版社，2010.8
ISBN 978-7-114-08453-9

Ⅰ.①工… Ⅱ.①宁… Ⅲ.①建筑法—中国②建筑工程—经济合同—合同法—中国 Ⅳ.①D922.297 ②D923.6

中国版本图书馆 CIP 数据核字(2010)第 156051 号

书　　名：工程建设法规与合同管理
著 作 者：宁先平
责任编辑：邵　江　刘彩云
出版发行：人民交通出版社
地　　址：(100011)北京市朝阳区安定门外外馆斜街 3 号
网　　址：http://www.ccpress.com.cn
销售电话：(010)59757973
总 经 销：人民交通出版社发行部
经　　销：各地新华书店
印　　刷：北京鑫正大印刷有限公司
开　　本：787×1092　1/16
印　　张：18
字　　数：420 千
版　　次：2010 年 8 月　第 1 版
印　　次：2017 年 12 月　第 8 次印刷
书　　号：ISBN 978-7-114-08453-9
定　　价：36.00 元
(有印刷、装订质量问题的图书由本社负责调换)

高职高专土建类专业规划教材编审委员会

近年来我国职业教育蓬勃发展,教育教学改革不断深化,国家对职业教育的重视达到前所未有的高度。为了贯彻落实《国务院关于大力发展职业教育的决定》的精神,提高我国土建领域的职业教育水平,培养出适应新时期职业需要的高素质人才,人民交通出版社深入调研,周密组织,在全国高职高专教育土建类专业教学指导委员会的热情鼓励和悉心指导下,发起并组织了全国四十余所院校一大批骨干教师,编写出版本系列教材。

本套教材以《高等职业教育土建类专业教育标准和培养方案》为纲,结合专业建设、课程建设和教育教学改革成果,在广泛调查和研讨的基础上进行规划和展开编写工作,重点突出企业参与和实践能力、职业技能的培养,推进教材立体化开发,鼓励教材创新,教材组委会、编审委员会、编写与审稿人员全力以赴,为打造特色鲜明的优质教材做出了不懈努力,希望以此能够推动高职土建类专业的教材建设。

本系列教材先期推出建筑工程技术、工程监理和工程造价三个土建类专业共计四十余种主辅教材,随后在2~3年内全面推出土建大类中7类方向的全部专业教材,最终出版一套体系完整、特色鲜明的优秀高职高专土建类专业教材。

本系列教材适用于高职高专院校、成人高校及二级职业技术学院、继续教育学院和民办高校的土建类各专业使用,也可作为相关从业人员的培训教材。

人民交通出版社

2011 年 3 月

前言

QIANYAN

　　工程建设法规与合同管理是建设工程项目管理的主要内容,编者从高等职业教育理念和要求出发,按照立足"上岗",服务"就业"的教改要求,编写了这本理论与实际密切结合、偏重实用的教材。

　　本教材在编写过程中,注重了以下几点:

　　1. 注重时效性。本教材着重考虑建设法规的效力,以最新颁布或修改的法律法规为蓝本进行编写,并且对相关法规的阐释注重原文原意,全面引证,避免断章取义,臆断发挥。

　　2. 突出实用性。本教材由具有丰富工程实践经验的企业人员参与编写,内容的选取从岗位需要出发,以现场建设工程项目管理人员应知应会的内容为编写依据,并辅以大量的客观习题,旨在强化学生对理论内容的掌握;辅以典型案例分析,重点说明如何操作,旨在培养学生解决工程中相关问题的能力。同时,内容的选择,注重了与建造师执业资格考试及施工员、监理员等岗位考试相结合,为学生今后参加执业资格考试及岗位考试奠定基础。

　　3. 采用全新的体例编写。以实际发生的典型案例作为"引例"导入新课,引发学生思考,激发学生学习的积极性;编写覆盖主要知识点的"任务案例"贯穿课堂教学,学生学习目的明确;附有"特别提示"、"知识链接"和"自主学习资料推荐",扩展学生视野;单元或模块后附有"案例题"及"客观题",供学生练习,起到强化知识点的作用;为对接学生工作岗位任务,在每个模块后设计了"考核项目",为学生从业从事相关工作奠定基础。

　　本教材由宁先平担任主编,孙清梅、赵晓明担任副主编,王梦飞任主审。具体编写分工如下:模块一中的单元一、单元二及考核项目一由浙江广厦建设职业技术学院孙清梅编写;模块一中的单元三、单元四及考核项目三由浙江广厦建设职业技术学院周城编写;模块二中的单元一、单元三及模块三中的单元四由浙江广厦建设职业技术学院付敏娥编写;模块二中的单元二、模块三中的单元二、考核项目二及所有的习题由浙江广厦建设职业技术学院宁先平编写;模块三中的单元一及单元三由浙江森威监理有限公司赵晓明编写。浙江广厦建设职业技术学院王梦飞对本教材进行了审读并提出了许多宝贵意见,在此表示感谢。

　　由于编者水平有限,不妥之处在所难免,恩请读者提出宝贵意见。

编者

2010 年 7 月

目 / 录

MULU

模块一
建 设 法 规

单元一 《中华人民共和国建筑法》关于施工许可、建筑工程发承包及建筑工程监理的主要内容

➤单元教学目标

能 力 目 标	知 识 目 标	素 质 目 标
1. 能正确运用《建筑法》的有关规定解决本单元的案例问题； 2. 能熟练解决本单元的单项及多项选择题； 3. 能完成"能力训练项目一"中建筑法相关案例的编写	1. 了解《建筑法》关于从事建筑活动的企业和人员从业资格的规定； 2. 熟悉《建筑法》关于建筑工程实施监理的有关规定； 3. 掌握建筑工程施工许可、建筑工程发包与承包的主要规定	通过学习，培养学生自觉遵守《建筑法》主要规定的从业素质

➤学习要点

```
              单元一 学习要点
    ┌──────────────┬──────────────┬──────────────┐
建筑工程施工许可与从业资格   建筑工程发包与承包      建筑工程监理
```

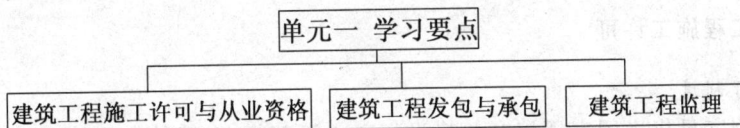

➤引例（导入新课）

摘自"关于江苏省淮阴卫生学校工程质量事故的处理通报" http://xxgk.zghy.gov.cn/xxgk/jsj/ywgz/2009/2/0926162681102.html

江苏省淮阴学校在其教学楼工程未取得建筑工程施工许可证的情况下，擅自进行施工。在教学楼的基础深层搅拌桩施工期间，施工单位未按设计图纸施工，施工程序不规范，存在偷工减料现象；监理单位监管不力，未能认真履行监理职责。造成该桩基工程在现场检测时，钻芯取样取出的芯样呈泥巴状，无强度；单桩静载检测承载力也达不到设计要求，桩基工程整体报废，造成较大经济损失，属重大质量事故。建设单位予以通报批评，监理单位予以不良行为记录一次，施工单位被清出该地区建筑市场。

上述案例体现了建设系统工程建设领域的突出问题,是《中华人民共和国建筑法》(以下简称《建筑法》)所禁止的。

《建筑法》是一部规范建筑活动的重要法律,由中华人民共和国第八届全国人民代表大会常务委员会第二十八次会议于1997年11月1日通过,自1998年3月1日起施行,共8章85条。它以规范建筑市场行为为起点,以建筑工程质量和安全为主线,主要设置了总则、建筑许可、建筑工程发包与承包、建筑工程监理、建筑安全生产管理、建筑工程质量管理、法律责任、附件等内容。由于根据《建筑法》制定的《建设工程安全生产管理条例》、《建设工程质量管理条例》已经分别对安全和质量作出了更详细的规定,这里就不再重复介绍了,仅就建筑施工许可、建筑工程发承包及建筑工程监理的内容进行论述。

➤ 任务案例(贯穿课堂教学)

某高层办公楼,总建筑面积137 500m²,地下3层,地上25层。业主与施工总承包单位签订了施工总承包合同,并委托了工程监理单位。为赶工期,在未办理施工许可证的情况下先行施工。在施工过程中,施工总包单位发现深基坑支护工程的设计有误,于是上报监理工程师,监理工程师要求设计单位整改。随后,施工总承包单位自行决定将主体工程分包给了一家分包单位施工,分包单位在施工过程中发生了楼梯坍塌事故,造成4名施工人员被掩埋,经抢救3人死亡,1人重伤,事故中直接经济损失80万元。经调查,该分包单位无相应资质。业主要求总包单位赔偿事故损失80万元,总包单位拒赔,理由是该事故是由分包单位造成的,应要求分包单位赔偿事故损失80万元。

问题1:请指出上述整个事件中有哪些做法不妥,为什么?

在施工过程中,施工总包单位偷工减料,并给监理工程师好处费,监理工程师对应当监督检查的项目不按照规定检查,给建设单位造成了损失。

问题2:监理工程师应承担什么责任?

一 建筑工程施工许可及从业资格

(一)建筑工程施工许可

1.施工许可制度

施工许可制度是指由国家授权有关建设行政主管部门,在建筑工程施工前,依建设单位申请,对该项工程是否符合法定的开工条件进行审查,对符合条件的工程发给施工许可证,允许建设单位开工建设的制度。

我国实行建筑工程施工许可制度,一方面,有利于确保建筑工程在开工前符合法定条件,进而为其开工后顺利实施奠定基础;另一方面,也有利于有关行政主管部门全面掌握建筑工程的基本情况,依法及时有效地实施监督和指导,保证建筑活动依法进行。

2.办理施工许可证的程序

办理施工许可证的程序见图1-1。

3.建筑工程施工许可的主要规定

1)建设单位提出申请

《建筑法》第7条规定:"建筑工程开工前,建设单位应当按照国家有关规定向工程所在地县级以上人民政府建设行政主管部门申请领取施工许可证;但是,国务院建设行政主管部门确定的限额以下的小型工程除外。按照国务院规定的权限和程序批准开工报告的建筑工程,不再领取施工许可证。"

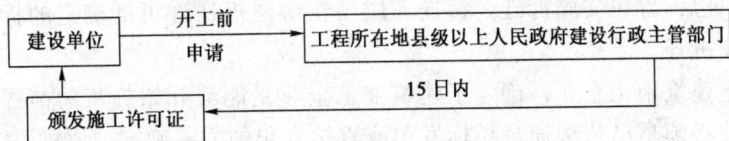

图 1-1　办理施工许可证的程序

由以上规定可知,并不是所有的工程在开工前都需要办理施工许可证,有五类工程不需要办理:

(1)国务院建设行政主管部门确定的限额以下的小型工程。根据 2001 年 7 月 4 日建设部发布的《建筑工程施工许可管理办法》第 2 条规定,限额以下的小型工程是指投资额在 30 万元以下或者建筑面积在 $300m^2$ 以下的建筑工程。同时还规定,省、自治区、直辖市人民政府建设行政主管部门可以根据当地的实际情况,对限额进行调整,并报国务院建设行政主管部门备案。

(2)按照国务院规定的权限和程序批准开工报告的建筑工程。开工报告是建设单位依照国家有关规定向计划行政主管部门申请准予开工的文件。为了避免出现同一项建筑工程的开工由不同的政府行政主管部门多头重复审批的现象,本条规定对实行开工报告审批制度的建筑工程,不再领取施工许可证。至于哪些建筑工程实行开工报告审批制度,有关行政主管部门对开工报告的审批权限和审批程序,则应当按照国务院的有关规定执行。

(3)抢险救灾工程、临时性建筑及农民自建低层住宅。《建筑法》第 83 条明确规定此类工程开工前不需要申请施工许可证。

(4)文物保护的纪念建筑物和古建筑等的修缮。《建筑法》第 83 条明确规定,依法核定作为文物保护的纪念建筑物和古建筑等的修缮,依照文物保护的有关法律规定执行。

(5)军用房屋建筑。由于此类工程涉及军事秘密,不宜过多公开信息,《建筑法》第 84 条规定:"军用房屋建筑工程建筑活动的具体管理办法,由国务院、中央军事委员会依据本法制定"。

2)申请领取施工许可证,应当具备的法定条件

(1)已经办理该建筑工程用地批准手续。办理用地批准手续是建筑工程依法取得的土地使用权的必经程序,只有依法取得土地使用权,建筑工程才能开工。

(2)在城市规划区的建筑工程,已经取得规划许可证。这是在城市规划区内的建筑工程开工建设的前提条件。按照《中华人民共和国城市规划法》的有关规定,在城市规划区内的建筑工程,建设单位在依法办理用地批准手续之前,还必须先取得该工程的建设用地规划许可证。这不仅可以确保该项工程的土地利用符合城市规划,而且还可以使建设单位按照规划使用土地的合法权益不被侵犯。

(3)需要拆迁的,其拆迁进度符合施工要求。需要先期进行拆迁的建筑工程,其拆迁工作

状况直接影响到整个建筑工程能否顺利进行。在建筑工程开始施工时,拆迁的进度必须符合工程开工的要求,这是保证该建筑工程正常施工的基本条件。

拆迁工作必须依法进行。根据《城市房屋拆迁管理条例》的有关规定,拆迁房屋的单位取得房屋拆迁许可证后,方可实施拆迁。拆迁人应当在房屋拆迁许可证确定的拆迁范围和拆迁期限内,实施房屋拆迁。

(4)已经确定建筑施工企业。确定了建筑施工企业是能够开始施工的前提条件。在工程开工前,建设单位必须是已依法通过招标发包或直接发包的方式确定、具备同该工程建设规模和技术要求等相适应的资质条件的建筑施工企业。

(5)有满足施工需要的施工图纸及技术资料。按照基建程序,施工图纸包括土建和设备安装两部分。技术资料包括工程说明书、结构计算书和施工图预算等。施工图纸和技术资料是进行工程施工作业的技术依据,是在施工过程中保证建筑工程质量的重要因素。因此,为了保证工程质量,在开工前必须有满足施工需要的施工图纸和技术资料。

(6)有保证工程质量和安全的具体措施。建筑工程的质量和安全状况往往直接关系到人身和财产安全,是至关重要的大问题。为此,《建筑法》将保证建筑工程的质量和安全放在核心地位,作了若干重要规定。这是保证工程质量和安全的一项重要的法定措施。

(7)建设资金已经落实。这是保证施工顺利进行的重要的物质保障,以避免在工程开工后因缺乏资金而使施工活动无法继续进行,同时还可以防止某些建设单位要求施工企业垫资或带资承包现象发生。

根据《建筑工程施工许可管理办法》第 4 条规定,建设工期不足 1 年的,到位资金原则上不得少于工程合同价的 50%,建设工期超过 1 年的,到位资金原则上不得少于工程合同价的 30%。

(8)法律、行政法规规定的其他条件。建设行政主管部门应当自收到申请之日起 15 日内,对符合条件的申请颁发施工许可证。

3. 施工许可证自行废止的条件

建设单位应当自领取施工许可证之日起 3 个月内开工。因故不能按期开工的,应当向发证机关申请延期;延期以两次为限,每次不超过 3 个月。既不开工又不申请延期或者超过延期时限的,施工许可证自行废止。

4. 重新核验施工许可证的条件

在建的建筑工程因故中止施工的,建设单位应当自中止施工之日起 1 个月内,向发证机关报告,并按照规定做好建筑工程的维护管理工作。

建筑工程恢复施工时,应当向发证机关报告;中止施工满 1 年的工程恢复施工前,建设单位应当报发证机关核验施工许可证。

5. 重新办理开工报告的条件

按照国务院有关规定批准开工报告的建筑工程,因故不能按期开工或者中止施工的,应当及时向批准机关报告情况。因故不能按期开工超过 6 个月的,应当重新办理开工报告的批准手续。

6. 未取得施工许可证擅自开工的后果

《建筑法》第 64 条规定:"违反本法规定,未取得施工许可证或者开工报告未经批准擅自施工的,责令改正,对不符合开工条件的责令停止施工,可以处以罚款"。

特别提示:

对不符合开工条件擅自施工的,即使《建筑法》没有对罚款作出强制性的规定,但是《建筑工程施工许可管理办法》对此是有强制性规定的,即必须罚款。《建筑法》是上位法,《建筑工程施工许可管理办法》是下位法,在下位法不违反上位法的前提下,下位法是有效的。

建筑工程未经许可擅自施工的,实际中有两种情况:一是该项工程已经具备了本法规定的开工条件,但未依照《建筑法》的规定履行开工审批手续;二是工程既不具备《建筑法》规定的开工条件,又不履行开工审批手续。依据《建筑法》的规定,应根据不同情况分别作出相应的处理:

首先,凡是违反《建筑法》规定,未取得施工许可证或开工报告未经批准擅自施工的,有关行政主管部门都应依照本条规定责令其改正,即要求建设单位立即补办取得施工许可证或开工报告的有关批准手续。

其次,在要求其依法补办施工许可或开工报告审批手续的同时,根据该工程项目在违法开工时是否具有法定开工条件,作出不同的处理:对经审查,确属符合法定开工条件的,在补办手续后准予其继续施工;对不符合开工条件的,则应责令建设单位停止施工,并可以处以罚款。

(二)从业资格

在我国,对从事建筑活动的建设工程企业,实行资质等级许可制度。《建筑法》相关规定如下:

(1)从事建筑活动的建筑施工企业、勘察单位、设计单位和工程监理单位,应当具备下列条件:

①有符合国家规定的注册资本;

②有与其从事的建筑活动相适应的具有法定执业资格的专业技术人员;

③有从事相关建筑活动所应有的技术装备;

④法律、行政法规规定的其他条件。

(2)从事建筑活动的建筑施工企业、勘察单位、设计单位和工程监理单位,按照其拥有的注册资本、专业技术人员、技术装备和已完成的建筑工程业绩等资质条件,划分为不同的资质等级,经资质审查合格,取得相应等级的资质证书后,方可在其资质等级许可的范围内从事建筑活动。

(3)从事建筑活动的专业技术人员,应当依法取得相应的执业资格证书,并在执业资格证书许可的范围内从事建筑活动。

▶**知识链接**

1.建筑施工企业资质及承包工程范围(表1-1)

建筑施工企业资质及承包工程范围

表 1-1

企 业 类 别	资质等级	承包工程范围
施工总承包企业 （12类）	特级	**房屋建筑工程**:可承担各类房屋建筑工程的施工
	一级	**房屋建筑工程**: 　一级企业,可承担单项建安合同额不超过企业注册资本金5倍的下列房屋建筑工程的施工: 　(1)40层及以下、各类跨度的房屋建筑工程; 　(2)高度240m及以下的构筑物; 　(3)建筑面积20万m²及以下的住宅小区或建筑群体
	二级	**房屋建筑工程**: 　二级企业,可承担单项建安合同额不超过企业注册资本金5倍的下列房屋建筑工程的施工: 　(1)28层及以下、单跨跨度36m及以下的房屋建筑工程; 　(2)高度120m及以下的构筑物; 　(3)建筑面积12万m²及以下的住宅小区或建筑群体
	三级	**房屋建筑工程**: 　三级企业,可承担单项建安合同额不超过企业注册资本金5倍的下列房屋建筑工程的施工: 　(1)14层及以下、单跨跨度24m以下的房屋建筑工程; 　(2)高度70m及以下的构筑物; 　(3)建筑面积6万m²及以下的住宅小区或建筑群体
专业承包企业 （60类）	一级	**地基与基础工程**:可承担各类地基与基础工程的施工
	二级	**地基与基础工程**:可承担工程造价1 000万元及以下各类地基与基础工程的施工
	三级	**地基与基础工程**:可承担工程造价300万元及以下各类地基与基础工程的施工
劳务分包企业 （13类）	一级	**钢筋作业**:可承担各类工程钢筋绑扎、焊接作业分包业务,但单项业务合同额不超过企业注册资本金的5倍
	二级	**钢筋作业**:可承担各类工程钢筋绑扎、焊接作业分包业务,但单项业务合同额不超过企业注册资本金的5倍

2.工程监理企业资质及承包工程范围(表1-2)

工程监理企业资质及承包工程范围

表 1-2

资 质 等 级		业 务 范 围
综合资质	不分级别	可以承担所有专业工程类别建设工程项目的工程监理业务
专业资质	甲级	可承担相应专业工程类别建设工程项目的工程监理业务
	乙级	可承担相应专业工程类别二级以下(含二级)建设工程项目的工程监理业务
	丙级	可承担相应专业工程类别三级建设工程项目的工程监理业务
事务所资质	不分级别	可承担三级建设工程项目的工程监理业务,但是,国家规定必须实行监理的工程除外
此外,各级工程监理企业都可以开展相应类别建设工程的项目管理、技术咨询等业务		

3.专业技术人员

　　在建设行业里,通常把取得执业资格证书的工程师称为专业技术人员。目前,我国已经确定的专业技术人员种类有注册建筑师、勘察设计注册工程师、注册监理工程师、房地产估价师、注册资产评估师、注册造价工程师、注册城市规划师、注册咨询工程师(投资)、注册建造师等。

二 建筑工程发包与承包

(一)《建筑法》关于发包与承包的一般规定

(1)建筑工程的发包单位与承包单位应当依法订立书面合同,明确双方的权利和义务。发包单位和承包单位应当全面履行合同约定的义务。不按照合同约定履行义务的,依法承担违约责任。

(2)建筑工程发包与承包的招标投标活动,应当遵循公开、公正、平等竞争的原则,择优选择承包单位。建筑工程的招标投标,《建筑法》没有规定的,适用有关招标投标法律的规定。

(3)发包单位及其工作人员在建筑工程发包中不得收受贿赂、回扣或者索取其他好处。承包单位及其工作人员不得利用向发包单位及其工作人员行贿、提供回扣或者给予其他好处等不正当手段承揽工程。

(4)建筑工程造价应当按照国家有关规定,由发包单位与承包单位在合同中约定。公开招标发包的,其造价的约定,须遵守招标投标法律的规定。发包单位应当按照合同的约定,及时拨付工程款项。

▶**知识链接:**建筑市场主体

建筑市场主体是指参与建筑生产交易的各方。我国建筑市场的主体主要包括发包人(又称为建设单位、业主或项目法人),承包人(如勘察、设计、施工、材料供应单位),为市场主体服务的各种中介机构(如咨询、监理)等。

其中的发包人是指具有工程发包主体资格和支付工程价款能力的当事人以及取得该当事人资格的合法继承人,在建筑市场中发包工程项目的咨询、设计、施工、监理等建设任务,并最终得到建筑产品,达到其投资目的的法人、其他组织和自然人。发包人可以是各级政府、专业部门、政府委托的资产管理部门,也可以是学校、医院、工厂、房地产开发公司等企事业单位,还可以是个人和个人合伙。

其中的承包人是指具有一定生产能力、技术装备、流动资金、具有承包工程建设任务的营业资格,在建筑市场中能够按照发包人的要求,提供不同形态的建筑产品,并获得工程价款的建筑企业,可分为勘察单位、设计单位、施工单位、材料供应单位等。

(二)《建筑法》关于发包的主要规定

1.建筑工程的发包方式

建筑工程的发包方式主要有两种,即招标发包和直接发包。《建筑法》第19条规定:"建筑工程依法实行招标发包,对不适于招标发包的可以直接发包。"

建筑工程的招标发包,主要适用《中华人民共和国招标投标法》(以下简称《招标投标法》)的相关规定,详见模块二单元一的相关规定。

对于不适于招标发包可以直接发包的建筑工程,承包人的资质依然要符合资质的要求。《建筑法》第22条规定:"建筑工程实行直接发包的,发包单位应当将建筑工程发包给具有相应资质条件的承包单位。"

2.提倡实行工程总承包,禁止将建筑工程肢解发包

建筑工程的发包单位可以将建筑工程的勘察、设计、施工、设备采购一并发包给一个工程总承包单位,也可以将建筑工程勘察、设计、施工、设备采购的一项或者多项发包给一个工程总承包单位;但是,不得将应当由一个承包单位完成的建筑工程肢解成若干部分发包给几个承包单位。

建筑工程的总承包,实践中采用较多的有建筑工程全部工作任务的总承包和施工总承包。建筑工程全部工作任务的总承包,又称为"交钥匙承包",是指发包方将建筑工程的勘察、设计、土建施工、设备的采购及安装调试等工程建设的全部任务一并发包给一个具备相应的总承包资质条件的承包单位,由该总承包单位对工程建设的全过程向建设单位负责,直至工程竣工,向建设单位交付经验收合格、符合发包方要求的建筑工程的承发包方式。施工总承包,是指发包单位将建筑工程的施工任务,包括土建施工和有关设施、设备安装调试的施工任务,全部发包给一家具备相应的施工总承包资质条件的承包单位,由该施工总承包单位对工程施工的全过程向建设单位负责,直至工程竣工,向建设单位交付经验收符合设计要求的建筑工程的承发包方式。

工程总承包是国内外建筑活动中多有使用的承发包方式,它有利于充分发挥那些在工程建设方面具有较强的技术力量、丰富的经验和组织管理能力的大承包人的专业优势,综合协调工程建设中的各种关系,强化对工程建设的统一指挥和组织管理,保证工程质量和进度,提高投资效益。当然,对建筑工程采取总承包方式,由于总承包单位需要承担较多的项目建设的组织管理工作,同时往往还需要对其总包的工程进行必要的分包,并对分包工程承担责任,因此,一般来说,总承包的承包费用可能会比按单项任务承包的总承包费用要高一些。

肢解发包是针对目前我国建筑市场中多有发生且危害较大的将工程肢解发包的实际情况所作的规定。肢解发包是指将应当由一个承包单位完成的建筑工程肢解成若干部分发包给几个承包单位。这样会造成整个工程建设在管理和技术上缺乏应有的统筹协调,往往造成施工现场秩序混乱、责任不清,严重影响工程建设质量,出了问题也很难找到责任者。而且从实际情况看,肢解发包往往与发包单位的工作人员徇私舞弊、利用肢解发包多拿回扣等违法行为有关。因此,本条明确规定,不得将应当由一个承包单位完成的建筑工程肢解成若干部分发包给几个承包单位。至于如何确定是否属于应当由一个承包单位完成的建筑工程,需要由国务院有关主管部门根据实际情况作出具体规定。例如,对一幢房屋的土建工程,建设单位就不应将其分成若干部分发包给几个承包单位,而应由一个承包单位承包;而对一幢大型公共建筑的空调设备和消防设备的安装,尽管属于同一建筑的设备安装,但因各有其较强的专业性,建设单位可以将其分别发包给不同的承包单位。

3.发包单位不得指定承包单位采购

《建筑法》第25条规定:"按照合同约定,建筑材料、建筑构配件和设备由工程承包单位采购的,发包单位不得指定承包单位购入用于工程的建筑材料、建筑构配件和设备或者指定生产厂、供应商。"

在合同约定由承包方负责采购建筑材料、构配件和设备的情况下,按照合同约定的要求自行实施采购行为,既是承包方应履行的义务,也是承包方享有的合同权利。发包方有权按照合同约定对承包方采购的建筑材料、构配件和设备是否符合规定的要求进行验收,对不符合要求的有权拒绝验收并要求承包方承担相应的责任。但是,发包方不得利用自己的有利地位,要求承包方购入由其指定的建筑材料、构配件或设备,包括不得要求承包方必须向其指定的生产厂或供应商购买建筑材料、构配件或设备。因为发包方的这种指定行为,势必会影响建筑材料及构配件和设备的各生产者、供应者之间的正当竞争,而这种指定行为又往往产生于发包方与建筑材料及构配件、设备的生产者、供应者的相互串通,这必然会导致腐败;同时,在建筑工程按合同约定实行固定价的情况下,发包方指定承包方购买高价的建筑材料、构配件和设备,也会损害承包方的利益。因此,本条规定,在合同约定由承包方负责采购建筑材料、构配件和设备的情况下,禁止发包方的指定购买行为。

(三)《建筑法》关于承包的主要规定

1.承包单位的资质要求

《建筑法》第 26 条规定:"承包建筑工程的单位应当持有依法取得的资质证书,并在其资质等级许可的业务范围内承揽工程。禁止建筑施工企业超越本企业资质等级许可的业务范围或者以任何形式用其他建筑施工企业的名义承揽工程。禁止建筑施工企业以任何形式允许其他单位或者个人使用本企业的资质证书、营业执照,以本企业的名义承揽工程。"

2.联合承包

《建筑法》第 27 条规定:"大型建筑工程或者结构复杂的建筑工程,可以由两个以上的承包单位联合共同承包。共同承包的各方对承包合同的履行承担连带责任。两个以上不同资质等级的单位实行联合共同承包的,应当按照资质等级低的单位的业务许可范围承揽工程。"

3.禁止转包

《建筑法》第 28 条规定:"禁止承包单位将其承包的全部建筑工程转包给他人,禁止承包单位将其承包的全部建筑工程肢解以后以分包的名义分别转包给他人。"

所谓"转包",是指建筑工程的承包方将其承包的建筑工程倒手转让给他人,使他人实际上成为该建筑工程新的承包方的行为。常见的转包行为有两种:一种是承包单位将其承包的全部建设工程转包给他人;另一种是承包单位将其承包的全部建设工程肢解以后以分包的名义转包给他人,即变相转包。但无论采用何种形式,都是法律所不允许的。

转包行为有较大的危害性,其表现为以下两方面:

(1)导致偷工减料。一些单位将其承包的工程压价倒手转包给他人,从中牟取不正当利益,形成"层层转包、层层扒皮"的现象,最后实际用于工程建设的费用大为减少,导致严重偷工减料。

(2)转包容易使不具有相应资质的承包者进行工程建设:一些建筑工程转包后落入不具备相应资质条件的包工队手中,留下严重的工程质量隐患,甚至造成重大质量事故。

4.分包

1)《建筑法》关于分包的规定

《建筑法》第 29 条规定:"建筑工程总承包单位可以将承包工程中的部分工程发包给具有

相应资质条件的分包单位;但是,除总承包合同中约定的分包外,必须经建设单位认可。施工总承包的,建筑工程主体结构的施工必须由总承包单位自行完成。建筑工程总承包单位按照总承包合同的约定对建设单位负责;分包单位按照分包合同的约定对总承包单位负责。总承包单位和分包单位就分包工程对建设单位承担连带责任。禁止总承包单位将工程分包给不具备相应资质条件的单位。禁止分包单位将其承包的工程再分包。"

2)转包与分包的根本区别

分包,是指对建筑工程实行总承包的单位,将其总承包的工程项目的某一部分或某几部分,再发包给其他的承包单位,与其签订总承包合同项下的分包合同,此时,总承包合同的承包人即成为分包合同的发包人。转包与分包的根本区别在于:在转包行为中,原承包方将其承包的工程全部倒手转给他人,自己并不实际履行合同约定的义务;而在分包行为中,总承包人只是将其总承包工程中的某一部分或几部再分包给其他承包单位,总承包人仍然要就总承包合同约定的全部义务(包括分包工程部分)的履行,向发包单位负责。

3)违法分包的情形

违法分包有四种情形:一是建筑工程总承包单位将承包工程中的部分工程发包给不具有相应资质条件的分包单位;二是总承包合同中未约定分包,又未经建设单位认可,承包单位将其承包的部分建设工程交由其他单位完成;三是将建筑工程主体结构进行分包;四是分包单位将其承包的工程再分包。

> ▶**知识链接**:分包认可与指定分包

分包认可是指总承包单位进行分包,要经建设单位的认可(包含总承包合同中规定的分包及合同外的分包)。但是认可分包单位与指定分包单位是不同的。认可是指总承包单位已经选择出分包单位,要经建设单位进行确认,而指定则是首先由建设单位选择分包单位,即由建设单位指定分包商。在国际工程市场中,可以存在指定分包商,例如《FIDIC 施工合同条件》中就有指定分包商。但是,直接指定分包商在国内是违法的。《房屋建筑和市政基础设施工程施工分包管理办法》第 7 条明确规定:"建设单位不得直接指定分包工程承包人。"《工程建设项目施工招标投标办法》第 66 条也规定:"招标人不得直接指定分包人。"

三 建筑工程监理

(一)建筑工程监理制度

《建筑法》第 30 条规定:"国家推行建筑工程监理制度。国务院可以规定实行强制监理的建筑工程的范围。"

实行建筑工程监理制度,是我国工程建设领域管理体制改革的重大举措。我国从 1988 年开始推行对建筑工程的监理制度,经过近十年的探索与总结,《建筑法》以法律的形式正式确立了工程监理制度。《建设工程质量管理条例》第 12 条规定了必须实行监理的建设工程范围;《建设工程监理范围和规模标准规定》则对必须实行监理的建设工程作出了更具体的规定。

对属于强制监理制度的建筑工程,建设单位必须依法委托工程监理单位实施监理,对其他建筑工程,则由建设单位自行决定是否实行工程监理。

(二)工程监理单位的资质要求

《建筑法》第 31 条规定:"实行监理的建筑工程,由建设单位委托具有相应资质条件的工程监理单位监理。建设单位与其委托的工程监理单位应当订立书面委托监理合同。"《建筑法》第 34 条规定:"工程监理单位应当在其资质等级许可的监理范围内,承担工程监理业务。"

(三)工程监理的依据、内容和权限

1.工程监理的依据

《建筑法》第 32 条规定,依照法律、行政法规及有关的技术标准、设计文件和建筑工程承包合同实施监理。

2.工程监理的内容

《建筑法》第 32 条规定,监理单位对承包单位在施工质量、建设工期和建设资金使用等方面,代表建设单位实施监督。

3.工程监理的权限

《建筑法》第 32 条规定了工程监理人员的监理权限和义务:

(1)工程监理人员认为工程施工不符合工程设计要求、施工技术标准和合同约定的,有权要求建筑施工企业改正。

(2)工程监理人员发现工程设计不符合建筑工程质量标准或者合同约定的质量要求的,应当报告建设单位要求设计单位改正。

(四)禁止工程监理单位实施的违法行为

根据《建筑法》第 34、35 条规定,工程监理单位应遵守如下强制性法律规定:

(1)工程监理单位与被监理工程的承包单位以及建筑材料、建筑构配件和设备供应单位不得有隶属关系或者其他利害关系。

所谓"隶属关系"是指工程监理单位与承包单位或者建筑材料、建筑构配件和设备供应单位属于行政上、下级的关系;所谓"其他利害关系"是指工程监理单位与承包单位或者建筑材料、建筑构配件和设备供应单位存在某种利益关系,主要是经济上的利益关系。

工程监理单位应当根据建设单位的委托,客观、公正地执行监理任务。如果监理单位与被监理工程的承包单位以及建筑材料、建筑构配件和设备供应单位存在隶属关系或者其他利害关系,很可能影响其客观、公正地执行监理任务,影响建筑工程的施工质量,对建设单位的利益造成损害。因此,《建筑法》第 34 条第 3 款作出了相应的禁止性规定。

(2)工程监理单位不得转让工程监理业务。建设单位与其信任的具有相应资质等级的监理单位通过订立委托监理合同,委托其对建筑工程的施工进行的监督管理的活动。合同一经订立,就具有法律约束力,任何一方不得擅自变更合同,包括不得变更合同的主体。工程监理单位将委托监理合同约定的监理业务转让他人,违背了建设单位的意志,损害了建设单位的利益,而且有可能因其将监理业务转让给不具备相应资质条件的单位,不能按照建设单位的要求给工程质量、进度和资金进行控制,给工程质量问题留下隐患。《建筑法》第 34 条第 4 款作出

了相应的禁止性规定。

（3）工程监理单位不按照委托监理合同的约定履行监理义务，对应当监督检查的项目不检查或者不按照规定检查，给建设单位造成损失的，应当承担相应的赔偿责任。

所谓"不检查"，是指工程监理单位对监理合同中规定应当监督检查的项目不履行检查义务；所谓"不按照规定检查"，是指工程监理单位在工程监理中不按照法律、行政法规和有关的技术标准、设计文件和建筑工程承包合同规定的要求和检查办法进行检查。

（4）工程监理单位与承包单位串通，为承包单位谋取非法利益，给建设单位造成损失的，应当与承包单位承担连带赔偿责任。在此种情况下，工程监理单位和承包单位都负有向建设单位赔偿全部损失的义务，建设单位可以向其中任何一方要求全部或部分赔偿。

▶自主学习资料推荐

1. 中华人民共和国建筑法. http://www.gjwygl.com/BYD/ArticleShow.asp? BigClass＝％D0％C2％CE％C5％D6％D0％D0％C4＆ArticleID＝4206.

2. 全国一级建造师执业资格考试用书编写委员会. 建设工程法规及相关知识. 北京：中国建筑工业出版社，2009.

3. 全国一级建造师执业资格考试用书编写委员会. 建设工程法规及相关知识复习题集. 北京：中国建筑工业出版社，2009.

◀习　　题▶

一、案　例　题

案例1：某建筑公司承揽了某开发公司开发的某住宅小区的施工项目，建筑面积 20 万 m²。2006 年 3 月 12 日，在没有办理施工许可证的情况下开始施工。经群众举报，有关主管部门到施工现场命令建筑公司必须立即停止施工，补办施工许可证。但是考虑到《建筑法》并没有强制要求予以罚款，也就没有对建筑公司予以处罚。

问题：你认为主管部门的处理正确吗？

案例2：某建筑公司与某城建公司组成了一个联合体去投标，他们在共同投标协议中约定如果在施工的过程中出现质量问题而遭遇建设单位的索赔，各自承担索赔额的 50％，后来在施工的过程中果然由于建筑公司的施工技术问题出现了质量问题并因此遭到了建设单位的索赔，索赔额是 10 万元。但是，建设单位却仅仅要求城建公司赔付这笔索赔款。城建公司拒绝了建设单位的请求，其理由有两点：

（1）质量事故的出现是建筑公司的技术原因，应该由建筑公司承担责任。

（2）共同投标协议中约定了各自承担 50％ 的责任，即使不由建筑公司独自承担，起码建筑公司也应承担 50％ 的比例，不应该由自己拿出这笔钱。

问题：你认为城建公司的理由成立吗？

二、客　观　题

（一）单项选择题（每题的备选项中，只有 1 个最符合题意，请选择最符合题意的答案）

1. 建筑工程开工前，（　　）应当按照国家有关规定向工程所在地，县级以上人民政府建设行政主管部门申请领取施工许可证。

  A. 施工单位   B. 建设单位   C. 监理单位   D. 设计单位

  2. 新建、扩建、改建的建设工程,建设单位必须在( )项目建设行政主管部门或其授权的部门申请领取建设工程施工许可证。

  A. 发包前   B. 立项批准前   C. 初步设计批准前 D. 开工前

  3.《建筑法》第 7 条规定:"建筑工程开工前,建设单位应当按照国家有关规定向工程所在地( )以上人民政府建设行政主管部门申请领取施工许可证;但是,国务院建设行政主管部门确定的限额以下的小型工程除外。"

  A. 乡级   B. 县级   C. 市级   D. 省级

  4. 根据《建筑工程施工许可管理办法》,( )不是领取施工许可证必须具备的条件。

  A. 已办理了建筑工程用地批准手续的 B. 建设资金已经落实

  C. 已经确定施工企业   D. 法律法规和规章规定的其他条件

  5.《建筑工程施工许可管理办法》规定建设资金已经落实是领取施工许可证必须具备的条件。建设工期不足 1 年的,到位资金原则上不得少于工程合同价的( )。

  A. 10%   B. 20%   C. 30%   D. 50%

  6.《建筑工程施工许可管理办法》规定建设资金已经落实是领取施工许可证必须具备的条件。建设工期超过 1 年的,到位资金原则上不得少于工程合同价的( )。

  A. 10%   B. 20%   C. 30%   D. 50%

  7. 根据《建筑法》的规定,建设单位应当自领取施工许可证之日起( )内开工。

  A. 1 个月   B. 3 个月   C. 6 个月   D. 1 年

  8. 根据《建筑法》的规定,建设单位领取施工许可证后因故不能按期开工的,应当向发证机关申请延期,延期以( )为限。

  A. 一次   B. 两次   C. 三次   D. 四次

  9. 根据《建筑法》的规定,建设单位向施工许可证发证机关申请延期施工的,每次延期不超过( )。

  A. 1 个月   B. 2 个月   C. 3 个月   D. 6 个月

  10. 根据《建筑法》的规定,在建的建筑工程因故中止施工的,( )应当及时向施工许可证发证机关报告,并按照规定做好建筑工程工程的维护管理工作。

  A. 施工单位   B. 建设单位   C. 监理单位   D. 设计单位

  11. 根据《建筑法》的规定,在建的建筑工程因故中止施工的,建设单位应当自中止施工之日起( )内,向施工许可证发证机关报告,并按照规定做好建筑工程工程的维护管理工作。

  A. 1 个月   B. 2 个月   C. 3 个月   D. 6 个月

  12. 根据《建筑法》的规定,在建的建筑工程因故中止施工的,中止施工满( )的工程恢复施工前,建设单位应当报施工许可证发证机关核验施工许可证。

  A. 1 个月   B. 3 个月   C. 6 个月   D. 1 年

  13. 根据《建筑法》的规定,在建的建筑工程因故中止施工的,中止施工满 1 年的工程恢复施工前,( )应当报施工许可证发证机关核验施工许可证。

  A. 施工单位   B. 建设单位   C. 监理单位   D. 设计单位

14.根据《建筑法》的规定,按照国务院有关规定批准开工报告的建筑工程,因故不能按期开工或者终止施工的,应当及时向批准机关报告情况,因故不能按期开工超过( )的应当重新办理开工报告的批准手续。

　　A.1个月　　　　　　B.3个月　　　　　　C.6个月　　　　　　D.1年

15.下列做法中( )不符合建筑法关于建筑工程发承包的规定。

　　A.发包单位将建筑工程的勘察、设计一并发包给一个工程总承包单位

　　B.发包单位将建筑工程的施工、设备采购一并发包给一个工程总承包单位

　　C.发包单位将建筑工程的勘察、设计、施工、设备采购一并发包给一个工程总承包单位

　　D.发包单位将应当由一个承包单位完成的建筑工程肢解成若干部分发包给几个承包单位

16.下列做法中( )符合建筑法关于建筑工程发承包的规定。

　　A.某建筑施工企业超越本企业资质等级许可的业务范围承揽工程

　　B.某建筑施工企业以另一个建筑施工企业的名义承揽工程

　　C.某建筑施工企业有依法取得的资质证书,并在其资质等级许可的业务范围内承揽工程

　　D.某建筑施工企业允许个体户王某以本企业的名义承揽工程

17.甲、乙、丙三家承包单位,甲家的资质等级最高,乙次之,丙最低。当三家单位实行联合共同承包时,应按( )单位的业务许可范围承揽工程。

　　A.甲　　　　　　　　B.乙　　　　　　　　C.丙　　　　　　　　D.甲或乙

18.下列做法中( )符合建筑法关于建筑工程发承包的规定。

　　A.某建筑施工企业将其承包的全部建筑工程转包给他人

　　B.某建筑施工企业将其承包的全部建筑工程肢解以后以分包的名义分别转包给他人

　　C.某建筑施工企业经建设单位认可将承包工程中的部分工程发包给具有相应资质条件的分包单位

　　D.某建筑施工企业将其承包工程主体结构的施工分包给其他单位

19.有关总分包的责任承担叙述不正确的是( )。

　　A.总承包单位按照总承包合同的约定对建设单位负责

　　B.分包单位按照分包合同的约定对总承包单位负责

　　C.总承包单位和分包单位就分包工程对建设单位承担连带责任

　　D.总承包单位和分包单位就分包工程对建设单位承担各自的责任

20.根据《建筑法》的规定,( )可以规定实行强制监理的建筑工程的范围。

　　A.国务院　　　　　　　　　　　　B.县级以上人民政府

　　C.市级以上人民政府　　　　　　　D.省级以上人民政府

21.根据《建筑法》的规定,实行监理的建筑工程,由( )委托具有相应资质条件的工程监理单位监理。

　　A施工单位　　　　　　　　　　　B.县级以上人民政府

　　C.建设行政主管部门　　　　　　　D.建设单位

22.根据《建筑法》的规定,工程监理单位应当根据建设单位的委托,( )执行监理任务。

    A.偏向建设单位   B.偏向施工单位

    C.客观、公正地   D.按照建设行政主管部门的意见

23.根据《建筑法》的规定,工程监理单位( )转让工程监理业务。

    A.可以   B.经建设单位允许可以

    C.不得   D.经建设行政主管部门允许可以

24.根据《建筑法》的规定,工程监理单位与承包单位串通,为承包单位牟取非法利益,给建设单位造成损失的,( )。

    A.由工程监理单位承担赔偿责任

    B.由承包单位承担赔偿责任

    C.由建设单位自行承担损失

    D.由工程监理单位和承包单位承担连带赔偿责任

(二)多项选择题(每题的备选项中,有2个或2个以上符合题意,至少有1个错项)

1.下列选项中属于建设单位领取施工许可证条件的选项有( )。

    A.已经办理了建筑工程用地批准手续

    B.在城市规划区的建筑工程,已经取得建设工程规划许可证

    C.有满足施工需要的施工图纸及技术资料

    D.已经确定施工企业   E.建设资金正在筹措

2.下列选项中领取建筑工程施工许可证的法律后果有( )。

    A.自应当自领取施工许可证时起3个月内开工

    B.在建的建筑工程因故中止施工的,建设单位应当自中止之日起3个月内,向建筑工程施工许可证发证机关报告。

    C.中止施工满1年的工程恢复施工前,建设单位应当报建筑工程施工许可证发证机关核验施工许可证。

    D.按照国务院有关规定批准开工报告的建筑工程,因故不能按期开工或者中止施工的,应当及时向批准机关报告情况。

    E.按照国务院有关规定批准开工报告的建筑工程,因故不能按期开工超过6个月的,应当重新办理开工报告的批准手续。

3.下列选项中,属于建筑工程从业的经济组织包括( )。

    A.施工单位   B.勘察单位   C.设计单位

    D.建设单位   E.工程监理单位

4.建筑工程从业的经济组织应具备下列条件( )。

    A.有符合国家规定的注册资本。

    B.有与其从事的建筑活动相适应的具有法定执业资格的专业技术人员

    C.有从事相关建筑活动所应有的技术装备

    D.法律、行政法规规定的其他条件

    E.有从事相关建筑活动的一级资质

5.( )建筑工程,可以由两个以上的承包单位联合共同承包。

A. 大型　　　　　B. 大中型　　　　　C. 中小型

D. 结构复杂的　　E. 结构特别的

6.下列做法中( )不符合建筑法关于建筑工程发承包的规定。

A.发包单位将应当由一个承包单位完成的建筑工程肢解成若干部分发包给几个承包单位

B.某建筑施工企业超越本企业资质等级许可的业务范围承揽工程

C.某建筑施工企业将其承包的全部建筑工程肢解以后,以分包的名义分别转包给他人

D.发包单位将建筑工程的勘察、设计、施工、设备采购一并发包给一个工程总承包单位

E.某建筑施工企业将所承包工程主体结构的施工分包给其他单位

单元二 《中华人民共和国安全生产法》与工程建设相关的主要内容

➤ 单元教学目标

能 力 目 标	知 识 目 标	素 质 目 标
1.能正确运用安全生产法的有关规定解决本单元的案例问题； 2.能熟练解决本单元的单项及多项选择题； 3.能完成"能力训练项目一"中安全生产法相关案例的编写	1.了解安全生产法的适用范围及安全生产的方针； 2.熟悉安全生产的监督管理； 3.掌握生产经营单位的安全生产保障；从业人员的权利和义务；生产安全事故的应急救援与调查处理；生产安全事故等级的划分	通过学习,培养学生自觉遵守安全生产法主要规定的从业素质

➤ 学习要点

```
          单元二 学习要点
   ┌──────────┼──────────┐
生产经营单位的安全    从业人员的权利和义务    生产安全事故的应急
生产保障            及安全生产的监督管理    救援与调查处理
```

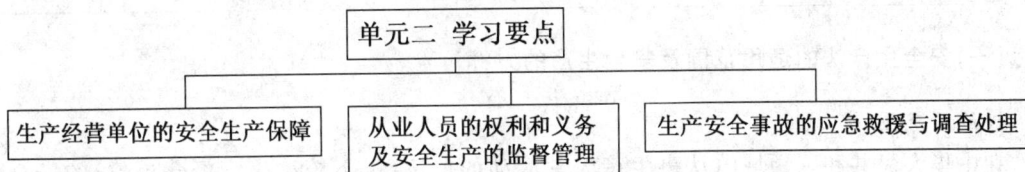

➤ 引例（导入新课）

摘自大连新闻网:上海"莲花河畔景苑"倒楼事件 6 名责任人受审 http://www.daliandaily.com.cn/gb/daliandaily/2010-02/02/content_2953230.htm

2009 年 6 月 27 日清晨 5 时 30 分左右,上海"莲花河畔景苑"在建的 13 层 7 号住宅楼整体倒塌,造成一名作业人员死亡,直接经济损失人民币 1 946 万余元。事故主要原因是开挖地下车库的土方集中堆放在 7 号楼北侧,堆高最高达 10m,导致大楼两侧的压力差使土体发生水平位移,过大的水平力超过桩基的抗侧能力。工程建设单位、施工总包单位、分包单位、监理单位的 6 名责任人以重大责任事故罪被追究刑事责任。

上述案例,施工总包单位任由建设单位将合同约定属于总承包范围的地下车库土方开挖工程分包给无资质的分包单位,违规堆积土方不予制止,未履行现场安全管理责任;监理方对建设单位指定没有资质的人员承包土方施工及违规堆土的行为,未按照法律规定及时、有效制止和报告主管部门;分包单位对建设单位的违章指挥不拒绝等,都是《中华人民共和国安全生产法》(以下简称《安全生产法》)所禁止的。

《安全生产法》包括七章,共 99 条,由中华人民共和国第九届全国人民代表大会常务委员会第二十八次会议于 2002 年 6 月 29 日通过,自 2002 年 11 月 1 日起施行。其立法目的在于加强安全生产监督管理,防止和减少生产安全事故,保障人民群众生命和财产安全,促进经济发展。主要设置了总则、生产经营单位的安全生产保障、从业人员的权利和义务、安全生产的监督管理、生产安全事故的应急求援与调查处理、法律责任、附则等内容。

> **任务案例（贯穿课堂教学）**

某建筑公司因效益不好，公司领导决定进行改革，减负增效。经研究将公司安全管理人员8人中，4人下岗，4人转岗，整个公司的安全工作仅仅由两名负责工会工作的人兼任。现该公司承建一单位住宅楼工程，开工前，建筑公司又将工程转包给其他建筑公司，由柳某负责该项目。在工程建设中，为了节约成本，从业人员未经安全教育培训直接上岗作业，并且，公司未为从业人员交纳工伤社会保险。柳某要求有"恐高症"的工人高空作业，该工人拒绝，柳某以不履行合同要将其辞退。

问题1：本案例存在哪些不妥之处？为什么？

柳某租用不合格的钢管扣件搭设脚手架，后脚手架发生坍塌，导致3名工人当场死亡，5人重伤，直接经济损失40万元，从业人员李某目睹整个事故过程，未向现场安全生产管理人员或本单位负责人报告。

问题2：本事故属于几级安全事故？李某的做法是否正确？为什么？

一　生产经营单位的安全生产保障

（一）安全生产法的适用范围及安全生产的方针

1.适用范围

在中华人民共和国领域内从事生产经营活动的单位（以下统称生产经营单位）的安全生产，适用本法；有关法律、行政法规对消防安全和道路交通安全、铁路交通安全、水上交通安全、民用航空安全另有规定的，适用其规定。

2.方针

安全生产管理，坚持安全第一、预防为主的方针。

（二）生产经营单位的安全生产保障

1.组织保障措施

1）建立安全生产保障体系

《安全生产法》第4条规定："生产经营单位必须遵守本法和其他有关安全生产的法律、法规，加强安全生产管理，建立、健全安全生产责任制度，完善安全生产条件，确保安全生产。"该条规定明确了生产经营单位必须要建立安全生产保障体系。

《安全生产法》第19条在建立安全生产保障体系上进一步做出了规定："矿山、建筑施工单位和危险物品的生产、经营、储存单位，应当设置安全生产管理机构或者配备专职安全生产管理人员。前款规定以外的其他生产经营单位，从业人员超过300人的，应当设置安全生产管理机构或者配备专职安全生产管理人员；从业人员在300人以下的，应当配备专职或者兼职的安全生产管理人员，或者委托具有国家规定的相关专业技术资格的工程技术人员提供安全生产管理服务。"

2）明确岗位责任

（1）生产经营单位主要负责人的安全生产职责。生产经营单位的主要负责人对本单位安全生产工作负有下列职责：

①建立、健全本单位安全生产责任制；

②组织制定本单位安全生产规章制度和操作规程；

③保证本单位安全生产投入的有效实施；

④督促、检查本单位的安全生产工作，及时消除生产安全事故隐患；

⑤组织制定并实施本单位的生产安全事故应急救援预案；

⑥及时、如实报告生产安全事故。

同时，《安全生产法》第42条规定："生产经营单位发生重大生产安全事故时，单位的主要负责人应当立即组织抢救，并不得在事故调查处理期间擅离职守。"

(2)生产经营单位的安全生产管理人员的职责。《安全生产法》第38条规定："生产经营单位的安全生产管理人员应根据本单位的生产经营特点，对安全生产状况进行经常性检查；对检查中发现的安全问题，应立即处理；不能处理的，应及时报告本单位有关负责人。检查及处理情况应记录在案。"

(3)对安全设施、设备的质量负责的岗位职责。

①对安全设施的设计质量负责的岗位。建设项目安全设施的设计人、设计单位应对安全设施设计负责。

矿山建设项目和用于生产、储存危险物品的建设项目的安全设施设计应按照国家有关规定报经有关部门审查，审查部门及其负责审查的人员对审查结果负责。

②对安全设施的施工负责的岗位。矿山建设项目和用于生产、储存危险物品的建设项目的施工单位必须按照批准的安全设施设计施工，并对安全设施的工程质量负责。

③对安全设施的竣工验收负责的岗位。矿山建设项目和用于生产、储存危险物品的建设项目竣工投入生产或使用前，必须依照有关法律、行政法规的规定对安全设施进行验收；验收合格后，方可投入生产和使用。验收部门及其验收人员对验收结果负责。

④对安全设备质量负责的岗位。生产经营单位使用的涉及生命安全、危险性较大的特种设备，以及危险物品的容器、运输工具，必须按照国家有关规定，由专业生产单位生产，并经取得专业资质的检测、检验机构检测、检验合格，取得安全使用证或安全标志，方可投入使用。检测、检验机构对检测、检验结果负责。

涉及生命安全、危险性较大的特种设备目录由国务院负责特种设备安全监督管理的部门制定，报国务院批准后执行。

2.管理保障措施

1)人力资源管理

(1)对主要负责人和安全生产管理人员的管理。生产经营单位的主要负责人和安全生产管理人员必须具备与本单位所从事的生产经营活动相应的安全生产知识和管理能力。

危险物品的生产、经营、储存单位以及矿山、建筑施工单位的主要负责人和安全生产管理人员，应由有关主管部门对其安全生产知识和管理能力考核合格后方可任职。考核不得收费。

(2)对一般从业人员的管理。生产经营单位应对从业人员进行安全生产教育和培训，保证从业人员具备必要的安全生产知识，熟悉有关的安全生产规章制度和安全操作规程，掌握本岗位的安全操作技能。未经安全生产教育和培训合格的从业人员，不得上岗作业。

（3）对特种作业人员的管理。生产经营单位的特种作业人员必须按照国家有关规定经专门的安全作业培训，取得特种作业操作资格证书，方可上岗作业。

▷知识链接：特种作业人员

1.《国家安全生产监督管理局、国家煤矿安全监察局文件 安监字〔2002〕124号》规定，特种作业是指容易发生人员伤亡事故，对操作者本人、他人及周围设施的安全可能造成重大危害的作业。直接从事特种作业的人员称为特种作业人员。特种作业及人员包括以下工种：

（1）电工作业。含发电、送电、变电、配电工，电气设备的安装、运行、检修（维修）、试验工，矿山井下电钳工。

（2）金属焊接、切割作业。含焊接工、切割工。

（3）起重机械作业。含起重机械（含电梯、塔吊、索道）司机、司索工、信号指挥工、安装与维修工（矿山司索工、信号指挥工、安装与维修工、建筑工地卷扬机与井字号操作工）。

（4）企业内机动车辆驾驶。含在企业内及码头、货场等生产作业区域或施工现场行驶的各类机动车辆的驾驶人员［含叉车、轮式（履带式）挖掘机、装载机、推土机、电机车司机等］。

（5）登高架设作业。含2m以上登高架设、拆除、维修工，高层建（构）筑物表面清洗工。

（6）锅炉作业（含水质化验）。含承压锅炉的操作工，锅炉水质化验工。

（7）压力容器作业。含压力容器罐波装工、检验工、运输押运工，大型空气压缩机操作工。

（8）制冷作业。含制冷设备安装工、操作工、维修工。

（9）爆破作业。含地面工程爆破、井下爆破工。

（10）矿山通风作业。含主扇风机操作工、瓦斯抽放工、通风安全监测工、测风测尘工。

（11）矿山排水作业。含矿井主排水泵工、尾矿坝作业工。

（12）矿山安全检查作业。含安全检查工、瓦斯检验工、电器设备防爆检查工。

（13）矿山提升运输作业。含主提升机操作工、（上、下山）绞车操作工、固定胶带输送机操作工、信号工、拥罐（把钩）工。

（14）采掘（剥）作业。含采煤机司机、掘进机司机、耙岩机司机、凿岩机司机。

（15）矿山救护作业。

（16）危险物品作业。含危险化学品、民用爆炸品、放射性物品的操作工、运输押运工、储存保管员；

（17）经国家局批准的其他的作业。

2.原建设部《建设工程安全生产管理条例》第25条将"垂直运输机械作业人员、安装拆卸工、爆破作业人员、起重信号工、登高架设作业等人员"称为特种作业人员，部分地区将"电工（电器操作）"等也列为特种作业人员。

2）物力资源管理

（1）设备的日常管理。

①生产经营单位应当在有较大危险因素的生产经营场所和有关设施、设备上，设置明显的安全警示标志。

安全标志类型	含 义	基 本 形 式	参 数	颜 色
禁止标志	禁止人们不安全行为的图形标志		带斜杠的圆边框 外径 $d_1=0.025L$ 内径 $d_2=0.800d_1$ 斜杠宽 $c=0.080d_1$ 斜杠与水平线的夹角 $\alpha=45°$ L 为观察距离	红色:表示禁止、停止、危险以及消防设备的意思
警告标志	提醒人们对周围环境引起注意,以避免可能发生危险的图形标志		正三角形边框 外边 $\alpha_1=0.034L$ 内边 $\alpha_2=0.700\alpha_1$ 边框外角圆弧半径 $r=0.080\alpha_2$ L 为观察距离	黄色:表示提醒人们注意。凡是警告人们注意的器件、设备及环境都应以黄色表示
指令标志	强制人们必须做出某种动作或采用防范措施的图形标志		圆形边框 直径 $d=0.025L$ L 为观察距离	蓝色:表示指令,要求人们必须遵守的规定
提示标志	向人们提供某种信息(如标明安全设施或场所等)的图形标志		正方形边框 边长 $\alpha=0.025L$ L 为观察距离	绿色:表示给人们提供允许、安全的信息

②安全设备的设计、制造、安装、使用、检测、维修、改造和报废,应当符合国家标准或者行业标准。

③生产经营单位必须对安全设备进行经常性维护、保养,并定期检测,保证正常运转。维护、保养、检测应当做好记录,并由有关人员签字。

(2)设备的淘汰制度。国家对严重危及生产安全的工艺、设备实行淘汰制度。生产经营单位不得使用国家明令淘汰、禁止使用的危及生产安全的工艺、设备。

(3)生产经营项目、场所、设备的转让管理。生产经营单位不得将生产经营项目、场所、设备发包或出租给不具备安全生产条件或相应资质的单位或个人。

(4)生产经营项目、场所的协调管理。生产经营项目、场所有多个承包单位、承租单位的,生产经营单位应与承包单位、承租单位签订专门的安全生产管理协议,或在承包合同、租赁合同中约定各自的安全生产管理职责;生产经营单位对承包单位、承租单位的安全生产工作统一协调、管理。

3.经济保障措施

1)保证安全生产所必需的资金

生产经营单位应当具备的安全生产条件所必需的资金投入,由生产经营单位的决策机构、主要负责人或者个人经营的投资人予以保证,并对由于安全生产所必需的资金投入不足导致的后果承担责任。

2)保证安全设施所需要的资金

生产经营单位新建、改建、扩建工程项目(以下统称建设项目)的安全设施,必须与主体工程同时设计、同时施工、同时投入生产和使用。安全设施投资应当纳入建设项目概算。

3)保证劳动防护用品、安全生产培训所需要的资金

生产经营单位必须为从业人员提供符合国家标准或者行业标准的劳动防护用品,并监督、教育从业人员按照使用规则佩戴、使用。生产经营单位应当安排用于配备劳动防护用品、进行安全生产培训的经费。

4)保证工伤社会保险所需要的资金

生产经营单位必须依法参加工伤社会保险,为从业人员缴纳保险费。

4.技术保障措施

1)对新工艺、新技术、新材料或使用新设备的管理

生产经营单位采用新工艺、新技术、新材料或者使用新设备,必须了解、掌握其安全技术特性,采取有效的安全防护措施,并对从业人员进行专门的安全生产教育和培训。

2)对安全条件论证和安全评价的管理

矿山建设项目和用于生产、储存危险物品的建设项目,应当分别按照国家有关规定进行安全条件论证和安全评价。

3)对废弃危险物品的管理

生产、经营、运输、储存、使用危险物品或者处置废弃危险物品的,由有关主管部门依照有关法律、法规的规定和国家标准或者行业标准审批并实施监督管理。

生产经营单位生产、经营、运输、储存、使用危险物品或者处置废弃危险物品,必须执行有关法律、法规和国家标准或者行业标准,建立专门的安全管理制度,采取可靠的安全措施,接受

有关主管部门依法实施的监督管理。

4）对重大危险源的管理

生产经营单位对重大危险源应当登记建档，进行定期检测、评估、监控，并制定应急预案，告知从业人员和相关人员在紧急情况下应当采取的应急措施。

生产经营单位应当按照国家有关规定将本单位重大危险源及有关安全措施、应急措施报有关地方人民政府负责安全生产监督管理的部门和有关部门备案。

5）对员工宿舍的管理

生产、经营、储存、使用危险物品的车间、商店、仓库不得与员工宿舍在同一座建筑物内，并应当与员工宿舍保持安全距离。

生产经营场所和员工宿舍，应当设有符合紧急疏散要求、标志明显、保持畅通的出口。禁止封闭、堵塞生产经营场所或者员工宿舍的出口。

6）对危险作业的管理

生产经营单位进行爆破、吊装等危险作业，应当安排专门人员进行现场安全管理，确保操作规程的遵守和安全措施的落实。

7）对安全生产操作规程的管理

生产经营单位应当教育和督促从业人员严格执行本单位的安全生产规章制度和安全操作规程；并向从业人员如实告知作业场所和工作岗位存在的危险因素、防范措施以及事故应急措施。

8）对施工现场的管理

两个以上生产经营单位在同一作业区域内进行生产经营活动，可能危及对方生产安全的，应签订安全生产管理协议，明确各自的安全生产管理职责和应采取的安全措施，并指定专职安全生产管理人员进行安全检查与协调。

二 从业人员的权利和义务及安全生产的监督管理

（一）安全生产中从业人员的权利和义务

生产经营单位的从业人员是指该单位从事生产经营活动各项工作的所有人员，包括管理人员、技术人员和各岗位的工人，也包括生产经营单位临时聘用的人员。《安全生产法》第6条规定："生产经营单位的从业人员有依法获得安全生产保障的权利，并应当依法履行安全生产方面的义务。"

1. 安全生产中从业人员的权利

1）知情权

《安全生产法》第45条第1款规定："生产经营单位的从业人员有权了解其作业场所和工作岗位存在的危险因素、防范措施及事故应急措施。"

2）建议权

《安全生产法》第45条第2款规定："生产经营单位的从业人员有权对本单位的安全生产工作提出建议。"

3）批评权和检举、控告权

《安全生产法》第 46 条第 1 款规定："从业人员有权对本单位安全生产工作中存在的问题提出批评、检举、控告。"

4）拒绝权

《安全生产法》第 46 条第 2 款规定："从业人员有权拒绝违章指挥和强令冒险作业。生产经营单位不得因从业人员对本单位安全生产工作提出批评、检举、控告或者拒绝违章指挥、强令冒险作业而降低其工资、福利等待遇或者解除与其订立的劳动合同。"

5）紧急避险权

《安全生产法》第 47 条规定："从业人员发现直接危及人身安全的紧急情况时，有权停止作业或者在采取可能的应急措施后撤离作业场所。生产经营单位不得因从业人员在前款紧急情况下停止作业或者采取紧急撤离措施而降低其工资、福利等待遇或者解除与其订立的劳动合同。"

6）请求赔偿权

《安全生产法》第 48 条规定："因生产安全事故受到损害的从业人员，除依法享有工伤社会保险外，依照有关民事法律尚有获得赔偿的权利的，有权向本单位提出赔偿要求。"

7）获得劳动防护用品的权利

《安全生产法》第 37 条规定："生产经营单位必须为从业人员提供符合国家标准或者行业标准的劳动防护用品，并监督、教育从业人员按照使用规则佩戴、使用。"

8）获得安全生产教育和培训的权利

《安全生产法》第 21 条规定："生产经营单位应当对从业人员进行安全生产教育和培训，保证从业人员具备必要的安全生产知识，熟悉有关的安全生产规章制度和安全操作规程，掌握本岗位的安全操作技能。未经安全生产教育和培训合格的从业人员，不得上岗作业。"

2. 安全生产中从业人员的义务

1）自律遵规的义务

《安全生产法》第 49 条规定："从业人员在作业过程中，应当严格遵守本单位的安全生产规章制度和操作规程，服从管理，正确佩戴和使用劳动防护用品。"

2）接受安全生产教育培训的义务

《安全生产法》第 50 条规定："从业人员应当接受安全生产教育和培训，掌握本职工作所需的安全生产知识，提高安全生产技能，增强事故预防和应急处理能力。"

3）危险报告义务

《安全生产法》第 51 条规定："从业人员发现事故隐患或者其他不安全因素，应当立即向现场安全生产管理人员或者本单位负责人报告。"

（二）安全生产的监督管理

1. 安全生产监督管理部门

根据《安全生产法》和《建设工程安全生产管理条例》的有关规定，国务院负责安全生产监督管理的部门，对全国建设工程安全生产工作实施综合监督管理。国务院建设行政主管部门对全国建设工程安全生产实施监督管理。国务院铁路、交通、水利等有关部门按国务院的职责分工,负责有关专业建设工程安全生产的监督管理。

根据《建筑工程安全生产管理条例》第44条规定,建设行政主管部门或其他有关部门可以将施工现场的监督检查委托给建设工程安全监督机构具体实施。

2.安全生产监督管理部门的职权

根据《安全生产法》第56条规定,负有安全生产监督管理职责的部门依法对生产经营单位执行有关安全生产的法律、法规和国家标准或者行业标准的情况进行监督检查,行使以下职权:

(1)进入生产经营单位进行检查,调阅有关资料,向有关单位和人员了解情况。

(2)对检查中发现的安全生产违法行为,当场予以纠正或者要求限期改正;对依法应当给予行政处罚的行为,依照本法和其他有关法律、行政法规的规定作出行政处罚决定。

(3)对检查中发现的事故隐患,应当责令立即排除;重大事故隐患排除前或者排除过程中无法保证安全的,应当责令从危险区域内撤出作业人员,责令暂时停产停业或者停止使用;重大事故隐患排除后,经审查同意,方可恢复生产经营和使用。

(4)对有根据认为不符合保障安全生产的国家标准或者行业标准的设施、设备、器材予以查封或者扣押,并应当在15日内依法作出处理决定。监督检查不得影响被检查单位的正常生产经营活动。

3.安全生产监督检查人员的义务

根据《安全生产法》第58条规定,安全生产监督检查人员在行使职权时,应当履行如下法定义务:

(1)必须遵循忠于职守、坚持原则、秉公执法;

(2)监督检查时须出示有效的监督执法证件;

(3)对涉及被检查单位的技术秘密和业务秘密,应当为其保密。

三 生产安全事故的应急救援与调查处理

(一)生产安全事故等级的划分

根据2007年6月1日起施行的《生产安全事故报告和调查处理条例》,根据生产安全事故(以下简称事故)造成的人员伤亡或者直接经济损失,事故一般分为以下等级:

(1)特别重大事故,是指造成30人以上死亡,或者100人以上重伤(包括急性工业中毒,下同),或者1亿元以上直接经济损失的事故;

(2)重大事故,是指造成10人以上30人以下死亡,或者50人以上100人以下重伤,或者5000万元以上1亿元以下直接经济损失的事故;

(3)较大事故,是指造成3人以上10人以下死亡,或者10人以上50人以下重伤,或者1000万元以上5000万元以下直接经济损失的事故;

(4)一般事故,是指造成3人以下死亡,或者10人以下重伤,或者1000万元以下直接经济损失的事故。

国务院安全生产监督管理部门可以会同国务院有关部门,制定事故等级划分的补充性规定。

本条第(1)款所称的"以上"包括本数,所称的"以下"不包括本数。

(二)生产安全事故报告

1.《安全生产法》对生产安全事故报告的规定

根据《安全生产法》第70~72条规定,生产安全事故报告应当遵守以下规定:

(1)生产经营单位发生生产安全事故后,事故现场有关人员应当立即报告本单位负责人。

(2)单位负责人接到事故报告后,应迅速采取有效措施,组织抢救,防止事故扩大,减少人员伤亡和财产损失,并按照国家有关规定立即如实报告当地负有安全生产监督管理职责的部门,不得隐瞒不报、谎报或者拖延不报,不得故意破坏事故现场、毁灭有关证据。对于实行施工总承包的建设工程,由总承包单位负责上报事故。

(3)负有安全生产监督管理职责的部门接到事故报告后,应当立即按照国家有关规定上报事故情况。负有安全生产监督管理职责的部门和有关地方人民政府对事故情况不得隐瞒不报、谎报或者拖延不报。

(4)有关地方人民政府和负有安全生产监督管理职责的部门的负责人接到重大生产安全事故报告后,应当立即赶到事故现场,组织事故抢救。

2.《生产安全事故报告和调查处理条例》对生产安全事故报告的规定

施工单位发生生产安全事故,应按国家有关伤亡事故报告和调查处理的规定,及时、如实地向负责安全生产监督管理的部门、建设行政主管部门或其他有关部门报告;特种设备发生事故的,还应同时向特种设备安全监督管理部门报告。接到报告的部门应当按国家有关规定,如实上报。实行施工总承包的建设工程,由总承包单位负责上报事故。

1)事故报告程序

事故发生后,事故现场有关人员应当立即向本单位负责人报告;单位负责人接到报告后,应当于1h内向事故发生地县级以上人民政府安全生产监督管理部门和负有安全生产监督管理职责的有关部门报告。情况紧急时,事故现场有关人员可以直接向事故发生地县级以上人民政府安全生产监督管理部门和负有安全生产监督管理职责的有关部门报告。

安全生产监督管理部门和负有安全生产监督管理职责的有关部门接到事故报告后,应当依照下列规定上报事故情况,并通知公安机关、劳动保障行政部门、工会和人民检察院:

(1)特别重大事故、重大事故逐级上报至国务院安全生产监督管理部门和负有安全生产监督管理职责的有关部门;

(2)较大事故逐级上报至省、自治区、直辖市人民政府安全生产监督管理部门和负有安全生产监督管理职责的有关部门;

(3)一般事故上报至设区的市级人民政府安全生产监督管理部门和负有安全生产监督管理职责的有关部门。

安全生产监督管理部门和负有安全生产监督管理职责的有关部门依照前款规定上报事故情况,应当同时报告本级人民政府。国务院安全生产监督管理部门和负有安全生产监督管理职责的有关部门以及省级人民政府接到发生特别重大事故、重大事故的报告后,应当立即报告国务院。必要时,安全生产监督管理部门和负有安全生产监督管理职责的有关部门可以越级上报事故情况。

安全生产监督管理部门和负有安全生产监督管理职责的有关部门逐级上报事故情况,每级上报的时间不得超过2h。

2)事故报告内容

(1)事故发生单位概况;

(2)事故发生的时间、地点以及事故现场情况;

(3)事故的简要经过;

(4)事故已经造成或者可能造成的伤亡人数(包括下落不明的人数)和初步估计的直接经济损失;

(5)已经采取的措施;

(6)其他应当报告的情况。

事故报告后出现新情况的,应当及时补报。自事故发生之日起30日内,事故造成的伤亡人数发生变化的,应当及时补报。

(三)安全生产责任事故调查处理

1.《安全生产法》对生产安全事故调查处理的规定

根据《安全生产法》第73~75条规定,生产安全事故调查处理应当遵守以下规定:

(1)事故调查处理应当按照实事求是、尊重科学的原则,及时、准确地查清事故原因,查明事故性质和责任,总结事故教训,提出整改措施,并对事故责任者提出处理意见。事故调查和处理的具体办法由国务院制定。

(2)生产经营单位发生生产安全事故,经调查确定为责任事故的,除了应当查明事故单位的责任并依法予以追究外,还应当查明对安全生产的有关事项负有审查批准和监督职责的行政部门的责任,对有失职、渎职行为的,追究法律责任。

(3)任何单位和个人不得阻挠和干涉对事故的依法调查处理。

(4)县级以上地方各级人民政府负责安全生产监督管理的部门应当定期统计分析本行政区域内发生生产安全事故的情况,并定期向社会公布。

2.《生产安全事故报告和调查处理条例》对生产安全事故调查处理的规定

1)事故调查机关

特别重大事故由国务院或者国务院授权有关部门组织事故调查组进行调查。重大事故、较大事故、一般事故分别由事故发生地省级人民政府、设区的市级人民政府、县级人民政府负责调查。省级人民政府、设区的市级人民政府、县级人民政府可以直接组织事故调查组进行调查,也可以授权或者委托有关部门组织事故调查组进行调查。未造成人员伤亡的一般事故,县级人民政府也可以委托事故发生单位组织事故调查组进行调查。

上级人民政府认为必要时,可以调查由下级人民政府负责调查的事故。

自事故发生之日起30日内(道路交通事故、火灾事故自发生之日起7日内),因事故伤亡人数变化导致事故等级发生变化,依照本条例规定应当由上级人民政府负责调查的,上级人民政府可以另行组织事故调查组进行调查。

特别重大事故以下等级事故,事故发生地与事故发生单位不在同一个县级以上行政区域的,由事故发生地人民政府负责调查,事故发生单位所在地人民政府应当派人参加。

2)事故调查组的组成

事故调查组的组成应当遵循精简、效能的原则。根据事故的具体情况,事故调查组由有关人民政府、安全生产监督管理部门、负有安全生产监督管理职责的有关部门、监察机关、公安机关以及工会派人组成,并应当邀请人民检察院派人参加。事故调查组可以聘请有关专家参与调查。事故调查组成员应当具有事故调查所需要的知识和专长,并与所调查的事故没有直接利害关系。事故调查组组长由负责事故调查的人民政府指定。事故调查组组长主持事故调查组的工作。

3)事故调查组职责

事故调查组应履行下列职责:查明事故发生的经过、原因、人员伤亡情况及直接经济损失;认定事故的性质和事故责任;提出对事故责任者的处理建议;总结事故教训,提出防范和整改措施;提交事故调查报告。

事故调查组有权向有关单位和个人了解与事故有关的情况,并要求其提供相关文件、资料,有关单位和个人不得拒绝。

事故发生单位的负责人和有关人员在事故调查期间不得擅离职守,并应当随时接受事故调查组的询问,如实提供有关情况。

事故调查中发现涉嫌犯罪的,事故调查组应当及时将有关材料或者其复印件移交司法机关处理。

事故调查中需要进行技术鉴定的,事故调查组应当委托具有国家规定资质的单位进行技术鉴定。必要时,事故调查组可以直接组织专家进行技术鉴定。技术鉴定所需时间不计入事故调查期限。

事故调查组成员在事故调查工作中应当诚信公正、恪尽职守,遵守事故调查组的纪律,保守事故调查的秘密。未经事故调查组组长允许,事故调查组成员不得擅自发布有关事故的信息。

4)事故调查报告

事故调查组应当自事故发生之日起60日内提交事故调查报告;特殊情况下,经负责事故调查的人民政府批准,提交事故调查报告的期限可以适当延长,但延长的期限最长不超过60日。

事故调查报告应当包括下列内容:事故发生单位概况;事故发生经过和事故救援情况;事故造成的人员伤亡和直接经济损失;事故发生的原因和事故性质;事故责任的认定以及对事故责任者的处理建议;事故防范和整改措施。事故调查报告应当附具有关证据材料。事故调查组成员应当在事故调查报告上签名。

事故调查报告报送负责事故调查的人民政府后,事故调查工作即告结束。事故调查的有关资料应当归档保存。

5)事故的处理

重大事故、较大事故、一般事故,负责事故调查的人民政府应当自收到事故调查报告之日起15日内做出批复;特别重大事故,30日内做出批复,特殊情况下,批复时间可以适当延长,但延长的时间最长不超过30日。有关机关应当按照人民政府的批复,依照法律、行政法规规定的权限和程序,对事故发生单位和有关人员进行行政处罚,对负有事故责任的国家工作人员进行处分。事故发生单位应当按照负责事故调查的人民政府的批复,对本单位负有事故责任的人员进行处理。负有事故责任的人员涉嫌犯罪的,依法追究刑事责任。

事故发生单位应当认真吸取事故教训,落实防范和整改措施,防止事故再次发生。防范和整改措施的落实情况应当接受工会和职工的监督。安全生产监督管理部门和负有安全生产监督管理职责的有关部门应当对事故发生单位落实防范和整改措施的情况进行监督检查。

事故处理的情况由负责事故调查的人民政府或者其授权的有关部门、机构向社会公布,依法应当保密的除外。

(四)生产安全事故的应急救援

根据《安全生产法》第68条规定:"县级以上地方各级人民政府应当组织有关部门制定本行政区域内特大生产安全事故应急救援预案,建立应急救援体系。"

根据《安全生产法》第69条规定:"危险物品的生产、经营、储存单位以及矿山、建筑施工单位应当建立应急救援组织;生产经营规模较小,可以不建立应急救援组织的,应当指定兼职的应急救援人员。

危险物品的生产、经营、储存单位以及矿山、建筑施工单位应当配备必要的应急救援器材、设备,并进行经常性维护、保养,保证正常运转。"

▶知识链接:事故应急救援预案

指事先制订的关于特大生产安全事故发生时进行紧急救援的组织、程序、措施、责任以及协调等方面的方案和计划。事故应急处理预案包括下列内容:一是建立应急组织,明确各应急组织和人员的职责;二是灾情的发现与报告制度;三是保证通信畅通;四是保证足够的救灾器材与设备;五是有关安全通道与安全出口的要求;六是自救与救护的规定;七是成立专业应急组织——救护队。

▶自主学习资料推荐

1. 中华人民共和国安全生产法. http://www.gov.cn/ziliao/flfg/2005-08/05/content_20950.htm.

2. 生产安全事故报告和调查处理条例. http://www.gov.cn/zwgk/2007-04/19/content_588577.htm.

3. 全国一级建造师执业资格考试用书编写委员会. 建设工程法规及相关知识. 北京:中国建筑工业出版社,2009.

4. 全国一级建造师执业资格考试用书编写委员会. 建设工程法规及相关知识复习题集. 北京:中国建筑工业出版社,2009.

◀ 习 题 ▶

一、案 例 题

案例1:某6层商住楼,总建筑面积9 800.72m²,建筑高度22.55m,全部为现浇钢筋混凝土剪力墙结构。在土方施工阶段,分包回填土施工任务的某施工队采用装载机铲土,在向基础边倒土时,将一名正在18轴检查质量的质检员撞倒,经抢救无效死亡。经调查,装载机司机未经培训,无操作证,并且当时现场没有指挥人员。

问题:1.简要分析这起事故发生的原因。

2.事故发生后,事故发生单位写出书面报告的时间及事故书面报告(初报表)应包括哪些内容?

案例2:某单层工业厂房项目,檐高20m,建筑面积5 800m²,施工单位在拆除顶层钢模板时,将拆下的18根钢管(每根长4m)和扣件运到井字架的吊盘上,5名工人随吊盘一起从屋顶高处下落,此时恰好操作该机械的人员去厕所未归,一名刚招来两天的合同工开动了卷扬机。在卷扬机下降过程中,钢丝绳突然折断,人随吊盘下落坠地,造成2人死亡,3人重伤的恶性后果。

问题:1.本工程这起事故可定为哪种等级的事故?依据是什么?

2.试简要分析造成这起事故的原因。

案例3:某公寓建筑面积32 800m²,钢筋混凝土框架结构,箱形基础,地下1层,地上8层。某一天,按施工进度计划要求正在搭设扣件式钢管脚手架。安全员检查时发现新购进的扣件表面粗糙,商标模糊,有的已显锈迹,便向架子工询问。工人说,有的扣件螺栓滑丝,有的扣件一拧,小盖口就裂了,安全员对此批扣件的质量产生了怀疑。

问题:1.该项目的脚手架工程存在着安全隐患,那么事故隐患该如何处理?

2.为防止安全事故的发生,请问安全员应如何处理此事?

案例4:张某是项目经理部新聘用的员工,其职责是负责运输拌制水泥混凝土的材料。一天,项目经理要求张某将一些不合格的石料掺进合格的石料之中,张某拒绝这个要求。项目经理以张某没有按照劳务合同履行义务为由,要求张某承担违约责任。

问题:你认为项目经理的理由成立吗?

案例5:2006年7月6日,某施工现场为了浇筑钻孔桩而钻了10处深20m、直径约为1.5m的孔。为了避免有人掉了孔中,在孔旁设立了明显的警示标志。但是,当晚这些警示标志被当地居民盗走。工人王某看到孔旁没有了警示标志,感到缺少了警示标志后容易出现安全事故,于是通告了自己宿舍的工友,提醒他们路过这些孔时要小心一些。次日晚,有工人落入孔中,造成重伤。

问题:你认为王某对此是否应承担一定的责任?

案例6:某施工现场发生了安全生产事故,堆放石料的料堆坍塌,将几名正在工作的工人掩埋,最终导致了3名工人死亡。工人张某在现场目堵了整个事故的全过程,于是立即向本单位负责人报告。由于张某看到的是掩埋了5名工人,他就推测这5名工人均已经死亡。于是向本单位负责人报告说5名工人遇难,此数字与实际数字不符。

问题:你认为该工人是否违法?

二、客 观 题

(一)单项选择题(每题的备选项中,只有1个最符合题意,请选择最符合题意的答案)

1.根据《安全生产法》的规定,安全生产管理,坚持( )的方针。

A. 安全第一、预防为主　　　　　　　B. 安全第一、效益第二

C. 安全第一、兼顾效益　　　　　　　D. 安全第一、事前控制

2. 根据《安全生产法》的规定,下列选项中(　　)不是生产经营单位主要负责人的安全生产职责。

A. 建立、健全本单位安全生产责任制　B. 保证本单位安全生产投入的有效实施

C. 及时、如实报告生产安全事故　　　D. 为从业人员缴纳保险费

3. 根据《安全生产法》的规定,下列选项中(　　)不是生产经营单位主要负责人的安全生产职责。

A. 为从业人员缴纳保险费

B. 组织制定本单位安全生产规章制度和操作规程

C. 督促、检查本单位的安全生产工作,及时消除生产安全事故隐患

D. 组织制定并实施本单位的生产安全事故应急救援预案

4. 根据《安全生产法》的规定,矿山、建筑施工单位和危险物品的生产、经营、储存单位,应当(　　)。

A. 设置安全生产管理机构

B. 配备专职安全生产管理人员

C. 设置安全生产管理机构或者配备专职安全生产管理人员

D. 设置安全生产管理机构并且配备专职安全生产管理人员

5. 根据《安全生产法》的规定,危险物品的生产、经营、储存单位及矿山、建筑施工单位的主要负责人和安全生产管理人员,应当由(　　)对其安全生产知识和管理能力考核合格后方可任职。

A. 县级以上人民政府　　　　　　　　B. 建设行政主管部门

C. 安全生产管理部门　　　　　　　　D. 有关主管部门

6. 根据《安全生产法》的规定,未经安全生产教育和培训合格的从业人员,(　　)。

A. 经县级以上人民政府特批,可以上岗作业

B. 经建设行政主管部门特批,可以上岗作业

C. 经安全生产管理部门特批,可以上岗作业

D. 不得上岗作业

7. 根据《安全生产法》的规定,(　　)采用新工艺、新技术、新材料或者使用新设备,必须了解、掌握其安全技术特性,采取有效的安全防护措施,并对从业人员进行专门的安全生产教育和培训。

A. 建设单位　　　B. 施工单位　　　C. 生产经营单位　　　D. 监理单位

8. 下列叙述中(　　)不属于《安全生产法》关于安全生产规程的要求。

A. 生产经营单位不得使用国家明令淘汰、禁止使用的危及生产安全的工艺、设备

B. 生产经营单位应当按照国家有关规定将本单位重大危险源及有关安全措施、应急措施报有关地方人民政府负责安全生产监督管理的部门和有关部门备案

C. 生产经营单位进行爆破、吊装等危险作业,应当安排专门的人员进行现场安全管理,确保操作规程的遵守和安全措施的落实

D. 安全生产中,从业人员发现事故隐患或者其他不安全因素时,应当立即向现场安全生产管理人员或者本单位负责人报告

9. 下列叙述中(   )不属于《安全生产法》关于安全生产规程的要求。

A. 涉及生命安全、危险性较大的特种设备的目录,由国务院负责特种设备安全监督的部门制定,报国务院批准后执行

B. 生产经营单位对重大危险源应当登记建档,进行定期检测、评估、监控,并制定应急预案,告知从业人员和相关人员在紧急情况下应当采取的应急措施

C. 安全生产从业人员在作业过程中,应当遵守本单位的安全生产规章制度和操作规程,服从管理,正确佩戴和使用劳动防护用品

D. 生产、经营、储存和使用危险物品的车间、商店和仓库不得与员工宿舍在同一座建筑物内,并应当与员工宿舍保持安全距离

10. 在《安全生产法》对安全生产从业人员的权利的规定中,安全生产从业人员有权了解其作业场所和工作岗位存在的危险因素、防范措施和事故应急措施即为(   )。

    A. 知情权　　　　　　B. 拒绝权　　　　　　C. 紧急避险权　　　　　　D. 建议权

11. 在《安全生产法》对安全生产从业人员的权利的规定中,安全生产从业人员有权对本单位的安全生产工作提出建议即为(   )。

    A. 知情权　　　　　　B. 拒绝权　　　　　　C. 紧急避险权　　　　　　D. 建议权

12. 在《安全生产法》对安全生产从业人员的权利的规定中,安全生产从业人员发现直接危及人身安全的紧急情况时,有权停止作业或者在采取可能的应急措施后撤离作业场所即为(   )。

    A. 知情权　　　　　　B. 拒绝权　　　　　　C. 紧急避险权　　　　　　D. 建议权

13. 在《安全生产法》对安全生产从业人员的权利的规定中,安全生产从业人员有权拒绝违章作业指挥和强令冒险作业即为(   )

    A. 知情权　　　　　　B. 拒绝权　　　　　　C. 紧急避险权　　　　　　D. 建议权

14. 下列叙述中(   )违反了安全监督检察人员的义务。

A. 要求被审查、验收的单位购买指定的产品

B. 遵循忠于职守、坚持原则、秉公执法

C. 监督检查时出示有效的监督执法证件

D. 对被检查单位的技术秘密和业务秘密保密

15. 根据《安全生产法》的有关规定,(   )以上的地方各级人民政府应当组织有关部门制定本行政区域内特大生产安全事故应急救援预案,建立应急救援体系。

    A. 乡级　　　　　　B. 县级　　　　　　C. 市级　　　　　　D. 省级

16. 根据《安全生产法》的有关规定,生产经营单位发生生产安全事故后,事故现场有关人员应当立即报告(   )。

    A. 乡级以上人民政府　　　　　　　　B. 县级以上人民政府

    C. 本单位负责人　　　　　　　　　　D. 建设行政主管部门

(二)多项选择题(每题的备选项中,有2个或2个以上符合题意,至少有1个错项)

1. 根据《安全生产法》的规定,下列叙述中(   )是生产经营单位主要负责人的安全生产

职责。

    A. 建立、健全本单位安全生产责任制

    B. 组织制定本单位安全生产规章制度和操作规程

    C. 保证本单位安全生产投入的有效实施

    D. 为从业人员缴纳保险费

    E. 及时、如实报告生产安全事故

2. 根据《安全生产法》的规定,下列叙述中(　　)是对生产经营单位安全培训的要求。

    A. 未经安全生产教育和培训合格的从业人员,经安全生产管理部门特批后,方可上岗作业

    B. 生产经营单位主要负责人和安全生产管理人员必须具备与本单位所从事的生产经营活动相应的安全生产知识和管理能力

    C. 危险物品的生产、经营、储存单位及矿山、建筑施工单位的主要负责人和安全生产管理人员,应当由有关部门对其安全生产知识和管理能力考核合格后方可任职

    D. 生产经营单位使用新设备,必须了解、掌握其安全技术特性

    E. 特种作业人员必须按照国家有关规定经专门的安全作业培训,取得特种作业操作资格证书,方可上岗作业

3. 下列叙述中(　　)符合安全生产"三同时"制度的要求。

    A. 建设项目的安全设施,必须与主体工程同时设计、同时施工、同时投入生产和使用

    B. 安全设施投资应当纳入建设项目概算

    C. 矿山建设项目和用于生产、储存危险物品的建设项目,应当分别按照国家有关规定进行安全条件论证和安全评价

    D. 矿山建设项目和用于生产、储存危险物品的建设项目的安全设施设计应当按照国家有关规定报经有关部门审查

    E. 矿山建设项目和用于生产、储存危险物品的建设项目竣工投入生产或者使用前,只要经过验收程序即可投入生产和使用

4. 下列叙述中(　　)是《安全生产法》关于安全生产规程的要求。

    A. 生产经营单位应当在有较大危险因素的生产经营场所和有关设施、设备上,设置明显的安全警示标志

    B. 安全设备的设计、制造、安装、使用、检测、维修、改造和报废,应当符合国家标准或者行业标准

    C. 生产经营单位必须对安全设备进行经常性的维护、保养,并定期检测,保证正常运转

    D. 安全生产中从业人员应当掌握本职工作所需的安全生产知识,提高安全生产技能,增强事故预防和应急处理能力

    E. 生产经营单位不得使用国家明令淘汰、禁止使用的危及生产及生产安全的工艺、设备

5. 下列选项中(　　)是《安全生产法》规定的安全生产从业人员的权利。

    A. 知情权　　　　B. 建议权　　　　C. 申诉权

    D. 拒绝权　　　　E. 紧急避险权

6. 下列选项中( )是《安全生产法》规定的安全生产从业人员的义务。

A. 自觉遵规的义务
B. 自觉学习安全生产知识的义务
C. 服从指挥的义务
D. 危险报告义务
E. 对本单位的安全生产工作提出建议的义务

7. 根据《安全生产法》的规定,负有安全生产监督管理职责的部门和有关地方人民政府对事故情况不得( )。

A. 隐瞒不报
B. 跨级上报
C. 谎报
D. 越级上报
E. 拖延不报

单元三 《建设工程安全生产管理条例》的主要内容

➤**单元教学目标**

能力目标	知识目标	素质目标
1.能明晰建设各方的安全责任和义务,正确分析案例中的相关问题; 2.能熟练解决本单元的单项及多项选择题; 3.能完成"能力训练项目一"中建设工程安全生产管理条例相关案例的编写	1.了解《建设工程安全生产管理条例》施行的时间及制定的依据; 2.熟悉建设工程安全生产管理基本制度;勘察、设计单位和其他相关单位的安全生产责任。 3.掌握建设单位、监理单位、施工单位的安全责任	通过学习,让学生自觉遵守安全生产管理条例有关规定的从业素质,进一步加强岗位安全责任意识

➤**学习要点**

```
        单元三 学习要点
```

建设工程安全生产管理基本制度	建设各方安全生产管理的主要责任和义务

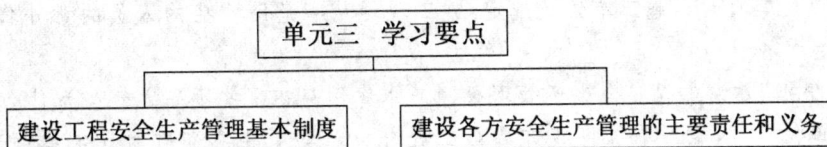

➤**引例(导入新课)**

摘自中国新闻网:"杭州地铁坍塌事故调查结束 21 名责任人被究责" http://www.chinanews.com.cn/sh/news/2010/02-10/2120110.shtml

2008 年 11 月 15 日下午 3 时 15 分,正在施工的杭州地铁湘湖站北 2 基坑现场发生大面积坍塌事故,造成 21 人死亡,24 人受伤。直接经济损失 4 961 万元。事故发生后,国家安全监管总局、住房和城乡建设部成立了事故调查指导小组,已查明,是由于参与项目建设及管理的中国中铁股份有限公司所属中铁四局集团第六工程有限公司,安徽中铁四局设计研究院,浙江大合建设工程检测有限公司,浙江省地矿勘察院,北京城建设计研究总院有限责任公司,上海同济工程项目管理咨询有限公司,杭州地铁集团有限公司等有关方面工作中存在一些严重缺陷和问题,没有得到应有重视和积极防范整改,多方面因素综合作用最终导致了事故的发生,是一起重大责任事故。其直接原因是施工单位(中铁四局集团第六工程有限公司)违规施工、冒险作业、基坑严重超挖;支撑体系存在严重缺陷且钢管支撑架设不及时;垫层未及时浇筑。监测单位(安徽中铁四局设计研究院以浙江大合建设工程检测有限公司名义,实为挂靠)施工监测失效,施工单位没有采取有效补救措施。10 名责任人被追究法律责任,另有 11 名责任人受到政纪处分。

上述案例,参建各方未履行或未完全履行各自的安全责任,导致了重大责任事故的发生,是《建设工程安全生产管理条例》所禁止的。

《建设工程安全生产管理条例》于 2003 年 11 月 12 日国务院第二十八次常务会议通过,自 2004 年 2 月 1 日起施行。其立法目的在于为了加强建设工程安全生产监督管理,保障人民群众生命和财产安全。本条例依据《建筑法》《安全生产法》制定,包括八章,共71条。主要设置了总则;建设单位的安全责任;勘察、设计、工程监理及其他有关单位的安全责任;施工单位的安全责任;监督管理;生产安全事故的应急救援和调查处理;法律责任;附则等内容。

➤**任务案例(贯穿课堂教学)**

在烈度为9度的地震多发地带,某房地产开发公司建设一幢地下3层,地上25层的写字楼,委托某勘察单位进行工程勘察,因勘察单位工作入员疏忽,未将地下水资料递交建设单位;设计单位在抗震设计中,仅凭经验设置了构造筋,对涉及施工安全的重点部位和环节在设计文件中未注明。某施工企业承担了本工程的施工任务,合同工期为3年。房产公司为了尽早投入使用,要求施工单位2年内完工。施工单位为了赶工期,招收了一批新进城务工的人员直接参与施工,并且要求作业人员服从单位的一切指挥,不得提出异议;施工单位在开工前向监理单位报送了施工组织设计与深基坑开挖与支护工程的专项施工方案,监理单位对施工组织设计进行审查,对施工组织设计中安全技术措施的缺少未作出任何意见;另外,施工现场的安全工作由资料员刘某负责。施工单位还规定:施工现场从事危险作业的人员的意外伤害保险由本人进行支付。

问题1:根据《建设工程安全生产管理条例》,本案例存在哪些不妥之处? 为什么?

经建设单位认可,施工单位将装饰装修工程分包给具有相应资质的分包单位进行施工。在外墙粉刷时,吊篮突然从高空坠落,造成3人死亡,1人重伤。经调查,施工单位未办理安全生产许可证,但具有施工许可证,4名从业人员均未经过专门的安全作业培训,且尚未取得特种作业操作资格证书。

问题2:建筑业中,特种作业人员有哪些? 对于特种作业人员,有什么要求?

此案例中,建设行政主管部门颁发施工许可证是否合适? 为什么?

伤亡事故处理程序是什么?

一 建设工程安全生产管理基本制度

(一)安全生产许可制度

我国实行建筑施工企业安全生产许可和建筑施工企业主要负责人、项目负责人和专职安全员(以下简称三类人员)考核制度。

1.建筑施工企业安全生产许可制度

我国实行建筑施工企业安全生产许可制度,先后制定了《安全生产许可证条例》及《建筑施工企业安全生产许可管理规定》。

2004年1月7日国务院第三十四次常务会议通过了《安全生产许可证条例》,共包括24条,自公布之日起施行。其立法目的为了严格规范安全生产条件,进一步加强安全生产监督管理,防止和减少生产安全事故。

《安全生产许可证条例》第2条规定,国家对矿山企业、建筑施工企业和危险化学品、烟花爆竹、民用爆破器材生产企业(以下统称企业)实行安全生产许可制度。企业未取得安全生产许可证的,不得从事生产活动。

依据《安全生产许可证条例》及《建设工程安全生产管理条例》,住房和城乡建设部于2004年7月5日发布施行了《建筑施工企业安全生产许可管理规定》,共六章30条。其立法目的是:为了严格规范建筑施工企业安全生产条件,进一步加强安全生产监督管理,防止和减少生产安全事故。

《建筑施工企业安全生产许可管理规定》第2条规定,国家对建筑施工企业实行安全生产许可制度。建筑施工企业未取得安全生产许可证的,不得从事建筑施工活动。

1)安全生产许可证取得的条件

根据《安全生产许可证条例》第6条规定,企业领取安全生产许可证应具一系列安全生产条件。在此规定基础上,结合建筑施工企业的自身特点,《建筑施工企业安全生产许可管理规定》在第4条,将建筑施工企业取得安全生产许可证应具备的安全生产条件具体规定为:

①建立、健全安全生产责任制,制定完备的安全生产规章制度和操作规程;

②保证本单位安全生产条件所需资金的投入;

③设置安全生产管理机构,按照国家有关规定配备专职安全生产管理人员;

④主要负责人、项目负责人、专职安全生产管理人员经建设主管部门或者其他有关部门考核合格;

⑤特种作业人员经有关业务主管部门考核合格,取得特种作业操作资格证书;

⑥管理人员和作业人员每年至少进行一次安全生产教育培训并考核合格;

⑦依法参加工伤保险,依法为施工现场从事危险作业的人员办理意外伤害保险,为从业人员交纳保险费;

⑧施工现场的办公、生活区及作业场所和安全防护用具、机械设备、施工机具及配件符合有关安全生产法律、法规、标准和规程的要求;

⑨有职业危害防治措施,并为作业人员配备符合国家标准或者行业标准的安全防护用具和安全防护服装;

⑩有对危险性较大的分部分项工程及施工现场易发生重大事故的部位、环节的预防、监控措施和应急预案;

▪有生产安全事故应急救援预案、应急救援组织或者应急救援人员,配备必要的应急救援器材、设备;

▪法律、法规规定的其他条件。

《安全生产许可证条例》第14条还规定,安全生产许可证颁发管理机关应当加强对取得安全生产许可证的企业的监督检查,发现其不再具备本条例规定的安全生产条件的,应当暂扣或者吊销安全生产许可证。

2)安全生产许可证的管理规定

(1)安全生产许可证的申请。《建筑施工企业安全生产许可管理规定》第5条规定,建筑施工企业从事建筑施工活动前,应当依照本规定向省级以上建设主管部门申请领取安全生产许可证。中央管理的建筑施工企业(集团公司、总公司)应当向国务院建设主管部门申请领取安全生产许可证。

前款规定以外的其他建筑施工企业,包括中央管理的建筑施工企业(集团公司、总公司)下属的建筑施工企业,应当向企业注册所在地省、自治区、直辖市人民政府建设主管部门申请领取安全生产许可证。

《建筑施工企业安全生产许可管理规定》第6条规定,建筑施工企业申请安全生产许可证时,应当向建设主管部门提供下列材料:建筑施工企业安全生产许可证申请表;企业法人营业执照;第4条规定的相关文件、材料。

建筑施工企业申请安全生产许可证,应当对申请材料实质内容的真实性负责,不得隐瞒有关情况或者提供虚假材料。

(2)安全生产许可证的有效期。《建筑施工企业安全生产许可管理规定》第8条规定,安全生产许可证的有效期为3年。安全生产许可证有效期满需要延期的,企业应当于期满前3个月向原安全生产许可证颁发管理机关申请办理延期手续。企业在安全生产许可证有效期内,严格遵守有关安全生产的法律法规,未发生死亡事故的,安全生产许可证有效期届满时,经原安全生产许可证颁发管理机关同意,不再审查,安全生产许可证有效期延期3年。

(3)安全生产许可证的变更和注销。《建筑施工企业安全生产许可管理规定》第9~11条规定,建筑施工企业变更名称、地址、法定代表人等,应当在变更后10日内,到原安全生产许可证颁发管理机关办理安全生产许可证变更手续。建筑施工企业破产、倒闭、撤销的,应当将安全生产许可证交回原安全生产许可证颁发管理机关予以注销。建筑施工企业遗失安全生产许可证,应当立即向原安全生产许可证颁发管理机关报告,并在公众媒体上声明作废后,方可申请补办。

(4)安全生产许可证的管理。根据《安全生产许可证条例》和《建筑施工企业安全生产许可管理规定》,建筑施工企业应遵守如下强制性规定:

①未取得安全生产许可证的,不得从事建筑施工活动。建设主管部门在审核发放施工许可证时,应对已经确定的建筑施工企业是否有安全生产许可证进行审查,对没有取得安全生产许可证的,不得颁发施工许可证。

②企业不得转让、冒用安全生产许可证或使用伪造的安全生产许可证。

③企业取得安全生产许可证后,不得降低安全生产条件,并应加强日常安全生产管理,接受安全生产许可证颁发管理机关的监督检查。

2.三类人员考核制度

根据住房和城乡建设部制定的《建筑施工企业主要负责人、项目负责人和专职安全生产管理人员安全生产考核管理暂行规定》(建质〔2004〕59号)规定,三类人员考核制度是指建筑施工企业主要负责人、项目负责人和专职安全员通过考核取得相应安全生产考核合格证的制度。

《建筑施工企业主要负责人、项目负责人和专职安全生产管理人员安全生产考核管理暂行规定》第3条规定,建筑施工企业管理人员必须经建设行政主管部门或者其他有关部门安全生产考核,考核合格取得安全生产考核合格证书后,方可担任相应职务。

该规定中的建筑施工企业主要负责人指企业法定代表人或总经理,企业分管安全生产工作的副总经理等;项目负责人是指取得注册建造师执业资格,由企业法人授权,负责建设工程项目管理的负责人等;专职安全生产管理人员是指在企业专职从事安全生产管理工作的人员,包括企业安全生产管理机构的负责人及其专职工作人员和施工现场专职安全生产管理人员。

考核的科目包括法律法规、安全生产技术、安全生产管理等3门课程。三类人员考核的内容侧重点不同。

（二）安全生产责任制度

安全生产责任制度是建筑生产中最基本的安全管理制度，是所有安全规章制度的核心。安全生产责任制度是指将各种不同的安全责任落实到负责有安全管理责任的人员和具体岗位人员身上的一种制度。这一制度是安全第一，预防为主方针的具体体现，是建筑安全生产的基本制度。

安全责任制的主要内容包括：

（1）从事建筑活动主体的负责人的责任制。施工单位的法定代表人要对本企业的安全负主要的安全责任。

（2）从事建筑活动主体的职能机构或职能处室负责人及其工作人员的安全生产责任制。施工单位根据需要设置的安全处室或专职安全人员要对安全负责。

（3）岗位人员的安全生产责任制。岗位人员必须对安全负责。从事特种作业的安全人员必须进行培训，经过考试合格后方能上岗作业。

（三）群防群治制度

群防群治制度是职工群众进行预防和治理安全的一种制度。这一制度也是"安全第一、预防为主"的具体体现，同时也是群众路线在安全工作中的具体体现，是企业进行民主管理的重要内容。这一制度要求建筑企业职工在施工中应当遵守有关生产的法律、法规和建筑行业安全规章、规程，不得违章作业；对于危及生命安全和身体健康的行为有权提出批评、检举和控告。

（四）安全生产教育培训制度

安全生产教育培训制度是对广大建筑干部职工进行安全教育培训，提高安全意识，增加安全知识和技能的制度。安全生产，人人有责。只有通过对广大职工进行安全教育、培训才能使广大职工真正认识到安全生产的重要性、必要性，才能使广大职工掌握更多更有效的安全生产的科学技术知识，牢固树立安全第一的思想，自觉遵守各项安全生产和规章制度。分析许多建筑安全事故，一个重要的原因就是有关人员安全意识不强，安全技能不够，这些都是没有搞好安全教育培训工作的后果。

（五）安全生产检查制度

安全生产检查制度是上级管理部门或企业自身对安全生产状况进行定期或不定期检查的制度。通过检查可以发现问题，查出隐患，从而采取有效措施，堵塞漏洞，把事故消灭在发生之前，做到防患于未然，是"预防为主"的具体体现。通过检查，还可总结出好的经验加以推广，为进一步搞好安全工作打下基础。安全检查制度是安全生产的保障。

（六）伤亡事故处理报告制度

伤亡事故处理报告制度是施工中发生事故时，建筑企业应当采取紧急措施减少人员伤亡和事故损失,并按照国家有关规定及时向有关部门报告的制度。事故处理必须遵循一定的程序,做到四不放过,即事故原因不清不放过、事故责任者得不到处理不放过、事故责任者和群众没有受到教育不放过、没有防范措施不放过。通过对事故的严格处理,可以总结出教训,为制定规程、规章提供第一手素材,做到亡羊补牢。

(七)安全责任追究制度

法律责任中规定,建设单位、设计单位、施工单位、监理单位,由于没有履行职责造成人员伤亡和事故损失的,视情节给予相应处理;情节严重的,责令停业整顿,降低资质等级或吊销资质证书;构成犯罪的,依法追究刑事责任。

二 建设各方安全生产管理的主要责任和义务

(一)建设单位的安全生产管理的主要责任和义务

1. 建设单位应当向施工单位提供有关资料

建设单位应当向施工单位提供施工现场及毗邻区域内供水、排水、供电、供气、供热、通信、广播电视等地下管线资料,气象和水文观测资料,相邻建筑物和构筑物、地下工程的有关资料,并保证资料的真实、准确、完整。

建设单位因建设工程需要,向有关部门或者单位查询前款规定的资料时,有关部门或者单位应当及时提供。

建设单位提供的资料将成为施工单位后续工作的主要参考依据。这些资料如果不真实、准确、完整,并因此导致了施工单位的损失,施工单位可以就此向建设单位要求赔偿。

2. 不得向有关单位提出影响安全生产的违法要求

建设单位不得对勘察、设计、施工、工程监理等单位提出不符合建设工程安全生产法律、法规和强制性标准规定的要求,不得压缩合同约定的工期。

特别提示:

工期并非不可压缩,但是此处的"不得压缩合同约定的工期"指的是不得单方压缩工期。如果由于外界的原因不得不压缩工期的话,也要在不违背施工工艺的前提下,与合同另一方当事人协商并达成一致意见后方可压缩。

3. 建设单位应当保证安全生产投入

建设单位在编制工程概算时,应当确定建设工程安全作业环境及安全施工措施所需费用。

安全生产需要资金的保证,而这笔资金的源头就是建设单位。只有建设单位提供了用于安全生产的费用,施工单位才可能有保证安全生产的费用。

4. 不得明示或暗示施工单位使用不符合安全施工要求的物资

建设单位不得明示或者暗示施工单位购买、租赁、使用不符合安全施工要求的安全防护用具、机械设备、施工机具及配件、消防设施和器材。

由于建设单位与施工单位的特殊关系,建设单位的明示或暗示经常被施工单位理解为是强制的命令。因此,法律明确规定了建设单位不得向施工单位推销劣质材料,以解除施工单位的进退两难的处境。

5.办理施工许可证或开工报告时应当报送安全施工措施

建设单位在申请领取施工许可证时,应当提供建设工程有关安全施工措施的资料。

依法批准开工报告的建设工程,建设单位应当自开工报告批准之日起15日内,将保证安全施工的措施报送建设工程所在地的县级以上地方人民政府建设行政主管部门或者其他有关部门备案。

6.对拆除工程进行备案的责任

建设单位应当将拆除工程发包给具有相应资质等级的施工单位。

建设单位应当在拆除工程施工15日前,将下列资料报送建设工程所在地的县级以上地方人民政府建设行政主管部门或者其他有关部门备案:

(1)施工单位资质等级证明;

(2)拟拆除建筑物、构筑物及可能危及毗邻建筑的说明;

(3)拆除施工组织方案;

(4)堆放、清除废弃物的措施。

实施爆破作业的,应当遵守国家有关民用爆炸物品管理的规定。

(二)勘察、设计、工程监理及其他有关单位的安全责任

1.勘察单位的安全责任

(1)确保勘察文件的质量,以保证后续工作安全的责任。勘察单位应当按照法律、法规和工程建设强制性标准进行勘察,提供的勘察文件应当真实、准确,满足建设工程安全生产的需要。

(2)科学勘察,以保证周边建筑物安全的责任。勘察单位在勘察作业时,应当严格执行操作规程,采取措施保证各类管线、设施和周边建筑物、构筑物的安全。

2.设计单位的安全责任

(1)科学设计的责任。设计单位应当按照法律、法规和工程建设强制性标准进行设计,防止因设计不合理导致生产安全事故的发生。

(2)提出建议的责任。设计单位应当考虑施工安全操作和防护的需要,对涉及施工安全的重点部位和环节在设计文件中注明,并对防范生产安全事故提出指导意见。

采用新结构、新材料、新工艺的建设工程和特殊结构的建设工程,设计单位应当在设计中提出保障施工作业人员安全和预防生产安全事故的措施建议。

(3)承担后果的责任。设计单位和注册建筑师等注册执业人员应当对其设计负责。

3.监理单位的安全责任

(1)安全技术措施及专项施工方案审查义务。工程监理单位应当审查施工组织设计中的安全技术措施或者专项施工方案是否符合工程建设强制性标准。

(2)安全生产事故隐患报告义务。工程监理单位在实施监理过程中,发现存在安全事故隐患的,应当要求施工单位整改;情况严重的,应当要求施工单位暂时停止施工,并及时报告建设单位。施工单位拒不整改或者不停止施工的,工程监理单位应当及时向有关主管部门报告。

（3）应当承担监理责任。工程监理单位和监理工程师应当按照法律、法规和工程建设强制性标准实施监理，并对建设工程安全生产承担监理责任。

4.建设工程相关单位安全生产管理的主要责任和义务

（1）机械设备和配件供应单位的安全责任。为建设工程提供机械设备和配件的单位，应当按照安全施工的要求配备齐全有效的保险、限位等安全设施和装置。

（2）机械设备、施工机具和配件出租单位的安全责任：

①出租的机械设备和施工机具及配件，应当具有生产（制造）许可证、产品合格证。

②出租单位应当对出租的机械设备和施工机具及配件的安全性能进行检测，在签订租赁协议时，应当出具检测合格证明。

③禁止出租检测不合格的机械设备和施工机具及配件。

（3）起重机械和自升式架设设施的安全管理：

①在施工现场安装、拆卸施工起重机械和整体提升脚手架、模板等自升式架设设施，必须由具有相应资质的单位承担。

②安装、拆卸施工起重机械和整体提升脚手架、模板等自升式架设设施，应当编制拆装方案、制定安全施工措施，并由专业技术人员现场监督。

③施工起重机械和整体提升脚手架、模板等自升式架设设施安装完毕后，安装单位应当自检，出具自检合格证明，并向施工单位进行安全使用说明，办理验收手续并签字。

④施工起重机械和整体提升脚手架、模板等自升式架设设施的使用达到国家规定的检验检测期限的，必须经具有专业资质的检验检测机构检测。经检测不合格的，不得继续使用。

⑤检验检测机构对检测合格的施工起重机械和整体提升脚手架、模板等自升式架设设施，应当出具安全合格证明文件，并对检测结果负责。

设备检验检测机构进行设备检验检测时发现严重事故隐患的，应及时告知施工单位，并立即向特种设备安全监督管理部门报告。

（三）施工企业安全生产管理的主要责任和义务

1.施工单位应当具备的安全生产资质条件

施工单位从事建设工程的新建、扩建、改建和拆除等活动，应当具备国家规定的注册资本、专业技术人员、技术装备和安全生产等条件，依法取得相应等级的资质证书，并在其资质等级许可的范围内承揽工程。

2.施工总承包单位与分包单位安全责任的划分

建设工程实行施工总承包的，由总承包单位对施工现场的安全生产负总责。

总承包单位应当自行完成建设工程主体结构的施工。总承包单位依法将建设工程分包给其他单位的，分包合同中应当明确各自的安全生产方面的权利、义务。总承包单位和分包单位对分包工程的安全生产承担连带责任。

分包单位应当服从总承包单位的安全生产管理，分包单位不服从管理导致生产安全事故的，由分包单位承担主要责任。

3. 施工单位安全生产责任制度

1) 主要负责人的安全责任

《建设工程安全生产管理条例》第21条第1款规定："施工单位主要负责人依法对本单位的安全生产工作全面负责"。在这里，"主要负责人"并不仅限于施工单位的法定代表人，而是指对施工单位全面负责，有生产经营决策权的人。

施工单位主要负责人的安全生产方面的主要职责包括：

(1) 建立健全安全生产责任制度和安全生产教育培训制度；

(2) 制定安全生产规章制度和操作规程；

(3) 保证本单位安全生产条件所需资金的投入；

(4) 对所承担的建设工程进行定期和专项安全检查，并做好安全检查记录。

2) 项目负责人的安全责任（指项目经理）

《建设工程安全生产管理条例》第21条第2款规定："施工单位的项目负责人应当由取得相应执业资格的人员担任（目前指建造师资格），对建设工程项目的安全施工负责。"包括：

(1) 落实安全生产责任制度、安全生产规章制度和操作规程；

(2) 确保安全生产费用的有效使用；

(3) 根据工程的特点组织制订安全施工措施，消除安全事故隐患；

(4) 及时、如实报告生产安全事故。

3) 安全生产管理机构的设立及其职责

(1)《建设工程安全生产管理条例》的相关规定。《建设工程安全生产管理条例》第23条规定："施工单位应当设立安全生产管理机构，配备专职安全生产管理人员"。

①安全生产管理机构的设立。安全生产管理机构是指施工单位及其在建设工程项目中设置的负责安全生产管理工作的独立职能部门。

根据有关规定，施工单位所属的分公司、区域公司等较大的分支机构应各自独立设置安全生产管理机构，负责本企业（分支机构）的安全生产管理工作。施工单位及其所属的分公司、区域公司等较大的分支机构应必须在建设工程项目中设立安全生产管理机构。

②安全生产管理机构的职责。落实国家有关安全生产法律法规和标准；编制并适时更新安全生产管理制度；组织开展全员安全教育培训及安全检查等活动。

(2)《建筑施工企业安全生产管理机构设置及专职安全生产管理人员配备办法》（建质〔2008〕91号）规定的安全生产管理机构职责。建筑施工企业应当依法设置安全生产管理机构，在企业主要负责人的领导下开展本企业的安全生产管理工作。其职责为：

宣传和贯彻国家有关安全生产法律法规和标准；编制并适时更新安全生产管理制度并监督实施；组织或参与企业生产安全事故应急救援预案的编制及演练；组织开展安全教育培训与交流；协调配备项目专职安全生产管理人员；制订企业安全生产检查计划并组织实施；监督在建项目安全生产费用的使用；参与危险性较大工程安全专项施工方案专家论证会；通报在建项目违规违章查处情况；组织开展安全生产评优评先表彰工作；建立企业在建项目安全生产管理档案；考核评价分包企业安全生产业绩及项目安全生产管理情况；参加生产安全事故的调查和处理工作；企业明确的其他安全生产管理职责。

4)专职安全生产管理人员的职责

专职安全生产管理人员是指经建设主管部门或其他有关部门安全生产考核合格,并取得安全生产考核合格证书在企业从事安全生产管理工作的专职人员,包括施工单位安全生产管理机构的专职安全生产管理人员及其工作人员和施工现场专职安全生产管理人员。

(1)《建设工程安全生产管理条例》规定的专职安全生产管理人员职责。《建设工程安全生产管理条例》第23条规定,专职安全生产管理人员的安全责任主要包括:对安全生产进行现场监督检查;发现安全事故隐患,应及时向项目负责人和安全生产管理机构报告;对于违章指挥、违章操作的,应立即制止。

(2)《建筑施工企业安全生产管理机构设置及专职安全生产管理人员配备办法》(建质〔2008〕91号)规定的安全生产管理人员职责。

①建筑施工企业安全生产管理机构中专职安全生产管理人员在施工现场检查过程中具有以下职责:查阅在建项目安全生产有关资料、核实有关情况;检查危险性较大工程安全专项施工方案落实情况;监督项目专职安全生产管理人员履责情况;监督作业人员安全防护用品的配备及使用情况;对发现的安全生产违章违规行为或安全隐患,有权当场予以纠正或作出处理决定;对不符合安全生产条件的设施、设备、器材,有权当场作出查封的处理决定;对施工现场存在的重大安全隐患有权越级报告或直接向建设主管部门报告;企业明确的其他安全生产管理职责。

②项目专职安全生产管理人员具有以下主要职责:负责施工现场安全生产日常检查并做好检查记录;现场监督危险性较大工程安全专项施工方案实施情况;对作业人员违规违章行为有权予以纠正或查处;对施工现场存在的安全隐患有权责令立即整改;对于发现的重大安全隐患,有权向企业安全生产管理机构报告;依法报告生产安全事故情况。

> **知识链接:**专职安全生产管理人员的配备

根据住房和城乡建设部《建筑施工企业安全生产管理机构设置及专职安全生产管理人员配备办法》(建质〔2008〕91号),我国目前有关施工单位专职安全生产管理人员配备的基本要求如下:

1.施工单位的安全生产管理机构内的专职安全生产管理人员的配备

建筑施工企业安全生产管理机构内的专职安全生产管理人员的配备应满足下列要求,并应根据企业经营规模、设备管理和生产需要予以增加:

(1)建筑施工总承包资质序列企业:特级资质不少于6人;一级资质不少于4人;二级和二级以下资质企业不少于3人。

(2)建筑施工专业承包资质序列企业:一级资质不少于3人;二级和二级以下资质企业不少于2人。

(3)建筑施工劳务分包资质序列企业:不少于2人。

(4)建筑施工企业的分公司、区域公司等较大的分支机构(以下简称分支机构)应依据实际生产情况配备不少于2人的专职安全生产管理人员。

2.建设工程项目专职安全生产管理人员的配备

建筑施工企业应当实行建设工程项目专职安全生产管理人员委派制度。建设工程项目的专职安全生产管理人员应当定期将项目安全生产管理情况报告企业安全生产管理机构。建筑施工企业应当在建设工程项目组建安全生产领导小组。建设工程实行施工总承包的,安全生产领导小组由总承包企业、专业承包企业和劳务分包企业项目经理、技术负责人和专职安全生产管理人员组成。

1)总承包单位配备项目专职安全生产管理人员应当满足下列要求:

(1)建筑工程、装修工程按照建筑面积配备:1万 m^2 以下的工程不少于1人;1万~5万 m^2 的工程不少于2人;5万 m^2 及以上的工程不少于3人,且按专业配备专职安全生产管理人员。

(2)土木工程、线路管道、设备安装工程按照工程合同价配备:

5 000万元以下的工程不少于1人;5 000万~1亿元的工程不少于2人;1亿元及以上的工程不少于3人,且按专业配备专职安全生产管理人员。

2)分包单位配备项目专职安全生产管理人员应当满足下列要求:

(1)专业承包单位应当配置至少1人,并根据所承担的分部分项工程的工程量和施工危险程度增加。

(2)劳务分包单位施工人员在50人以下的,应当配备1名专职安全生产管理人员;50人~200人的,应当配备2名专职安全生产管理人员;200人及以上的,应当配备3名及以上专职安全生产管理人员,并根据所承担的分部分项工程施工危险实际情况增加,不得少于工程施工人员总人数的0.5%。

此外,采用新技术、新工艺、新材料或致害因素多、施工作业难度大的工程项目,项目专职安全生产管理人员的数量应当根据施工实际情况,其配备标准在上述规定的基础上增加。

施工作业班组可以设置兼职安全巡查员,对本班组的作业场所进行安全监督检查。建筑施工企业应当定期对兼职安全巡查员进行安全教育培训。

4.施工单位安全生产措施

1)安全生产费用应当专款专用

施工单位对列入建设工程概算的安全作业环境及安全施工措施所需费用,应当用于施工安全防护用具及设施的采购和更新、安全施工措施的落实、安全生产条件的改善,不得挪作他用。

2)编制安全技术措施及专项施工方案的规定

施工单位应当在施工组织设计中编制安全技术措施和施工现场临时用电方案,对下列达到一定规模的危险性较大的分部分项工程编制专项施工方案,并附具安全验算结果,经施工单位技术负责人、总监理工程师签字后实施,由专职安全生产管理人员进行现场监督:

(1)基坑支护与降水工程;

(2)土方开挖工程;

(3)模板工程;

(4)起重吊装工程;

(5)脚手架工程;

(6)拆除、爆破工程;

(7)国务院建设行政主管部门或者其他有关部门规定的其他危险性较大的工程。

对前款所列工程中涉及深基坑、地下暗挖工程、高大模板工程的专项施工方案,施工单位还应当组织专家进行论证、审查。

施工单位还应当根据施工阶段和周围环境及季节、气候的变化,在施工现场采取相应的安全施工措施。施工现场暂时停止施工的,施工单位应当做好现场防护,所需费用由责任方承担,或按照合同约定执行。

3)对安全施工技术要求的交底

建设工程施工前,施工单位负责项目管理的技术人员应当对有关安全施工的技术要求向施工作业班组、作业人员作出详细说明,并由双方签字确认。

4)危险部位安全警示标志的设置

施工单位应当在施工现场入口处、施工起重机械、临时用电设施、脚手架、出入通道口、楼梯口、电梯井口、孔洞口、桥梁口、隧道口、基坑边沿、爆破物及有害危险气体和液体存放处等危险部位,设置明显的安全警示标志。安全警示标志必须符合国家标准。

5)对施工现场生活区、作业环境的要求

施工单位应当将施工现场的办公、生活区与作业区分开设置,并保持安全距离;办公、生活区的选址应当符合安全性要求。职工的膳食、饮水、休息场所等应当符合卫生标准。施工单位不得在尚未竣工的建筑物内设置员工集体宿舍。

6)环境污染防护措施

施工单位对因建设工程施工可能造成损害的毗邻建筑物、构筑物和地下管线等,应当采取专项防护措施。

施工单位应当遵守有关环境保护法律、法规的规定,在施工现场采取措施,防止或者减少粉尘、废气、废水、固体废物、噪声、振动和施工照明对人和环境的危害和污染。

施工单位应对施工现场实行封闭管理,采用封闭围挡,高度不得小于 1.8m。

7)消防安全保障措施

施工单位应当在施工现场建立消防安全责任制度,确定消防安全责任人,制定用火、用电、使用易燃易爆材料等各项消防安全管理制度和操作规程,设置消防通道、消防水源,配备消防设施和灭火器材,并在施工现场入口处设置明显标志。

8)劳动安全管理规定

(1)施工单位应当向作业人员提供安全防护用具和安全防护服装,并书面告知危险岗位的操作规程和违章操作的危害。

(2)作业人员有权对施工现场的作业条件、作业程序和作业方式中存在的安全问题提出批评、检举和控告,有权拒绝违章指挥和强令冒险作业。

(3)在施工中发生危及人身安全的紧急情况时,作业人员有权立即停止作业或者在采取必要的应急措施后撤离危险区域。

(4)作业人员应当遵守安全施工的强制性标准、规章制度和操作规程,正确使用安全防护用具、机械设备等。

(5)施工单位应当为施工现场从事危险作业的人员办理意外伤害保险。

(6)意外伤害保险费由施工单位支付。实行施工总承包的,由总承包单位支付意外伤害保险费。意外伤害保险期限自建设工程开工之日起至竣工验收合格止。

9)安全防护用具及机械设备、施工机具的安全管理

(1)施工单位采购、租赁的安全防护用具、机械设备、施工机具及配件,应当具有生产(制造)许可证、产品合格证,并在进入施工现场前进行查验。

(2)施工现场的安全防护用具、机械设备、施工机具及配件必须由专人管理,定期进行检查、维修和保养,建立相应的资料档案,并按照国家有关规定及时报废。

(3)施工单位在使用施工起重机械和整体提升脚手架、模板等自升式架设设施前,应当组织有关单位进行验收,也可以委托具有相应资质的检验检测机构进行验收;使用承租的机械设备和施工机具及配件的,由施工总承包单位、分包单位、出租单位和安装单位共同进行验收。验收合格的方可使用。

5.安全教育培训制度

1)特种作业人员培训和持证上岗

垂直运输机械作业人员、安装拆卸工、爆破作业人员、起重信号工、登高架设作业人员等特种作业人员,必须按照国家有关规定经过专门的安全作业培训,并取得特种作业操作资格证书后,方可上岗作业。

2)安全管理人员和作业人员的安全教育培训和考核

施工单位的主要负责人、项目负责人、专职安全生产管理人员应当经建设行政主管部门或者其他有关部门考核合格后方可任职。

施工单位应当对管理人员和作业人员每年至少进行一次安全生产教育培训,其教育培训情况记入个人工作档案。安全生产教育培训考核不合格的人员,不得上岗。

3)作业人员进入新岗位、新工地或采用新技术时的上岗教育培训

作业人员进入新的岗位或者新的施工现场前,应当接受安全生产教育培训。未经教育培训或者教育培训考核不合格的人员,不得上岗作业。

施工单位在采用新技术、新工艺、新设备、新材料时,应当对作业人员进行相应的安全生产教育培训。

➤自主学习资料推荐

1.建设工程安全生产管理条例.http://www.cin.gov.cn/zcfg/xzfg/200611/t20061101_158967.htm.

2.安全生产许可证条例.http://www.cin.gov.cn/zcfg/xzfg/200611/t20061101_158968.htm.

3.全国一级建造师执业资格考试用书编写委员会.建设工程法规及相关知识.北京:中国建筑工业出版社,2009.

4.全国一级建造师执业资格考试用书编写委员会.建设工程法规及相关知识复习题集.北京:中国建筑工业出版社,2009.

◄ 习　题 ►

一、案　例　题

案例 1:某商厦建筑面积 14 800m²,钢筋混凝土框架结构,地上 5 层,地下 2 层,由市建筑设计院设计,江北区建筑工程公司施工。2010 年 4 月 8 日开工,在主体结构施工到地上 2 层

时,柱混凝土施工完毕,为使楼梯能跟上主体施工进度,施工单位在地下室楼梯未施工的情况下,直接支模施工第一层楼梯混凝土。当一层楼梯混凝土浇筑即将完工时,楼梯整体突然坍塌,致使7名现场施工人员坠落并被砸入地下室楼梯间内,造成4人死亡,3人轻伤,直接经济损失10.5万元,经事后调查发现,第一层楼梯砼浇筑的技术交底和安全交底均为施工单位为逃避责任而后补。

问题:1.本工程这起事故可定为哪种等级事故?依据是什么?

2.伤亡事故处理的程序是什么?

3.分部(分项)工程安全技术交底的要求和主要内容是什么?

案例2:某高校在对教学楼外墙面砖进行擦洗作业时,在东立面消防楼梯门口两侧部位,工人甲在9层消防楼梯平台北侧靠近护栏处,擦洗距平台地面约2.5m高的墙面砖,因高度不够,工人甲右脚站在1.2m高的Φ18螺纹钢焊成的护身栏杆横栏处,左脚站在90cm高的马凳上,在探身擦外侧面砖时,由于未系安全带身体失稳,坠于首层门口行车坡道顶部,坠落高度24m,送往附近医院抢救无效死亡。

问题:1.简要分析事故发生的原因。

2.建筑工程施工现场常见的职工伤亡事故类型有哪些?

3.三级安全教育的内容是什么?请简要说明。

案例3:工人甲在某工程上剔凿保护层上的裂缝,由于没有将剔凿所用的工具带到工作面,便回去取工具,行走途中,不小心踏上了通风口盖板上(通风口为1.3m×1.3m,盖板为1.4m×1.4m,厚1mm的镀锌铁皮),铁皮在甲的踩踏作用下,迅速变形塌落,甲随塌落的钢板掉到首层地面(落差12.35m),抢救无效当日死亡。

问题:1.这是一起由于"四口"防护不到位所引起的伤亡事故。何谓"三宝"、"四口"?"临边"指的哪些部位?

2.施工现场对安全工作应制定工作目标。安全管理目标主要包括哪些?

案例4:某建筑公司承建一综合楼,该楼主体工程已完工,需要对外墙进行粉刷涂料,该公司项目负责人便以14元/m²的价格将楼外墙喷涂工程发包给了一个既无施工资质,又不具备基本安全生产条件的社会人员张某,张某又以4.5元/m²的价格清包给社会人员刘某,刘某便组织几个农民工,使用废品收购站自行焊制的高空吊篮进行喷涂作业。一日,当喷涂工4人将吊篮从1楼升到7楼窗口,刚刚全部跨入吊篮还未来得及作业时,吊篮立柱底部与横梁连接处由于钢材不合格和焊接有问题发生突然断裂,随后4人从7楼坠落,当场摔死3人,重伤1人。

问题:试分析事故的原因。

二、客 观 题

(一)单项选择题(每题的备选项中,只有1个最符合题意,请选择最符合题意的答案)

1.某施工企业于2004年3月1日取得安全生产许可证,该许可证至( )届满。

A.2006年3月1日　　　　　　　　B.2007年3月1日

C.2008年3月1日　　　　　　　　D.2009年3月1日

2.建筑施工企业应当依照安全生产许可证的管理规定向( )以上建设主管部门申请领取安全生产许可证。

A.省级　　　　　B.市级　　　　　C.部级　　　　　D.县级

3. ( )是建筑生产中最基本的安全管理制度,是所有安全规章制度的核心。

    A. 质量事故处理制度   B. 质量事故统计报告制度

    C. 安全生产责任制度   D. 安全生产监督制度

4. 建设工程安全生产管理基本制度中,不包括( )。

    A. 群防群治制度   B. 伤亡事故处理报告制度

    C. 事故预防制度   D. 安全责任追究制度

5.《建设工程安全生产管理条例》第 6 条规定,建设单位应当向施工单位提供施工现场及毗邻区域内供水、排水、供电、供气、供热、通信、广播电视等地下管线资料,气象和水文观测资料,相邻建筑物和构筑物、地下工程的有关资料,并保证资料的( )。

    A. 清楚、精确、翔实   B. 客观、准确、完整

    C. 清楚、准确、完整   D. 真实、准确、完整

6.《建设工程安全生产管理条例》第 8 条规定,建设单位在编制工程概算时,应当确定( )所需费用。

    A. 抢险救灾   B. 建设工程安全作业环境及安全施工措施

    C. 对相关人员的培训教育   D. 建筑工程安全作业

7.《建设工程安全生产管理条例》第 10 条规定,建设单位在申请领取施工许可证时,应当提供( )。

    A. 建设工程有关安全施工措施的资料   B. 建设工程的全部造价

    C. 建设工程相应的施工进度   D. 建设工程安全生产负责人员名单

8.《建设工程安全生产管理条例》第 10 条规定,依法批准开工报告的建设工程,建设单位应当自开工报告批准之日起( )内,将保证安全施工的措施报送建设工程所在地的县级以上人民政府建设行政主管部门或者其他有关部门备案。

    A. 30 日   B. 60 日   C. 15 日   D. 90 日

9.《建设工程安全生产管理条例》第 11 条规定,建设单位应当将拆除工程发包给( )的施工单位。

    A. 能完成拆除任务   B. 具有相应资质等级

    C. 专业拆除   D. 达到拆除施工要求

10.《建设工程安全生产管理条例》第 14 条第 1 款规定,工程监理单位应当审查施工组织设计中的安全技术措施或者专项施工方案是否符合工程建设( )。

    A. 整体安全要求   B. 强制性标准

    C. 一般要求   D. 基本要求

11.《建设工程安全生产管理条例》第 14 条第 2 款规定,工程监理单位在实施监理过程中,发现存在安全事故隐患的,应当要求施工单位整改;情况严重的,应当要求施工单位( )。

    A. 暂时停止施工,并及时报告建设单位 B. 终止施工

    C. 与建设单位协商   D. 与建设单位解除承包合同

12. 工程监理单位在实施监理过程中,发现存在安全事故隐患的,应当要求施工单位整改;情况严重的,应当要求施工单位暂时停止施工,并及时报告建设单位。施工单位拒不整改或者不停止施工的,工程监理单位应当及时向( )报告。

A. 建设单位　　　　　　　　　　B. 有关主管部门

C. 建设行政部门　　　　　　　　D. 当地人民政府

13.《建设工程安全生产管理条例》第14条规定,工程监理单位和监理工程师应当按照法律、法规和工程建设强制性标准实施监理,并对建设工程安全生产承担(　　)。

A. 全部责任　　　　　　　　　　B. 部分责任

C. 监理责任　　　　　　　　　　D. 过错责任

14.《建设工程安全生产管理条例》第24条规定,建设工程实行施工总承包的,由(　　)对施工现场的安全生产负总责。

A. 建设单位　　　　　　　　　　B. 施工单位

C. 具体的施工单位　　　　　　　D. 总承包单位

15.《建设工程安全生产管理条例》规定,总承包单位依法将建设工程分包给其他单位的,分包合同中应当明确各自的安全生产方面的权利、义务。总承包单位和分包单位对分包工程的安全生产承担(　　)。

A. 各自相应的责任　　　　　　　B. 连带责任

C. 按份责任　　　　　　　　　　D. 补充责任

16.总承包单位依法将建设工程分包给其他单位的,分包单位应当接受总承包单位的安全生产管理,分包单位不服从管理导致生产安全事故的,由分包单位承担(　　)。

A. 全部责任　　　　　　　　　　B. 次要责任

C. 主要责任　　　　　　　　　　D. 同等责任

17.《建设工程安全生产管理条例》第22条规定,施工单位对列入建设工程概算的安全作业环境及安全施工措施所需费用,应当用于(　　),不得挪作他用。

A. 改善施工环境和对有关人员进行安全教育

B. 施工安全防护用具及设施的采购和更新、安全施工措施的落实、安全生产条件的改善

C. 工程抢险预案的研究和有关用具的采买

D. 工程建设救护设施的建设和救护用具的采买

18.《建设工程安全生产管理条例》第26条规定,施工单位应当在施工组织设计中编制安全技术措施和施工现场(　　)方案。

A. 抢险救灾　　　　　　　　　　B. 人员疏散

C. 临时用电　　　　　　　　　　D. 抢险物资使用

19.施工现场暂时停止施工的,施工单位应当做好现场防护,所需费用由(　　)承担,或按照合同约定执行。

A. 施工单位　　　　　　　　　　B. 责任方

C. 建设单位　　　　　　　　　　D. 暂停决定方

20.《建设工程安全生产管理条例》第28条第1款规定,施工单位应当在施工现场入口处、施工起重机械、临时用电设施、脚手架、出入通道口、楼梯口、电梯井口、孔洞口、桥梁口、隧道口、基坑边沿、爆破物及有害危险气体和液体存放处等危险部位,设置明显的(　　)。

A. 危险标志　　　　　　　　　　B. 安全警示标志

C. 隔离标志   D. 危险施工标志

21. 施工单位应当将施工现场的办公、生活区与作业区分开设置,并保持安全距离,办公、生活区的选址应当符合( )。

    A. 安全性要求   B. 强制性标准

    C. 建设单位要求   D. 安全标准

22.《建设工程安全生产管理条例》第 30 条规定,施工单位因建设工程施工可能造成损害的毗邻建筑物、构筑物和地下管线等,应当采取( )措施。

    A. 特殊保护   B. 专项保护

    C. 强制性保护   D. 法定保护

23. 施工单位应当为施工现场从事危险作业的人员办理意外伤害保险。意外伤害保险费由( )支付。

    A. 施工单位   B. 建设单位

    C. 总承包单位   D. 用工单位

24.《建设工程安全生产管理条例》第 38 条规定,施工单位应当为施工现场从事危险作业的人员办理意外伤害保险。意外伤害保险期限自建设工程开工之日起至( )止。

    A. 施工结束   B. 竣工验收合格

    C. 工程投入使用   D. 工程保修期结束

25. 出租机械设备的单位应当对出租的机械设备和施工工具及配件的安全性能进行检测,在签订租赁协议时应当出具( )。

    A. 检测合格证明   B. 生产(制造)许可证

    C. 产品合格证   D. 建筑机械使用许可证

(二)多项选择题(每题的备选项中,有 2 个或 2 个以上符合题意,至少有 1 个错项)

1. 下列对于安全生产许可证的说法正确的有( )。

    A. 安全生产许可证有效期为 5 年

    B. 未取得安全生产许可证的企业,不得从事建筑施工活动

    C. 建设主管部门在颁发施工许可证时,必须审查安全生产许可证

    D. 企业未发生死亡事故的,许可证有效期届满时自动延期

    E. 企业未发生死亡事故的,许可证有效期届满时,经原办证机关同意,可延期

2. 下列属于安全生产许可证取得条件的是( )。

    A. 建立、健全安全生产责任制   B. 保证本单位安全生产条件所需资金投入

    C. 参加工伤保险   D. 施工监理单位需配备专人负责安全生产

    E. 施工单位必须为工程质量投保

3. 安全责任制的主要内容包括( )。

    A. 安全事故处理的责任制

    B. 从事建筑活动主体的负责人的责任制

    C. 从事建筑活动的统计信息报告的责任制

    D. 是从事建筑活动主体的职能机构或职能处室负责人及其工作人员的安全生产责任制

    E. 岗位人员的安全生产责任制

4.建设工程安全生产管理的群防群治制度要求（   ）。

  A.建筑企业职工在施工中应当遵守有关生产的法律、法规和建筑行业安全规章、规程，不得违章作业

  B.建筑企业职工遇有危及生命和财产安全的事故隐患时应当拒绝冒险施工

  C.建筑企业职工有权要求安全生产责任人员消除事故隐患

  D.安全生产责任人员应当认真听取群众意见

5.施工中发生事故时,建筑企业应当采取紧急措施减少人员伤亡和事故损失,并按照国家有关规定及时向有关部门报告。事故处理必须遵循一定的程序,做到四不放过,即（   ）。

  A.事故责任者未受到处分不放过

  B.事故原因不清不放过

  C.事故责任者和群众没有受到教育不放过

  D.预防措施漏洞未弥补不放过

  E.没有防范措施不放过

6.《建设工程安全生产管理条例》第7条规定,建设单位不得（   ）。

  A.提高由所有合同所确定的工程造价

  B.擅自提高合同项目的验收标准

  C.对勘察、设计、施工、工程监理等单位提出不符合建设工程安全生产法律、法规和强制性标准规定的要求

  D.缩减合同项目的造价

  E.压缩合同约定的工期

7.《建设工程安全生产管理条例》第11条规定,建设单位应当在拆除工程施工15日前,将下列资料报送建设工程所在地的县级以上地方人民政府主管部门或者其他有关部门备案（   ）。

  A.施工单位资质等级证明

  B.建设工程施工许可证

  C.拟拆除建筑物。构筑物及可能危及毗邻建筑的说明

  D.拆除施工组织方案

  E.堆放、清除废弃物的措施

8.根据《建设工程安全生产管理条例》第12条的规定,设计单位的安全责任包括（   ）。

  A.设计单位应当按照法律、法规和工程建设强制性标准进行设计,防止因设计不合理导致安全生产事故的发生

  B.设计单位应当考虑施工安全操作和防护的需要,对涉及施工安全的重点部位和环节在设计文件中注明,并对防范安全生产事故提出指导意见

  C.采用新结构、新材料、新工艺的建设工程和特殊结构的建设工程,设计单位应当在设计中提出保障施工作业人员安全和预防生产安全事故的措施建议

  D.设计单位应当保证建设施工单位所使用设计方案的安全,不得存有明显的设计缺陷

  E.设计单位和注册建筑师等注册执业人员应当对其设计负责

9.工程监理单位和监理工程师应当按照（   ）实施监理,并对建设工程安全生产承担监理责任。

A. 建筑工程的国家标准   B. 法律、法规

C. 工程监理合同   D. 建设工程的企业标准

E. 工程建设强制性标准

10.《建设工程安全生产管理条例》第 32 条规定,施工单位应当向作业人员提供( ),并书面告知危险岗位的操作规程和违章操作的危害。

A. 安全防护用具   B. 安全防护手册

C. 安全防护服装   D. 抢险预案

E. 安全防护方法

11. 在施工中发生危及人身安全的紧急情况时,作业人员有权( )。

A. 立即停止作业   B. 及时逃生

C. 拒绝抢险命令   D. 在采取必要的应急措施后撤离危险区域

E. 要求撤离该区域

12.《建设工程安全生产管理条例》第 33 条规定,作业人员应当遵守安全施工的( ),正确使用安全防护用具、机械设备等。

A. 强制性标准   B. 规章制度

C. 法律法规   D. 操作规程

E. 安全守则

13. 施工单位采购、租赁的安全防护用具、机械设备、施工机具及配件,应当具有( ),并在进入施工现场前进行查验。

A. 生产(制造)许可证   B. 生产使用许可证

C. 使用安全许可证   D. 安全使用合格证

E. 产品合格证

14.《建设工程安全生产管理条例》第 25 条规定,( )、爆破作业人员等特种作业人员,必须按照国家有关规定经过专门的安全作业培训,并取得特种作业操作资格证书后,方可上岗作业。

A. 垂直运输机械作业人员   B. 安装拆卸工

C. 吊运操作工   D. 起重信号工

E. 登高架设作业人员

15. 作业人员进入新的岗位或者新的施工现场前,应当接受安全生产教育培训。( )的人员,不得上岗作业。

A. 在试用期间   B. 未颁发教育培训合格证书

C. 未经教育培训   D. 从前岗位发生过责任事故的

E. 教育培训考核不合格

16.《建设工程安全生产管理条例》第 16 条规定,出租的机械设备和施工工具及配件应当具有( )。

A. 生产(制造)许可证   B. 使用许可证

C. 建筑机械出租许可证   D. 建筑机械使用许可证

E. 产品合格证

单元四 《建设工程质量管理条例》的主要内容

➤单元教学目标

能 力 目 标	知 识 目 标	素 质 目 标
1. 能正确分析案例中违反《建设工程质量管理条例》的行为; 2. 能熟练解决本单元的单项及多项选择题; 3. 能完成"能力训练项目一"中质量管理条例相关案例的编写	1. 了解《建设工程质量管理条例》施行的时间及适用范围; 2. 熟悉建设工程质量管理其他基本制度; 3. 掌握《建设工程质量管理条例》建设各方质量责任和义务及建设工程质量保修制度	通过学习,让学生学会遵守质量管理条例的有关规定;增强学生岗位角色定位和岗位质量责任意识。

➤学习要点

```
          单位四  学习要点
   ┌───────────┼───────────┐
建设工程质量    建设工程质量    建设工程质量
责任制度       保修制度       管理其他基本制度
```

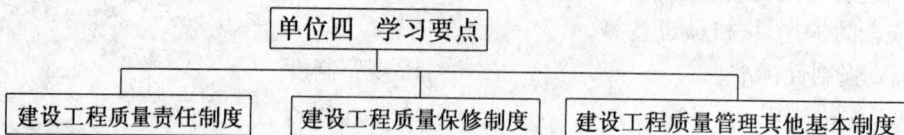

➤引例(导入新课)

摘自合肥购房网:"合肥建委通报一起典型工程质量责任事故"http://www.551house.com/news_39203.html

蜀南庭苑92号楼工程为6层砖混结构,建筑面积3 781m²。2007年11月6日工程竣工验收,2008年3月18日移交住户。移交中部分住户对房屋墙体砌筑砂浆强度表示怀疑,并向有关部门投诉。建设单位为此委托安徽建筑工程质量监督检测站对蜀南庭苑92号楼的砌筑砂浆、结构混凝土强度进行随机抽样检测。检测结果表明,该楼构造混凝土强度和砌体砂浆抗压强度的推定值都低于设计的要求强度。经过调查,这是一起典型的工程质量责任事故。主要原因为:施工单位合肥市义兴建筑安装工程有限责任公司质量保证体系未有效运行,工程项目管理失控,现场违规作业,混凝土和砂浆配比失控,所做送检试块与工程母体不一致,存在弄虚作假行为;而安徽省建设监理有限公司的现场监理人员没有认真履行监理职责,旁站监理平行检查未到位、不落实,施工过程中不能及时发现和解决影响工程整体质量严重问题。另外,合肥圣龙建筑工程检测有限公司现场所做检测数据与母体实际强度差距较大,不能准确反映主体结构实际情况。有关责任人已被处理。

上述案例中施工单位、监理单位、质量检测单位未履行或未完全履行质量责任,是《建设工程质量管理条例》所禁止的。

《建设工程质量管理条例》2000年1月10日国务院第二十五次常务会议通过,2000年1月30日起施行。其立法目的在于加强对建设工程质量的管理,保证建设工程质量,保护人民生命和财产安全,根据《建筑法》制定本条例。其内容包括总则;建设单位的质量责任和义务;勘察、设计单位的质量责任和义务;施工单位的质量责任和义务;工程监理单位的质量责任和义务;建设工程质量保修;监督管理;罚则;附则。共九章,137条。

➤任务案例(贯穿课堂教学)

某房产公司新建一住宅小区工程,通过招标方式确定了勘察、设计及施工企业,并委托监理单位对该项目实施监理,监理单位与施工单位同属一个集团公司。其中某幢楼设计单位采用底层框架(局部为二层框架)上面砌筑9层砖混结构。另外,建设单位为了赶工期,在设计图纸未经有关部门审查的情况下,交与施工单位进行施工。在施工过程中,施工单位为了节约成本,按经验将二层板中箍筋间距由130变为150,厚度由120变为100;监理工程师在钢筋覆盖前进行了检查,并且在隐蔽工程验收记录上按合格签字;在浇筑混凝土时,施工人员在商品混凝土到场后,即自行进行取样,并送具有相应资质等级的质量检测单位进行检测。工程完工后,建设单位组织竣工验收,验收合格。并于1个月后办理竣工验收备案。第三年建设单位发现屋面出现漏水,于是要求施工单位保修,施工单位以合同中该项工程约定的保修期为2年为由拒绝修复。

问题1:本案例存在哪些不妥之处?为什么?

问题2:建设单位和施工单位就保修事宜,应遵守怎样的基本程序?

一 建设工程质量责任制度

(一)建设单位的质量责任和义务

1.依法对工程进行发包的责任

《建设工程质量管理条例》第7条规定,建设单位应当将工程发包给具有相应资质等级的单位。建设单位不得将建设工程肢解发包。

2.依法对采购行为进行招标的责任

《建设工程质量管理条例》第8条规定,建设单位应当依法对工程建设项目的勘察、设计、施工、监理以及与工程建设有关的重要设备、材料等的采购进行招标。

建设单位实施的工程建设项目采购行为,应当符合《招标投标法》及其相关规定。

3.提供原始资料的责任

《建设工程质量管理条例》第9条规定,建设单位必须向有关的勘察、设计、施工、工程监理等单位提供与建设工程有关的原始资料。原始资料必须真实、准确、齐全。《建设工程安全生产管理条例》也有类似的规定。

4.不得干预投标人的责任

《建设工程质量管理条例》第10条规定,建设工程发包单位不得迫使承包方以低于成本的价格竞标,不得任意压缩合理工期。建设单位不得明示或者暗示设计单位或者施工单位违反工程建设强制性标准,降低建设工程质量。《建设工程安全生产管理条例》也有类似的规定。

5.送审施工图的责任

《建设工程质量管理条例》第11条规定,建设单位应当将施工图设计文件报县级以上人民政府建设行政主管部门或者其他有关部门审查。施工图设计文件审查的具体办法,由国务院建设行政主管部门会同国务院其他有关部门制定。施工图设计文件未经审查批准的，不得使用。

关于施工图设计文件审查的主要内容，《建设工程勘察设计管理条例》第33条进一步明确规定，县级以上人民政府有关行政主管部门"应当对施工图设计文件中涉及公共利益、公众安全、工程建设强制性标准的内容进行审查"。施工图设计文件未经审查或审查不合格，建设单位擅自施工的，《建设工程质量管理条例》第56条规定，建设单位除被责令整改外，还应承担罚款的行政责任。

6. 依法委托监理的责任

《建设工程质量管理条例》第12条规定，实行监理的建设工程，建设单位应当委托具有相应资质等级的工程监理单位进行监理，也可以委托具有工程监理相应资质等级并与被监理工程的施工承包单位没有隶属关系或者其他利害关系的该工程的设计单位进行监理。

下列建设工程必须实行监理：

(1)国家重点建设工程；

(2)大中型公用事业工程；

(3)成片开发建设的住宅小区工程；

(4)利用外国政府或者国际组织贷款、援助资金的工程；

(5)国家规定必须实行监理的其他工程。

➤**知识链接**：《建设工程监理范围和规模标准规定》强制监理的范围

对《建设工程质量管理条例》中的强制监理范围，其国家重点建设工程，是指依据《国家重点建设项目管理办法》所确定的对国民经济和社会发展有重大影响的骨干项目。

大中型公用事业工程，是指项目总投资额在3 000万元以上的下列工程项目：

(1)供水、供电、供气、供热等市政工程项目；

(2)科技、教育、文化等项目；

(3)体育、旅游、商业等项目；

(4)卫生、社会福利等项目；

(5)其他公用事业项目。

成片开发建设的住宅小区工程，建筑面积在5万 m² 以上的住宅建设工程必须实行监理；5万 m² 以下的住宅建设工程，可以实行监理，具体范围和规模标准，由省、自治区、直辖市人民政府建设行政主管部门规定。

为了保证住宅质量，对高层住宅及地基、结构复杂的多层住宅应当实行监理。

利用外国政府或者国际组织贷款、援助资金的工程范围包括：

(1)使用世界银行、亚洲开发银行等国际组织贷款资金的项目；

(2)使用国外政府及其机构贷款资金的项目；

(3)使用国际组织或者国外政府援助资金的项目。

国家规定必须实行监理的其他工程是指：

(1)项目总投资额在3 000万元以上关系社会公共利益、公众安全的下列基础设施项目：

①煤炭、石油、化工、天然气、电力、新能源等项目；

②铁路、公路、管道、水运、民航以及其他交通运输业等项目;

③邮政、电信枢纽、通信、信息网络等项目;

④防洪、灌溉、排涝、发电、引(供)水、滩涂治理、水资源保护、水土保持等水利建设项目;

⑤道路、桥梁、地铁和轻轨交通、污水排放及处理、垃圾处理、地下管道、公共停车场等城市基础设施项目;

⑥生态环境保护项目;

⑦其他基础设施项目。

(2)学校、影剧院、体育场馆项目。

7.依法办理工程质量监督手续

《建设工程质量管理条例》第13条规定,建设单位在领取施工许可证或者开工报告前,应当按照国家有关规定办理工程质量监督手续。

8.确保提供的物资符合要求的责任

《建设工程质量管理条例》第14条规定,按照合同约定,由建设单位采购建筑材料、建筑构配件和设备的,建设单位应当保证建筑材料、建筑构配件和设备符合设计文件和合同要求。建设单位不得明示或者暗示施工单位使用不合格的建筑材料、建筑构配件和设备。《建设工程安全生产管理条例》也有类似的规定。

如果建设单位提供的建筑材料、建筑构配件和设备不符合设计文件和合同要求,属于违约行为,应当向施工单位承担违约责任,施工单位有权拒绝接收这些货物。

我国《建设工程施工合同(示范文本)》也对此作出了相应约定:

"27.2款:发包人按一览表约定的内容提供材料设备,并向承包人提供产品合格证明,对其质量负责。发包人在所供材料设备到货前24h,以书面形式通知承包人,由承包人派人与发包人共同清点。

27.4款:发包人供应的材料设备与一览表不符时,发包人承担有关责任。

27.5款:发包人供应的材料设备使用前,由承包人负责检验或试验,不合格的不得使用,检验或试验费用由发包人承担。"

9.不得擅自改变主体和承重结构进行装修的责任

《建设工程质量管理条例》第15条规定,涉及建筑主体和承重结构变动的装修工程,建设单位应当在施工前委托原设计单位或者具有相应资质等级的设计单位提出设计方案;没有设计方案的,不得施工。

房屋建筑使用者在装修过程中,不得擅自变动房屋建筑主体和承重结构。

10.依法组织竣工验收的责任

《建设工程质量管理条例》第16条规定,建设单位收到建设工程竣工报告后,应当组织设计、施工、工程监理等有关单位进行竣工验收。建设工程经验收合格的,方可交付使用。

建设工程竣工验收应当具备下列条件:

(1)完成建设工程设计和合同约定的各项内容;

(2)有完整的技术档案和施工管理资料;

(3)有工程使用的主要建筑材料、建筑构配件和设备的进场试验报告;

（4）有勘察、设计、施工、工程监理等单位分别签署的质量合格文件；

（5）有施工单位签署的工程保修书。

如果建设单位有下列行为，根据《建设工程质量管理条例》将承担法律责任：

（1）未组织竣工验收，擅自交付使用的；

（2）验收不合格，擅自交付使用的；

（3）对不合格的建设工程按照合格工程验收的。

11. 移交建设项目档案的责任

《建设工程质量管理条例》第17规定，建设单位应当严格按照国家有关档案管理的规定，及时收集、整理建设项目各环节的文件资料，建立、健全建设项目档案，并在建设工程竣工验收后，及时向建设行政主管部门或者其他有关部门移交建设项目档案。

（二）勘察、设计单位的质量责任和义务

1. 勘察、设计单位共同的责任

1）依法承揽工程的责任

《建设工程质量管理条例》第18条规定，从事建设工程勘察、设计的单位应当依法取得相应等级的资质证书，并在其资质等级许可的范围内承揽工程。

禁止勘察、设计单位超越其资质等级许可的范围或者以其他勘察、设计单位的名义承揽工程。禁止勘察、设计单位允许其他单位或者个人以本单位的名义承揽工程。

勘察、设计单位不得转包或者违法分包所承揽的工程。

2）执行强制性标准的责任

勘察、设计单位必须按照工程建设强制性标准进行勘察、设计，并对其勘察、设计的质量负责。注册建筑师、注册结构工程师等注册执业人员应当在设计文件上签字，对设计文件负责。

2. 勘察单位的质量责任

《建设工程质量管理条例》第20条规定，勘察单位提供的地质、测量、水文等勘察成果必须真实、准确。

3. 设计单位的质量责任

1）科学设计的责任

《建设工程质量管理条例》第21条规定，设计单位应当根据勘察成果文件进行建设工程设计。设计文件应当符合国家规定的设计深度要求，注明工程合理使用年限。

2）选择材料设备的责任

《建设工程质量管理条例》第22条规定，设计单位在设计文件中选用的建筑材料、建筑构配件和设备，应当注明规格、型号、性能等技术指标，其质量要求必须符合国家规定的标准。除有特殊要求的建筑材料、专用设备、工艺生产线等外，设计单位不得指定生产厂、供应商。

3）解释设计文件的责任

《建设工程质量管理条例》第23条规定，设计单位应当就审查合格的施工图设计文件向施工单位作出详细说明。

《建设工程勘察设计管理条例》第30条规定："建设工程勘察、设计单位应当在建设工程施工前，向施工单位和监理单位说明建设工程勘察、设计意图，解释建设工程勘察、设计文件。建

设工程勘察、设计单位应当及时解决施工中出现的勘察、设计问题。"

4）参与质量事故分析的责任

《建设工程质量管理条例》第 24 条规定，设计单位应当参与建设工程质量事故分析，并对因设计造成的质量事故，提出相应的技术处理方案。

(三)施工单位的质量责任和义务

1. 依法承揽工程的责任

《建设工程质量管理条例》第 25 条规定，施工单位应当依法取得相应等级的资质证书，并在其资质等级许可的范围内承揽工程。

禁止施工单位超越本单位资质等级许可的业务范围或者以其他施工单位的名义承揽工程。禁止施工单位允许其他单位或者个人以本单位的名义承揽工程。

施工单位不得转包或者违法分包工程。

2. 施工单位对建设工程的施工质量负责

《建设工程质量管理条例》第 26 条规定，施工单位应当建立质量责任制，确定工程项目的项目经理、技术负责人和施工管理负责人。

建设工程实行总承包的，总承包单位应当对全部建设工程质量负责；建设工程勘察、设计、施工、设备采购的一项或者多项实行总承包的，总承包单位应当对其承包的建设工程或者采购的设备的质量负责。

3. 分包单位保证工程质量的责任

《建设工程质量管理条例》第 27 条规定，总承包单位依法将建设工程分包给其他单位的，分包单位应当按照分包合同的约定对其分包工程的质量向总承包单位负责，总承包单位与分包单位对分包工程的质量承担连带责任。

4. 按图施工的责任

《建设工程质量管理条例》第 28 条规定，施工单位必须按照工程设计图纸和施工技术标准施工，不得擅自修改工程设计，不得偷工减料。

施工单位在施工过程中发现设计文件和图纸有差错的，应当及时提出意见和建议。

5. 对建筑材料、构配件和设备进行检验的责任

《建设工程质量管理条例》第 29 条规定，施工单位必须按照工程设计要求、施工技术标准和合同约定，对建筑材料、建筑构配件、设备和商品混凝土进行检验，检验应当有书面记录和专人签字；未经检验或者检验不合格的，不得使用。

施工单位对建筑材料、建筑构配件、设备和商品混凝土进行检验，是保证工程质量的重要环节。如果不能把住这道关口，就可能使劣质的建筑材料、构配件和设备用于工程，会留下质量和安全隐患。

6. 对施工质量进行检验的责任

《建设工程质量管理条例》第 30 条规定，施工单位必须建立、健全施工质量的检验制度，严格工序管理，做好隐蔽工程的质量检查和记录。隐蔽工程在隐蔽前，施工单位应当通知建设单位和建设工程质量监督机构。

《合同法》第 278 条规定："隐蔽工程在隐蔽前，承包人应当通知发包人检查。发包人没有及时检查的,承包人可以顺延工程日期,并有权要求赔偿停工、窝工等损失。"

由于隐蔽工程将要被后一道工序覆盖,所以要在覆盖前进行验收。而且验收的数据就作为了最终验收的数据。对此,《建设工程施工合同(示范文本)》第17.1款进行了约定:工程具备隐蔽条件或达到专用条款约定的中间验收部位,承包人进行自检,并在隐蔽或中间验收前48h以书面形式通知工程师验收。通知包括隐蔽和中间验收的内容、验收时间和地点。承包人准备验收记录,验收合格,工程师在验收记录上签字后,承包人可进行隐蔽和继续施工。验收不合格,承包人在工程师限定的时间内修改后重新验收。

7.见证取样的责任

《建设工程质量管理条例》第31条规定,施工人员对涉及结构安全的试块、试件以及有关材料,应当在建设单位或者工程监理单位监督下现场取样,并送具有相应资质等级的质量检测单位进行检测。

在工程施工过程中,为了控制工程总体或局部施工质量,需要依据有关技术标准和规定的方法,对用于工程的材料和构件抽取一定数量的样品进行检测,并根据检测结果判断其所代表部位的质量。

8.返修保修的责任

《建设工程质量管理条例》第32条规定,施工单位对施工中出现质量问题的建设工程或者竣工验收不合格的建设工程,应当负责返修。

(四)工程监理单位的质量责任和义务

1.依法承揽业务的责任

《建设工程质量管理条例》第34条规定,工程监理单位应当依法取得相应等级的资质证书,并在其资质等级许可的范围内承担工程监理业务。

禁止工程监理单位超越本单位资质等级许可的范围或者以其他工程监理单位的名义承担工程监理业务。禁止工程监理单位允许其他单位或者个人以本单位的名义承担工程监理业务。

工程监理单位不得转让工程监理业务。

2.独立监理的责任

《建设工程质量管理条例》第35条规定,工程监理单位与被监理工程的施工承包单位以及建筑材料、建筑构配件和设备供应单位有隶属关系或者其他利害关系的,不得承担该项建设工程的监理业务。

独立是公正的前提条件,监理单位如果不独立是不可能保持公正的。

3.依法监理的责任

《建设工程质量管理条例》第36条规定,工程监理单位应当依照法律、法规以及有关技术标准、设计文件和建设工程承包合同,代表建设单位对施工质量实施监理,并对施工质量承担监理责任。

《建设工程质量管理条例》第38条规定,监理工程师应当按照工程监理规范的要求,采取旁站、巡视和平行检验等形式,对建设工程实施监理。

4.确认质量和应付工程款的责任

《建设工程质量管理条例》第37条规定,工程监理单位应当选派具备相应资格的总监理工程师和监理工程师进驻施工现场。

未经监理工程师签字，建筑材料、建筑构配件和设备不得在工程上使用或者安装，施工单位不得进行下一道工序的施工。未经总监理工程师签字，建设单位不拨付工程款，不进行竣工验收。

二、建设工程质量保修制度

所谓建设工程质量保修，是指建设工程竣工验收后在保修期限内出现的质量缺陷（或质量问题），由施工单位依照法律规定或合同约定予以修复。其中，质量缺陷是指建设工程的质量不符合工程建设强制性标准以及合同的约定。

（一）工程质量保修书

《建设工程质量管理条例》第 39 条规定，建设工程承包单位在向建设单位提交工程竣工验收报告时，应当向建设单位出具质量保修书。质量保修书中应当明确建设工程的保修范围、保修期限和保修责任等。工程质量保修书也是一种合同，是发承包双方就保修范围、保修期限和保修责任等设立权利义务的协议，集中体现了承包单位对发包单位的工程质量保修承诺。实践证明，一份完善的质量保修书，除了条例规定的保修范围、保修期限和保修责任等基本内容外，还应包括保修金的有关约定，特别是应当明确保修金的具体返还期限。

（二）保修范围、最低保修期限

在正常使用条件下，建设工程的最低保修期限为：《建设工程质量管理条例》第 40 条规定：

（1）基础设施工程、房屋建筑的地基基础工程和主体结构工程，为设计文件规定的该工程的合理使用年限；

（2）屋面防水工程、有防水要求的卫生间、房间和外墙面的防渗漏，为 5 年；

（3）供热与供冷系统，为 2 个采暖期、供冷期；

（4）电气管线、给排水管道、设备安装和装修工程，为 2 年。

上述保修范围属于法律强制性规定，超出该范围的其他项目的保修不是强制的，属于发承包双方意思自治的领域——在工程实践中，通常由发包方在招标文件中事先明确规定，或由双方在竣工验收前另行达成约定。最低保修期限同样属于法律强制性规定，双方约定的保修期限不得低于条例规定的期限，但可以延长。

建设工程的保修期，自竣工验收合格之日起计算。

（三）保修责任

《建设工程质量管理条例》第 41 条规定，建设工程在保修范围和保修期限内发生质量问题的，施工单位应当履行保修义务，并对造成的损失承担赔偿责任。

根据该条规定，质量问题应当发生在保修范围和保修期以内，是施工单位承担保修责任的两个前提条件。

1. 不属于保修范围的情形

《房屋建筑工程质量保修办法》规定了三种不属于保修范围的情况,分别是:

(1)因使用不当造成的质量缺陷;

(2)第三方造成的质量缺陷;

(3)不可抗力造成的质量缺陷。

2. 建设工程质量保修的基本程序

根据国家有关规定及行业惯例,就工程质量保修事宜,建设单位和施工单位应遵守如下基本程序:

(1)建设工程在保修期限内出现质量缺陷,建设单位应当向施工单位发出保修通知。

(2)施工单位接到保修通知后,应当到现场核查情况,在保修书约定的时间内予以保修。发生涉及结构安全或严重影响使用功能的紧急抢修事故,施工单位接到保修通知后,应立即到达现场抢修。

(3)施工单位不按工程质量保修书约定保修的,建设单位可另行委托其他单位保修,由原施工单位承担相应的责任。

(4)保修费用由造成质量缺陷的责任方承担。如果质量缺陷是由于施工单位未按照工程建设强制性标准和合同要求施工造成的,则施工单位不仅要负责保修,还要承担保修费用。但是,如果质量缺陷是由于设计单位、勘察单位或建设单位、监理单位的原因造成的,施工单位仅负责保修,其有权对由此发生的保修费用向建设单位索赔。建设单位向施工单位承担赔偿责任后,有权向造成质量缺陷的责任方追偿。

三 建设工程质量管理其他基本制度

(一)建设工程质量标准化制度

工程建设标准化是国家、行业和地方政府从技术控制的角度,对建设活动或其结果规定共同的和重复使用的规则、指导原则或特性文件。工程建设标准化是为建筑市场提供运行规则的一项基础性工作,对引导和规范建筑市场行为具有重要的作用。

根据《中华人民共和国标准化法》的规定,工程建设标准按其协调统一的范围及适用范围的不同分为四级,即国家标准、行业标准、地方标准、企业标准。根据法律效力不同,标准又分为强制性标准和推荐性标准。强制性标准,必须执行。不符合强制性标准就要处罚,对于推荐性标准,国家鼓励企业自愿采用。

《工程建设标准强制性条文》(以下简称《强制性条文》)是工程建设中必须严格执行的强制性标准。《强制性条文》以现行的强制性国家标准和行业标准为基础,编制了包括城乡规划、城市建设、房屋建筑、工业建筑、水利工程、电力工程、信息工程、水运工程、公路工程、铁道工程、石油和化工建设工程、矿山工程、人防工程、广播电影电视工程和民航机场工程在内的十五个部分的内容。《工程建设强制性条文》是《建设工程质量管理条例》的一个配套文件。《工程建设强制性条文》的贯彻实施,推动了《建设工程质量管理条例》的全面落实。

(二)建设工程质量体系认证制度

《建筑法》第53条规定,国家对从事建筑活动的单位推行质量体系认证制度。从事建筑活动的单位根据自愿原则可以向国务院产品质量监督管理部门或者国务院产品质量监督管理部门授权的部门认可的认证机构申请质量体系认证。经认证合格的,由认证机构颁发质量体系认证证书。

目前,绝大多数甲级勘察、设计、监理企业和特级、一级施工企业都建立健全了质量保证体系,并通过了质量体系认证,不仅强化了从业人员的质量意识,而且提高了质量管理水平。

(三)建设工程质量监督制度

1984年,我国全面推行政府对工程质量的监督认定制度,各地陆续建立了工程质量监督机构,对工程建设过程进行监督检查,对竣工工程进行质量等级核定。此后,工程质量监督机构迅速发展壮大,形成了专业门类齐全的工程质量监督队伍。工程质量监督人员严格履行监督职能,有效遏制了重大工程质量事故的发生,全国工程质量优良率逐年提高。

《建设工程质量管理条例》明确规定,国家实行建设工程质量监督管理制度,政府对工程质量的监督管理主要以保证工程使用安全和环境质量为主要目的,以法律、法规和强制性标准为依据,以地基基础、主体结构、环境质量和与此有关的工程建设各方主体的质量行为为主要内容,以施工许可制度和竣工验收备案制度为主要手段。此条例是国家意志的体现,任何从事工程建设活动的单位和个人都应服从这种监督管理。

1. 工程质量监督管理部门

(1)建设行政主管部门及有关专业部门

我国实行国务院建设行政主管部门统一监督管理;国务院铁路、交通、水利等有关部门按照国务院规定的职责分工,分别对其管理范围内的专业工程进行质量监督管理。

县级以上人民政府建设行政主管部门对本行政区域内的建设工程质量实施监督管理。专业部门按其职责对本专业建设工程质量实行监督管理。

(2)工程质量监督机构

由于建设工程质量监督具有专业性强、周期长、程序繁杂等特点,通常政府部门不宜亲自进行日常检查工作,这就需要通过委托由政府认可的第三方,即建设工程质量监督机构,来依法代行工程质量监督职能,并对委托的政府部门负责。政府部门主要对建设工程质量监督机构进行业务指导和管理,不进行具体工程质量监督。

建设工程质量监督机构是经省级以上建设行政主管部门或有关专业部门考核认定的独立法人。建设工程质量监督机构及其负责人、质量监督工程师和助理质量监督工程师,均应具备国家规定的基本条件。

2. 建设工程质量监督机构主要职责

(1)办理建设单位工程建设项目报监手续,收取监督费,对建设工程质量进行监督;

(2)依照国家有关法律、法规和工程建设强制性标准,对建设工程的地基基础、主体结构及相关的建筑材料、构配件、商品混凝土的质量进行检查;

(3)对于被检查实体质量有关的工程建设参与各方主体的质量行为及工程质量文件进行

检查,发现工程问题时,有权采取局部暂停施工等强制性措施,直到问题得到改正;

(4)对建设单位组织的竣工验收程序实施监督,察看其验收程序是否合法,资料是否齐全,实体质量是否存有严重缺陷;

(5)工程竣工后,应向委托的政府有关部门报送工程质量监督报告;

(6)对需要实施行政处罚的,报告委托的政府部门进行行政处罚。

(四)工程竣工验收备案制度

本条例确立了建设工程竣工验收备案制度。该项制度是加强政府监督管理,防止不合格工程流向社会的一个重要手段。结合《建设工程质量管理条例》和《房屋建筑工程和市政基础设施工程竣工验收备案管理暂行办法》(2000 年 4 月 4 日建设部令第 78 号发布)的有关规定,建设单位应当在工程竣工验收合格后的 15 日内到县级以上人民政府建设行政主管部门或其他有关部门备案。建设单位办理工程竣工验收备案应提交以下材料:

(1)工程竣工验收备案表;

(2)工程竣工验收报告:竣工验收报告应当包括工程报建日期,施工许可证号,施工图设计文件审查意见,勘察、设计、施工、工程监理等单位分别签署的质量合格文件及验收人员签署的竣工验收原始文件,市政基础设施的有关质量检测和功能性试验资料以及备案机关认为需要提供的有关资料;

(3)法律、行政法规规定应当由规划、公安消防、环保等部门出具的认可文件或者准许使用文件;

(4)施工单位签署的工程质量保修书;

(5)法规、规章规定必须提供的其他文件;

(6)商品住宅还应提交《住宅质量保证书》和《住宅使用说明书》。

建设行政主管部门或其他有关部门收到建设单位的竣工验收备案文件后,依据质量监督机构的监督报告,发现建设单位在竣工验收过程中有违反国家有关建设工程质量管理规定行为的,责令停止使用,重新组织竣工验收后,再办理竣工验收备案。建设单位有下列违法行为的,要按照有关规定予以行政处罚:

(1)在工程竣工验收合格之日起 15 日内未办理工程竣工验收备案;

(2)在重新组织竣工验收前擅自使用工程;

(3)采用虚假证明文件办理竣工验收备案。

(五)工程质量事故报告制度

建设工程发生质量事故后,有关单位应当在 24h 内向当地建设行政主管部门和其他有关部门报告。对重大质量事故,事故发生地的建设行政主管部门和其他有关部门应当按照事故类别和等级向当地人民政府和上级建设行政主管部门和其他有关部门报告。

(六)建设工程质量检测制度

建设工程质量检测,是指工程质量检测机构接受委托,依据国家有关法律、法规和工程建设强制性标准,对涉及结构安全项目的抽样检测和对进入施工现场的建筑材料、构配件的见证取样检测。建设工程质量检测工作是政府对建设工程质量进行监督管理工作的重要手段之一。

建设工程质量检测机构是具有独立法人资格的中介机构。检测机构资质按照其承担的检测业务内容分为专项检测机构资质和见证取样检测机构资质。其质量检测的业务内容如下：

1. 专项检测

(1)地基基础工程检测；

(2)主体结构工程现场检测；

(3)建筑幕墙工程检测；

(4)钢结构工程检测。

2. 见证取样检测

(1)水泥物理力学性能检验；

(2)钢筋(含焊接与机械连接)力学性能检验；

(3)砂、石常规检验；

(4)混凝土、砂浆强度检验；

(5)简易土工试验；

(6)混凝土外加剂检验；

(7)预应力钢绞线、锚夹具检验；

(8)沥青、沥青混合料检验。

(七)工程质量检举、控告、投诉制度

《建筑法》与《建设工程质量管理条例》均明确,任何单位和个人对建设工程的质量事故、质量缺陷都有权检举、控告、投诉。工程质量检举、控告、投诉制度是为了更好地发挥群众监督和社会舆论监督的作用,是保证建设工程质量的一项有效措施。

➤ 自主学习资料推荐

1. 建设工程质量管理条例. http://www.cin.gov.cn/zcfg/xzfg/index_1.htm.

2. 中华人民共和国标准化法. http://www.cin.gov.cn/zcfg/fl/200611/t20061101_159475.htm.

3. 建设工程监理范围和规模标准规定. http://www.mohurd.gov.cn/zcfg/jsbgz/200611/t20061101_159024.htm.

4. 全国一级建造师执业资格考试用书编写委员会. 建设工程法规及相关知识. 北京:中国建筑工业出版社,2009.

5. 全国一级建造师执业资格考试用书编写委员会. 建设工程法规及相关知识复习题集. 北京:中国建筑工业出版社,2009.

◀ 习 题 ▶

一、案 例 题

案例 1:某建筑公司首次进入某省施工,为了"干一个工程,竖一块丰碑",创造良好的社会效益,项目经理李某决定暗自修改水泥混凝土的配合比,使得修改后的混凝土强度远高于原配

合比的混凝土强度,项目经理部也愿意承担所增加的费用。

问题:你认为这个决定可取吗?

案例 2:某装饰公司承揽了某办公楼的装饰工程。合同中约定保修期为 1 年。竣工后 2 年,该装饰工程出现了质量问题,装饰公司以已过保修期限为由拒绝承担保修责任。

问题:你认为装饰公司的理由成立吗?

案例 3:某质量监督站派出的监督人员到施工现场进行检查,发现工程进度相对于合同中约定的进度严重滞后,于是,质量监督站的监督人员对施工单位和监理单位提出了批评,并拟对其进行行政处罚。

问题:你认为质量监督站的决定正确吗?

案例 4:某互通式立交桥计划浇筑连续梁,使用商品混凝土,由于施工现场调配问题,商品混凝土在现场等待时间过长,施工单位没有对商品混凝土及时进行和易性检验,混凝土塌落度过低,结果在浇筑 1/3 时发生了堵管现象,混凝土不能及时从管中喷出,由于已经浇筑完毕的混凝土中的水泥初凝,导致了拟浇筑连续梁不能形成一个整体,产生了人为施工缝,给工程造成了损失。

问题:你认为责任应由谁承担?

二、客 观 题

(一)单项选择题(每题的备选项中,只有 1 个最符合题意,请选择最符合题意的答案)

1. 承担施工总承包的企业可以对所承接的工程( )。
    A. 全部进行分包　　　　　　　　　　B. 可以将主体工程转包
    C. 全部自行施工　　　　　　　　　　D. 可以将全部工程转包

2. 建筑业企业必须按照工程设计图纸和施工技术标准施工,不得偷工减料。工程设计的修改由( )负责。
    A. 建设单位　　　　　　　　　　　　B. 原设计单位
    C. 施工技术管理人员　　　　　　　　D. 监理单位

3. 总承包单位将建筑工程分包给其他单位的,应对分包工程的质量与分包单位承担( )责任。分包单位应接受总承包单位的质量管理。
    A. 检查　　　　　　B. 管理　　　　　　C. 连带　　　　　　D. 监督

4. 建筑工程竣工经验收合格后,方可交付使用;未经验收或者验收不合格的,( )。
    A. 不能正式使用　　　　　　　　　　B. 不得进行销售
    C. 不能进行结算　　　　　　　　　　D. 不得交付使用

5. 建筑业企业应根据( )向国务院产品质量监督管理部门或国务院产品质量监督管理部门授权的部门认可的认证机构申请质量体系认证。经认证合格的,由认证机构颁发质量体系认证证书。
    A. 认证管理原则　　　　　　　　　　B. 自愿认证原则
    C. 必须认证原则　　　　　　　　　　D. 分期分批原则

6. 建设单位不得以任何理由,要求建筑业企业降低工程质量。建筑业企业对建设单位提出的在工程施工作业中,违反法律、行政法规和建筑工程质量、安全标准,降低工程质量的要求,有权且应当( )。

A. 予以论证　　　　　　　　　　B. 予以上报
C. 予以拒绝　　　　　　　　　　D. 予以举报

7. 建设单位和施工单位应在工程质量保修书中约定保修范围、保修期限和保修责任等，必须符合（　　）。

A. 国家有关规定　　　　　　　　B. 合同有关规定
C. 建设单位要求　　　　　　　　D. 工程验收规定

8. （　　）的最低保修期为设计文件规定的该工程的合理使用年限。

A. 基础防水工程和基础结构工程　B. 地基基础工程和维护结构工程
C. 基础防水工程和主体结构工程　D. 地基基础工程和主体结构工程

9. 房屋建筑工程保修期从（　　）计算。

A. 签订工程保修书之日起　　　　B. 工程保修书中约定之日起
C. 工程竣工验收合格之日起　　　D. 工程验收合格交付使用之日起

10. 保修工程发生涉及结构安全的质量缺陷，（　　）应当立即向当地建设行政主管部门报告，采取安全防范措施。

A. 房屋建筑所有人　　　　　　　B. 房屋原施工单位
C. 房屋建筑居住人　　　　　　　D. 房屋原设计单位

11. 在保修期限内，因工程质量缺陷造成房屋所有人、使用人或第三方人身、财产损害的，房屋所有人、使用人或第三方可以向（　　）提出赔偿要求。

A. 建设单位　　　　　　　　　　B. 施工单位
C. 工程质量责任单位　　　　　　D. 设计单位

12. 根据《建设工程质量管理条例》，建设单位应当在工程竣工验收合格后的（　　）内到县级以上人民政府建设行政主管部门或其他有关部门备案。

A. 10 日　　　　B. 15 日　　　　C. 30 日　　　　D. 60 日

13. 根据《建设工程质量管理条例》，建设工程发生质量事故后，有关单位应当在（　　）内向当地建设行政主管部门和其他有关部门报告。

A. 8h　　　　B. 12h　　　　C. 24h　　　　D. 48h

14. 根据《建设工程质量管理条例》，下列选项中（　　）不是建设单位质量责任和义务的规定。

A. 建设单位应当将工程发包给具有相应资质等级的单位
B. 建设单位不得对承包单位的建设活动进行不合理干预
C. 施工图设计文件未经审查批准的，建设单位不得使用
D. 涉及建筑主体和承重结构变动的装修工程，施工单位要有设计方案

15. 根据《建设工程质量管理条例》，建设单位应当依法对工程建设项目的勘察、设计、施工、监理以及与工程建设有关的重要设备、材料等采购进行（　　）。

A. 指定购买　　B. 合同购买　　C. 招标　　　　D. 关联交易

16. 根据《建设工程质量管理条例》，（　　）应按照国家有关规定组织竣工验收，建设工程验收合格的，方可交付使用。

    A. 建设单位   B. 施工单位

    C. 监理单位   D. 设计单位

17. 根据《建设工程质量管理条例》,下列选项中(　　)不符合施工单位质量责任和义务的规定。

    A. 施工单位应当在其资质等级许可的范围内承揽工程

    B. 施工单位不得转包工程

    C. 施工单位不得分包工程

    D. 总承包单位与分包单位对分包工程的质量承担连带责任

18. 根据《建设工程质量管理条例》,建设工程承包单位在向建设单位提交竣工验收报告时,应当向建设单位出具(　　)。

    A. 质量保修书   B. 质量保证书

    C. 质量维修书   D. 质量保函

19. 根据《建设工程质量管理条例》关于质量保修制度的规定,屋面防水工程、有防水要求的卫生间、房间和外墙面防渗漏的最低保修期为(　　)。

    A. 6 个月   B. 1 年   C. 3 年   D. 5 年

20. 根据《建设工程质量管理条例》关于质量保修制度的规定,供热与供冷系统的最低保修期为(　　)。

    A. 6 个月   B. 一个采暖期、供冷期

    C. 3 年   D. 两个采暖期、供冷期

21. 根据《建设工程质量管理条例》关于质量保修制度的规定,电气管线、给排水管道、设备安装和装修工程的最低保修期为(　　)。

    A. 6 个月   B. 1 年   C. 2 年   D. 5 年

22. 根据《建设工程质量管理条例》第 38 条规定,监理工程师应按照工程监理规范的要求,建设工程实施监理,应当采取旁站、巡视和(　　)等形式。

    A. 督促   B. 书面通知

    C. 检查   D. 平行检验

(二)多项选择题(每题的备选项中,有 2 个或 2 个以上符合题意,至少有 1 个错项)

1. 《中华人民共和国标准化法》根据法律效力不同,将标准分为(　　)。

    A. 强制性标准   B. 推荐性标准

    C. 国际标准   D. 行业标准

    E. 地方标准

2. 建设工程质量检测按业务内容分为(　　)。

    A. 专项检测   B. 抽样检测

    C. 见证取样检测   D. 全数检测

    E. 结构检测

3. 从事建筑活动的建筑业企业按照其拥有的(　　)等资质条件,划分为不同的资质等级。

    A. 注册造价师   B. 完成利润额

C. 技术装备　　　　　　　　　　　D. 注册资本

E. 已完成的建筑工程业绩

4.《建设工程质量管理条例》规定,关于建设单位的质量责任和义务的说法不正确的有( )。

A. 可将建设工程肢解发包　　　　　B. 采购合格的建筑材料

C. 送审施工图的责任　　　　　　　D. 提供的原始资料允许有偏差

E. 组织竣工验收

5.《建设工程质量管理条例》规定,关于施工单位的质量责任和义务的说法正确的有( )。

A. 依法挂靠　　　　　　　　　　　B. 依法转包

C. 依法分包　　　　　　　　　　　D. 见证取样的责任

E. 按图施工的责任

6. 建筑物在合理使用寿命内,必须确保( )的质量。

A. 地基基础工程　　　　　　　　　B. 屋面防水工程

C. 地下防水工程　　　　　　　　　D. 主体结构工程

E. 地下人防工程

7. 建筑业企业必须按照( ),对建筑材料、建筑构配件和设备进行检验,不合格的不得使用。

A. 工程设计要求　　　　　　　　　B. 合同的约定

C. 建设单位要求　　　　　　　　　D. 监理单位的要求

E. 施工技术标准

8. 按照规定不属于房屋建筑工程保修范围的( )。

A. 因使用不当造成的质量缺陷　　　B. 不可抗力造成的质量缺陷

C. 不包括设备的电气管线　　　　　D. 保修期内保修之后又出现的质量缺陷

E. 保修期第 5 年出现的屋面漏水

9. 房屋建筑工程在保修范围内,保修期限为 2 年的工程内容为( )。

A. 供热与供冷系统　　　　　　　　B. 电气管线、设备安装

C. 装修工程　　　　　　　　　　　D. 人防工程

E. 房间和外墙面的防漏

10. 下列选项中,( )属于建设工程质量管理的其他基本制度。

A. 工程质量监督制度　　　　　　　B. 工程竣工验收备案制度

C. 工程质量事故报告制度　　　　　D. 工程质量检举、控告、投诉制度

E. 工程质量责任制度

11. 根据《建设工程质量管理条例》,( )是建设单位办理工程竣工验收备案应提交的材料。

A. 工程竣工验收备案表　　　　　　B. 工程竣工验收报告

C. 施工单位签署的工程质量保修书　D. 住宅质量保证书

E. 住宅使用说明书

12. 根据《建设工程质量管理条例》,下列选项中( )符合建设单位质量责任和义务的规定。

  A. 建设单位应当将工程发包给具有相应资质等级的单位

  B. 建设单位不得将工程肢解发包

  C. 建设单位不得对承包单位的建设活动进行干预

  D. 施工图设计文件未经审查批准的,建设单位不得使用

  E. 对必须实行监理的工程,建设单位应当委托具有相应资质等级的工程监理单位进行监理

13. 根据《建设工程质量管理条例》,下列选项中( )符合建设单位质量责任和义务的规定。

  A. 建设单位应当依法对工程建设项目的勘察、设计、施工、监理以及与工程建设有关的重要设备、材料等的采购进行招标

  B. 建设单位在领取施工许可证或者开工报告之前,应当按照国家有关规定办理工程质量监督手续

  C. 建设单位不得对承包单位的建设行为进行不合理的干预

  D. 施工图设计文件未经审查批准的,建设单位不得使用

  E. 建设单位应按照国家有关规定组织竣工验收,经过验收程序即可交付使用

14. 根据《建设工程质量管理条例》,下列选项中( )符合勘察、设计单位质量责任和义务的规定。

  A. 勘察、设计单位应当依法取得相应资质等级的证书,并在其资质等级许可的范围内承揽工程

  B. 勘察、设计单位必须按照工程建设强制性进行勘察、设计

  C. 注册执业人员应当在设计文件上签字,对设计文件负责

  D. 任何情况下设计单位均不得指定生产厂、供应商

  E. 设计单位应当根据勘察成果文件进行建设工程设计

15. 根据《建设工程质量管理条例》,下列选项中( )符合施工单位质量责任和义务的规定。

  A. 施工单位应当依法取得相应资质等级的证书,并在其资质等级许可的范围内承揽工程

  B. 施工单位不得转包或分包工程

  C. 总承包单位与分包单位对分包工程的质量承担连带责任

  D. 施工单位必须按照工程设计图纸和施工技术标准施工

  E. 建设工程实行质量保修制度,承包单位应履行保修义务

16. 根据《建设工程质量管理条例》,下列选项中( )符合工程监理单位质量责任和义务的规定。

  A. 工程监理单位应当依法取得相应资质等级的证书,并在其资质等级许可的范围内承担工程监理业务

  B. 工程监理单位不得转让工程监理业务

C. 工程监理单位代表建设单位对施工质量实施监理

D. 工程监理单位代表施工单位对施工质量实施监理

E. 工程监理单位不得与被监理工程施工承包单位有非正常联系

17. 根据《建设工程质量管理条例》,下列选项中( )是工程质量监督管理部门。

A. 建筑业协会   B. 安全生产管理机构

C. 安全生产监督管理部门   D. 工程质量监督机构

E. 建设行政主管部门及有关专业部门

考核项目一

根据要求,编写建设法规综合案例,并对其进行分析。

任 务 书

一、训练项目

根据要求,编写建设法规综合案例,并对其进行分析。

二、训练目的

(1)通过考核,让学生进一步熟悉《建筑法》、《安全生产法》、《建设工程安全生产管理条例》、《建设工程质量管理条例》的主要内容。

(2)通过考核,增强岗位责任意识,使学生在工程建设岗位中能够做到知法、守法、并能熟练运用建设法律、法规解决工程建设中的相关问题,为学生在今后从业和可持续发展打下基础。

(3)通过考核,培养学生获取资料和信息的能力。

三、编写要求

(1)编写建设法规综合案例,要求涉及《建筑法》、《安全生产法》、《建设工程安全生产管理条例》、《建设工程质量管理条例》的主要知识点。

(2)案例编写要文字通顺,条理清楚,内容完整,四项内容有机结合。

(3)案例完成上交时间:按教师规定的时间上交,过期上交按评分标准扣分。

(4)案例编写要求独立完成,如有雷同,本考核项目不得分。

(5)案例最终整理成 Word 格式,按指导书的要求进行排版。

四、案例的主要内容

案例要以建筑企业在市场活动中涉及法律法规为主要内容,案例要有一条或多条主线贯穿其中,案例编写要包含的主要知识点数量如下:

《建筑法》:3 个知识点;《安全生产法》:2 个知识点;《建设工程安全生产管理条例》:3 个知识点;《建设工程质量管理条例》:2 个知识点,共 10 个主要知识点。

五、成果与成绩评定

(1)成果:上交 Word 格式 A4 打印稿案例及案例分析一份。

(2)成绩评定:按案例的"考核项目成绩评定表"评分,作为本课程技能考核的依据。详见案例的"考核项目成绩评定表"。

六、实施说明

(1)教师根据实际,可分组进行,也可以不分组,要求每位同学按上述要求完成。

(2)教师指导学生完成考核任务;

(3)教师可根据教学实际需要,将考核内容分散安排在各单元教学过程中,也可以在其模块结束后统一安排;

(4)本考核项目若在课上完不成,可安排在课外时间完成。

指 导 书

一、案例主要内容的编写方法

(1)收集资料:可以参考教材、到图书馆查阅资料或网上查询资料进行适当引用;

(2)整理资料,形成案例:把收集的资料进行有机的整合,使其包含《建筑法》的 3 个主要知识点,《安全生产法》的两个主要知识点,《建设工程安全生产管理条例》的 3 个主要知识点,《建设工程质量管理条例》的两个主要知识点,共 10 个主要知识点。

二、考核形式

可分组进行,每组设组长一名,组长组织组员讨论,为每个组员落实任务;也可不分组,要求每位同学按要求完成本项目的考核任务。

三、Word 文档格式

(1)标题命名为"建设法规综合案例",黑体小二;

(2)背景资料及案例分析为宋体小四,行距为 1.5 倍,段前段后为 0,首行缩进 2 字符;

(3)页边距上下左右 2.5cm;

(4)页眉:"《工程建设法规与合同管理》考核项目一",宋体小五;页脚:"建设法规综合案例第×页,共×页",宋体小五。

四、成果

上交 Word 格式按要求排版的 A4 打印稿案例及案例分析一份。

五、成绩评定

按"考核项目成绩评定表"进行评分,作为本课程技能考核的依据。考核项目成绩评定分为两种情况,即分组及非分组两种。

(1)采用分组情况进行评分的,设有答辩环节,该同学的答辩成绩作为本组每个成员的答辩成绩,在班级公开进行,由教师针对 10 个主要知识点随机指定组内学生进行答辩,项目评分采用学生自评、互评和教师评价;

(2)采用非分组的,由教师根据"考核项目成绩评定表"进行评分。

注:若所编制的知识点数量多于 10 个,评分时可酌情加分。

班级:_____ 学生姓名:_____ 学号:_____

组别:_____ 组长签名:_____ 教师签名:_____

项目名称	项目一:根据要求,编写建设法规综合案例,并对其进行分析
考核目标	能收集和整理资料,能熟练应用计算机,具备建设法规的综合应用能力
考核内容	按要求编写含建设法规主要知识点的综合案例,并对其进行分析

评 分 标 准

评 价 项 目		评价分值	自评分	互评分	教师评分
知识点的涵盖程度	《建筑法》(3个知识点)	12			
	《安全生产法》(2个知识点)	8			
	《建设工程安全生产管理条例》(3个知识点)	12			
	《建设工程质量管理条例》(2个知识点)	8			
考核实效性	资料收集、整理的能力	8			
	综合运用建设法规的能力	15			
	计算机应用能力	8			
	答辩的流利和准确程度	12			
态度	参与程度	10			
	是否按时完成	7			
合计		100			

项目成绩	自评分×10%= 互评分×20%= 师评分×70%=
	项目成绩=自评分×10%+互评分×20%+师评分×70%=
	项目总评成绩=项目成绩×15%=

75

能力训练项目成绩评定表（非分组考核）

学生姓名_____ 班级_____ 学号_____ 成绩_____ 教师签名_____

项目名称	项目一：根据要求，编写建设法规综合案例，并对其进行分析
考核目标	能收集和整理资料，能熟练应用计算机，具备建设法规的综合应用能力
考核内容	按要求编写含建设法规主要知识点的综合案例，并对其进行分析

评 分 标 准

评价项目		评价分值	项目得分
知识点的涵盖程度	《建筑法》(3个知识点)	12	
	《安全生产法》(2个知识点)	8	
	《建设工程安全生产管理条例》(3个知识点)	12	
	《建设工程质量管理条例》(2个知识点)	8	
考核实效性	资料收集、整理的能力	8	
	背景资料中四个建设法律、法规的有机结合度	10	
	案例分析的准确程度(10个知识点，每个知识点2分)	20	
	计算机应用能力	5	
态度	是否独立完成	10	
	是否按时完成	7	
合计		100	
项目成绩	项目成绩＝项目得分合计×15％＝		

模块二
建设工程招投标

➤ **本模块引例(导入本模块教学):** 鲁布革水电站引水工程国际招标

自 1949 年以来,我国大型工程建设一直采用自营制方式:国家工程局施工,建成后移交管理部门生产运行,收益上交国家。20 世纪 80 年代初,电力部决定鲁布革水电站部分建设资金利用世界银行贷款。1983 年成立鲁布革工程管理局,第一次引进了业主、工程师、承包人的概念。鲁布革局部工程进行国际竞争性招标,将竞争机制引入工程建设领域,日本大成公司中标进入中国水电建设市场,形成了一个工程两种体制并存的局面。从鲁布革工程国际招标的实践和一个工程两种体制的鲜明对比,我国获得了如下值得借鉴的经验。

1. 把竞争机制引入工程建设领域,实行招标投标制,评标工作认真细致。鲁布革首先给人的冲击是大型工程施工打破了历来由主管部门指定施工单位的做法,施工单位要凭实力进行竞争,由"业主"择优而定。鲁布革水电站是我国第一次采取国际招标程序授予外国企业承包权的工程。

2. 实行国际评标价低价中标惯例,评标时标底只起参考作用,从而为我国节约了大量建设资金。鲁布革引水系统进行国际竞争性招标标底价为 14 958 万元,日本大成公司中标价为 8 460 万元。

3. 我国公司的施工技术和管理水平与外国大公司相比,差距比较大。例如,当时国内隧洞开挖进尺每月最高为 112m,仅达到国外公司平均功效的 50% 左右。此外,国外施工管理严格,隧洞开挖比原计划提前 5 个月,引水系统工程比合同工期提前 122 天,实际工程造价按开标汇率计算约为标底的 60%。

4. 促使工程造价管理和投标报价逐步改革以适应国际竞争惯例。国际招投标一般采用工程量清单计价,国外公司大多根据自己分部分项工程单价报价,我国公司对国内工程一般根据国家和地方定额报价,所以造成我国公司此次投标报价过高而未能中标的原因之一。

5. 催人奋起,促进改革。大成公司承包工程,在现场日本人只有二三十人,雇用的 400 多人都是十四局的职工,中国工人不仅很快掌握了先进的施工机械,而且在中国工长的带领下,创造了 ϕ8.8m 隧洞开挖头月进尺 373.5m 的优异成绩,超过了日本大成公司历史的最高纪录,达到世界先进水平。

鲁布革的实践使人们看到了比先进的施工机械背后更重要的东西,很多人开始反思在计划经济体制下建设管理体制的弊端,探求"工期马拉松,投资无底洞"的真正症结所在,激发了人们对基本建设管理体制改革的强烈愿望。人们开始认真了解和学习国外在市场经济下实行的项目管理的机制、规则、程序和方法。为我国推行招标投标制及制定《中华人民共和国招标投标法》奠定了基础。

《招标投标法》由中华人民共和国第九届全国人民代表大会常务委员会第十一次会议于 1999 年 8 月 30 日通过,自 2000 年 1 月 1 日起施行,共有 68 条。其立法目的在于为了规范招标投标活动,保护国家利益、社会公共利益和招标投标活动当事人的合法权益,提高经济效益,保证项目质量。其内容包括总则;招标、投标;开标、评标和中标;法律责任;附则共六章 68 条。

单元一 招标投标法律概述

➤单元教学目标

能 力 目 标	知 识 目 标	素 质 目 标
1. 能运用招投标的有关知识正确分析相关案例; 2. 能熟练解决本单元的单项及多项选择题; 3. 能完成"能力训练项目二"施工招标、投标文件的编写	1. 了解《招标投标法》施行的时间及适用范围、招投标的目的; 2. 熟悉招投标活动的基本原则、建设工程招标的主要类别、招标组织形式; 3. 掌握必须招标的建设工程项目的范围和规模标准、招标方式	通过学习,让学生学会遵守招标投标法的有关规定;为学生从业参与招投标工作奠定法律基础

➤学习要点

```
              单元一 学习要点
    ┌──────────┬──────────┬──────────┬──────────┐
建设工程项招标    必须招标的建设工程项目    招投标活动的    建设工程招标的主要类
投标的目的      的范围和规模标准       基本原则、方式   别及组织形式
```

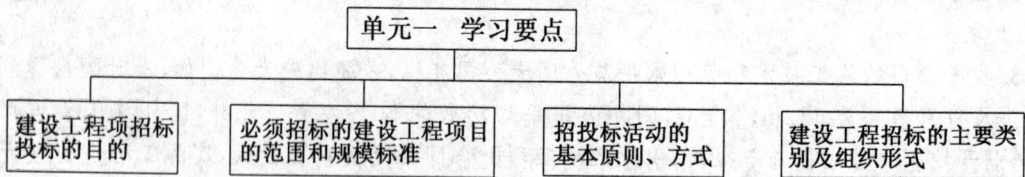

➤任务案例(贯穿课堂教学)

某建设项目是地方人民政府确定的地方重点建设项目,建设单位具有自行组织招标的能力,因此决定自行组织招标,但建设行政主管部门对其自行组织招标的能力有怀疑,要求其委托招标代理机构办理招标事宜。建设单位不予理睬,并于 2010 年 6 月中旬发布了招标公告,招标公告明确了本次招标对象为本省内有相应资质的施工企业。6 月 30 日,建设单位办理招标备案手续。

问题 1:本案例采用公开招标是否恰当,为什么?

问题 2:指出本案例中的不妥之处,并说明理由?

一 建设工程招标投标的目的

将工程项目建设任务委托纳入市场管理,通过竞争择优选定项目的勘察、设计、设备安装、施工、装饰装修、材料设备供应、监理和工程总承包等单位,达到保证工程质量、缩短建设周期、控制工程造价、提高投资效益的目的。

二 必须招标的建设工程项目的范围和规模标准

(一)工程建设项目招标范围

《招标投标法》对在中华人民共和国境内进行工程建设项目包括项目的勘察、设计、施工、监理以及与工程建设有关的重要设备、材料等的采购,必须进行招标的范围做了明确规定;《工程建设项目招标范围和规模标准规定》对必须招标的工程建设项目的具体范围作出了进一步细化的规定。见表2-1。

工程建设项目招标范围 表2-1

序号	范围(《招标投标法》规定的招标范围)	具体内容(《工程建设项目招标范围和规模标准规定》的具体招标范围)
1	大型基础设施关系社会公共利益、公众安全的项目	(1)煤炭、石油、天然气、电力、新能源等能源项目; (2)铁路、公路、管道、水运、航空以及其他交通运输业等交通运输项目; (3)邮政、电信枢纽、通信、信息网络等邮电通讯项目; (4)防洪、灌溉、排涝、引(供)水、滩涂治理、水土保持、水利枢纽等水利项目; (5)道路、桥梁、地铁和轻轨交通、污水排放及处理、垃圾处理、地下管道、公共停车场等城市设施项目; (6)生态环境保护项目; (7)其他基础设施项目
2	公用事业关系社会公共利益、公众安全的项目	(1)供水、供电、供气、供热等市政工程项目; (2)科技、教育、文化等项目; (3)体育、旅游等项目; (4)卫生、社会福利等项目; (5)商品住宅,包括经济适用住房; (6)其他公用事业项目
3	全部或者部分使用国有资金投资的项目	(1)使用各级财政预算资金的项目; (2)使用纳入财政管理的各种政府性专项建设基金的项目; (3)使用国有企业事业单位自有资金,并且国有资产投资者实际拥有控制权的项目
4	国家融资的项目	(1)使用国家发行债券所筹资金的项目; (2)使用国家对外借款或者担保所筹资金的项目; (3)使用国家政策性贷款的项目; (4)国家授权投资主体融资的项目; (5)国家特许的融资项目
5	使用国际组织或者外国政府贷款、援助资金的项目	(1)使用世界银行、亚洲开发银行等国际组织贷款资金的项目; (2)使用外国政府及其机构贷款资金的项目; (3)使用国际组织或者外国政府援助资金的项目

(二)工程建设项目招标规模标准

《工程建设项目招标范围和规模标准规定》规定的上述各类工程建设项目,包括项目的勘察、设计、施工、监理以及与工程建设有关的重要设备、材料等的采购,达到下列标准之一的,必须进行招标:

(1)施工单项合同估算价在 200 万元人民币以上的;

(2)重要设备、材料等货物的采购,单项合同估算价在 100 万元人民币以上的;

(3)勘察、设计、监理等服务的采购,单项合同估算价在 50 万元人民币以上的;

(4)单项合同估算价低于第 1、2、3 项规定的标准,但项目总投资额在 3 000 万元人民币以上的。

(三)可以不进行招标的项目范围

《招标投标法》第 66 条规定:"涉及国家安全、国家秘密、抢险救灾或者属于利用扶贫资金实行以工代赈、需要使用农民工等特殊情况,不适宜进行招标的项目,按照国家有关规定可以不进行招标。"

《工程建设项目招标范围和规模标准规定》第 8 条还规定:"建设项目的勘察、设计采用特定专利或专有技术的,或其建筑艺术造型有特殊要求的,经项目主管部门批准,可以不进行招标。"

《工程建设项目施工招标投标办法》第 12 条规定下列项目可不进行招标:

(1)涉及国家安全、国家秘密或者抢险救灾而不适宜招标的;

(2)属于利用扶贫资金实行以工代赈需要使用农民工的;

(3)施工主要技术采用特定的专利或者专有技术的;

(4)施工企业自建自用的工程,且该施工企业资质等级符合工程要求的;

(5)在建工程追加的附属小型工程或者主体加层工程,原中标人仍具备承包能力的;

(6)法律、行政法规规定的其他情形。

三 招投标活动的基本原则

1. 公开原则

招标投标活动的公开原则,首先要求进行招标活动的信息要公开。采用公开招标方式,应当发布招标公告,依法必须进行招标的项目的招标公告,必须通过国家指定的报刊、信息网络或者其他公共媒介发布。无论是招标公告、资格预审公告,还是投标邀请书,都应当载明能大体满足潜在投标人决定是否参加投标竞争所需要的信息。另外开标的程序、评标的标准和程序、中标的结果等都应当公开。

2. 公平原则

招标投标活动的公平原则,要求招标人严格按照规定的条件和程序办事,同等地对待每一个投标竞争者,不得对不同的投标竞争者采用不同的标准。招标人不得以任何方式限制或者排斥本地区、本系统以外的法人或者其他组织参加投标。

3. 公正原则

在招标投标活动中招标人行为应当公正，对所有的投标竞争者都应平等对待，不能有特殊。特别是在评标时，评标标准应当明确、严格，对所有在投标截止日期以后送到的投标书都应拒收，与投标人有利害关系的人员都不得作为评标委员会的成员。招标人和投标人双方在招标投标活动中的地位平等，任何一方不得向另一方提出不合理的要求，不得将自己的意志强加给对方。

4. 诚实信用原则

诚实信用是民事活动的一项基本原则，招标投标活动是以订立采购合同为目的的民事活动，当然也适用这一原则。诚实信用原则要求招标投标各方都要诚实守信，不得有欺骗、背信的行为。

四 招标方式

根据《招标投标法》第 10 条规定，招标方式分为公开招标和邀请招标。

1. 公开招标

公开招标，也称无限竞争招标，是指招标人以招标公告的方式邀请不特定的法人或者其他组织投标。采用公开招标方式，可以为所有符合投标条件的潜在投标人提供一个平等参与和充分竞争的机会，这样有利于招标人选择最优的中标人。

根据《工程建设项目施工招标投标办法》第 11 条的规定，下列施工招标项目应当公开招标：

(1) 国务院发展计划部门确定的国家重点建设项目；

(2) 省、自治区、直辖市人民政府确定的地方重点建设项目；

(3) 全部使用国有资金投资或者国有资金投资占控股或者主导地位的工程建设项目。

对于以上属于应当公开招标的工程建设项目，其招标信息发布应当符合法律规定的形式。《招标投标法》第 16 条规定："招标人采用公开招标方式的，应当发布招标公告。依法必须进行招标的项目的招标公告，应当通过国家指定的报刊、信息网络或者其他媒介发布。"

2. 邀请招标

邀请招标，也称有限竞争招标，是指招标人以投标邀请书的方式邀请特定的法人或其他组织投标。采用这种招标方式，由于被邀请参加竞争的潜在投标人数量有限，而且事先已经对投标人进行了调查了解，因此不仅可以节省招标人的招标成本，而且能提高投标人的中标概率，因此潜在投标人的投标积极性会较高。当然，由于邀请招标的对象被限定在特定范围内，可能使其他优秀的潜在投标人被排斥在外。

根据《工程建设项目施工招标投标办法》第 11 条的规定，对于应当招标的施工招标项目，有下列情形之一的，经批准可以进行邀请招标：

(1) 项目技术复杂或有特殊要求，只有少量几家潜在投标人可供选择的；

(2) 受自然地域环境限制的；

(3) 涉及国家安全、国家秘密或者抢险救灾，适宜招标但不宜公开招标的；

(4) 拟公开招标的费用与项目的价值相比，不值得的；

（5）法律、法规规定不宜公开招标的。

根据《招标投标法》第 17 条规定，招标人采用邀请招标方式的，应当向三个以上具备承担招标项目的能力、资信良好的特定的法人或者其他组织发出投标邀请书。

➤**应用案例**

有两个项目被直接发包，理由是一个项目涉及国家安全，另一个项目属于以工代赈，需要使用农民工的。你认为这个理由充分吗？

分析：对于涉及国家安全的项目，分为两种情况：不适宜招标的和适宜招标但不适宜公开招标的。前者经批准可以不招标而直接发包，后者则经批准后需要邀请招标。所以，仅仅以涉及国家安全为由就不招标是不合适的。

对于以工代赈，需要使用农民工的项目，经批准可以不招标。这个理由是充分的。

五 建设工程招标的主要类别

建设工程招标可以依据不同的分类标准分成不同类别，招标的几种基本分类如图 2-1：

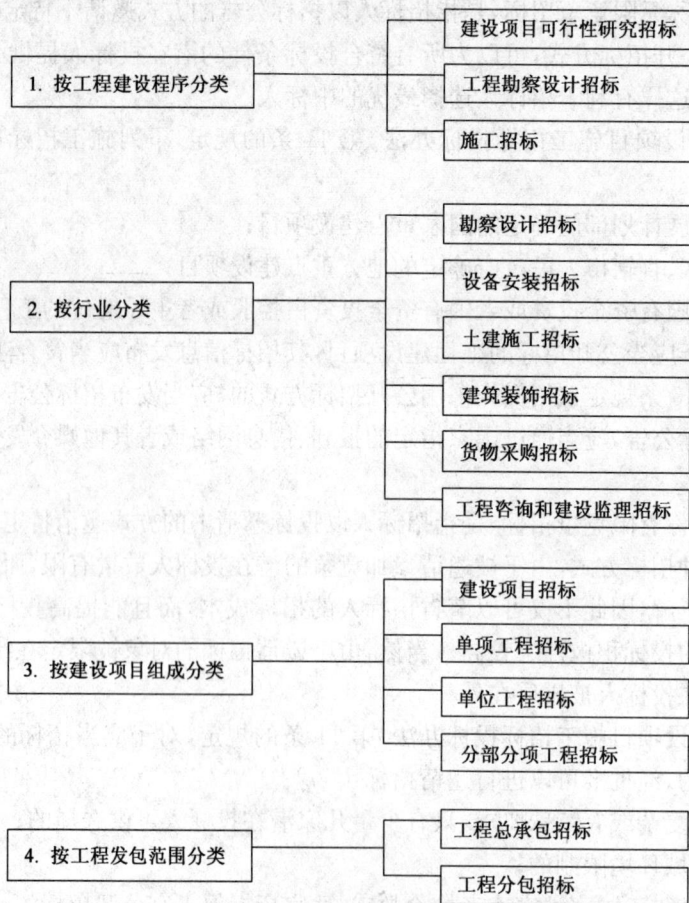

图 2-1　招标投标的几种基本分类图

六 招标组织形式

(一)自行组织招标

我国《招标投标法》规定,招标人具有编制招标文件和组织评标的能力,可以自行办理招标事宜,向有关行政监督部门进行备案即可,任何单位和个人不得强制其委托招标代理机构办理招标事宜。

招标人自行办理招标事宜,具体包括以下几点:

(1)具有法人资格;

(2)具有与招标项目规模和复杂程度相适应的工程技术、概预算、财务和工程管理等方面专业技术力量;

(3)有从事同类工程建设项目招标的经验;

(4)设有专门的招标机构或拥有3名以上专职招标业务人员;

(5)熟悉和掌握我国《招标投标法》及有关法规规章。

不具备上述五项条件的,须委托具有相应资质的咨询、监理等单位代理招标。

(二)招标代理

招标代理机构是依法设立、从事招标代理业务并提供相关服务的社会中介组织。

招标代理机构应当具备下列条件:

(1)有从事招标代理业务的营业场所和相应资金;

(2)有能够编制招标文件和组织评标的相应专业力量;

(3)有可以作为评标委员会成员人选的技术、经济等方面的专家库。

从事工程建设项目招标代理业务的招标代理机构,其资格由国务院或者省、自治区、直辖市人民政府的建设行政主管部门认定。具体办法由国务院建设行政主管部门会同国务院有关部门制定。

招标代理机构与行政机关和其他国家机关不得存在隶属关系或者其他利益关系。

招标代理机构应当在招标人委托的范围内办理招标事宜,并遵守本法关于招标人的规定。

➤自主学习资料推荐

1. http://www.cin.gov.cn/zcfg/fl/200611/t20061101_159454.htm. 中华人民共和国招标投标法.

2. 工程建设项目招标范围和规模标准规定. http://www.mohurd.gov.cn/zcfg/xgbwgz/200611/t20061101_159806.htm.

3. 工程建设项目施工招标投标办法. http://www.mohurd.gov.cn/zcfg/xgbwgz/200611/t20061101_159832.htm.

4. 全国一级建造师执业资格考试用书编写委员会. 建设工程法规及相关知识. 北京:中国建筑工业出版社,2009.

5. 全国一级建造师执业资格考试用书编写委员会. 建设工程法规及相关知识复习题集. 北京:中国建筑工业出版社,2009.

6. 中国建设监理协会. 建设工程合同管理. 北京:知识产权出版社,2008.

单元二　建设工程施工招投标

➤单元教学目标

能 力 目 标	知 识 目 标	素 质 目 标
1.能运用施工招投标的有关知识正确分析相关案例; 2.能熟练解决本单元的单项及多项选择题; 3.能完成"能力训练项目二"施工招标、投标文件的编写	1.了解工程项目施工招标应当具备的条件; 2.熟悉建设工程施工招标程序及各阶段的主要工作、建设工程施工投标相关业务; 3.掌握施工招标、投标文件的编写方法	通过学习,让学生学会招投标相关业务,为从业参与招投标工作奠定基础

➤学习要点

```
                单元二　学习要点
        ┌───────────┼───────────┐
  建设工程施工招标程序   建设工程施工招标   建设工程施工
  及各阶段的主要工作    文件的编制       投标具体业务
```

84

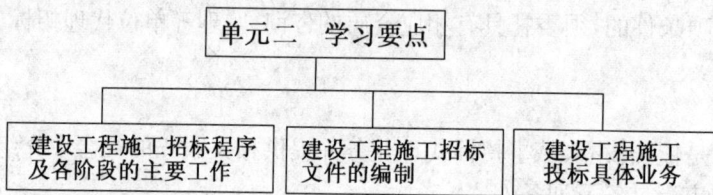

➤任务案例(贯穿课堂教学)

　　某建设项目由政府投资兴建,概算已经主管部门批准,施工图纸及有关技术资料尚未齐全。建设单位现决定对该项目进行施工招标。招标程序如下:

　　(1)成立该工程招标组织;

　　(2)发出投标邀请书;

　　(3)对报名参加投标者进行资格预审,并将结果通知合格的申请投标者;

　　(4)向所有获得投标资格投标者发售招标文件;

　　(5)召开投标预备会,进行答疑,将解答以书面形式通知给提出问题的潜在投标人;

　　(6)招标文件的澄清与修改;

　　(7)召开开标会议,审查投标书;

　　(8)建立评标组织,制定标底和评标、定标办法;

　　(9)组织评标;

　　(10)与合格的投标者进行质疑澄清;

　　(11)决定中标单位;

　　(12)发出中标通知书;

　　(13)建设单位与中标单位签订承发包合同。

　　问题1:该项目是否具备施工招标的条件?

　　问题2:指出上述招标程序中的不妥和不完善之处。

经资格预审,该工程共有 A、B、C、D、E、F、G 七家企业投标资格合格,七家企业均编制了投标文件,其中 A 投标人对招标文件进行了仔细分析,发现业主所提出的工期要求过于苛刻,若要保证实现该工期要求,必须采取特殊措施,从而大大增加成本。因此,该承包人在投标文件中说明业主的工期要求难以实现,因而按自己认为的合理工期(比业主要求的工期增加 6 个月)编制施工进度计划并据此报价,于投标截止日期前 1 天上午将投标文件报送业主。次日(即投标截止日当天)下午,在规定的开标时间前 1 小时,该承包人又递交了一份补充材料,其中声明将原报价降低 5%。其中 E 投标人是两个企业联合体投标,双方资质分别为一级、二级。

问题 1:A 投标人运用了哪几种报价技巧? 其运用是否得当? 逐一加以说明。

问题 2:E 投标人应按何等级资质承揽工程? 为什么? 若 E 投标人中标,联合体双方就中标项目向招标人承担什么责任?

招标文件中规定,10 月 18 日下午 4 时是招标文件规定的投标截止时间。在投标截止时间之前,A、B、D、E、F、G 六家企业提交了投标文件,而 C 企业于 10 月 18 日下午 5 时才送达,原因是中途堵车;10 月 21 日下午由当地招投标监督管理办公室主持进行了公开开标。评标委员会成员由招标人直接确定,共 7 人组成,其中当地招投标监督管理办公室 1 人,公证处 1人,招标人 1 人,技术经济方面专家 4 人。评标时发现,B 投标人投标报价明显低于其他投标单位报价且未能合理说明理由;G 投标人投标文件的投标函盖有企业及企业法定代表人的印章,但没有加盖项目负责人的印章;D 投标人投标报价大写金额小于小写金额;E 投标人与其他投标人组成了联合体投标,附有各方资质证书,但没有联合体共同投标协议书;F 施工单位投标文件中某分项工程的报价有个别漏项。

问题 1:请指出开标工作的不妥之处,说明理由。

问题 2:请指出评标委员会形成的不妥之处,说明理由。

问题 3:判别七家施工单位的投标是否为有效标? 说明理由。

评标委员会于 10 月 28 日提出了评标报告,D、F 企业分别综合得分第一、第二名。11 月10 日招标人向 D 企业发出了中标通知书。之后,招标人和 D 企业进行合同谈判,希望 D 投标人能再压缩工期、降低费用。经谈判后双方达成一致:不压缩工期,降价 3%。并于 12 月 12日签订了书面合同。

问题:指出上述做法不妥之处? 说明理由。

一 建设工程施工招标程序及各阶段的主要工作

(一)工程项目施工招标应当具备的条件

2003 年 5 月 1 日起开始施行的《工程建设项目施工招标投标办法》第 8 条规定,依法必须招标的工程建设项目,应当具备下列条件:

(1)招标人已经依法成立;

(2)初步设计及概算应当履行审批手续的,已经批准;

(3)招标范围、招标方式和招标组织形式等应当履行核准手续的,已经核准;

(4)有相应资金或资金来源已经落实;

(5)有招标所需的设计图纸及技术资料。

(二)工程项目施工招标程序

我国《招标投标法》中规定的招标工作包括招标、投标、开标、评标和定标几大步骤。按照招标过程中投标人参与程度,可以将招标过程粗略分为招标准备阶段、招标投标阶段(实施阶段)、决标成交阶段。施工招标投标具体程序见图 2-2。

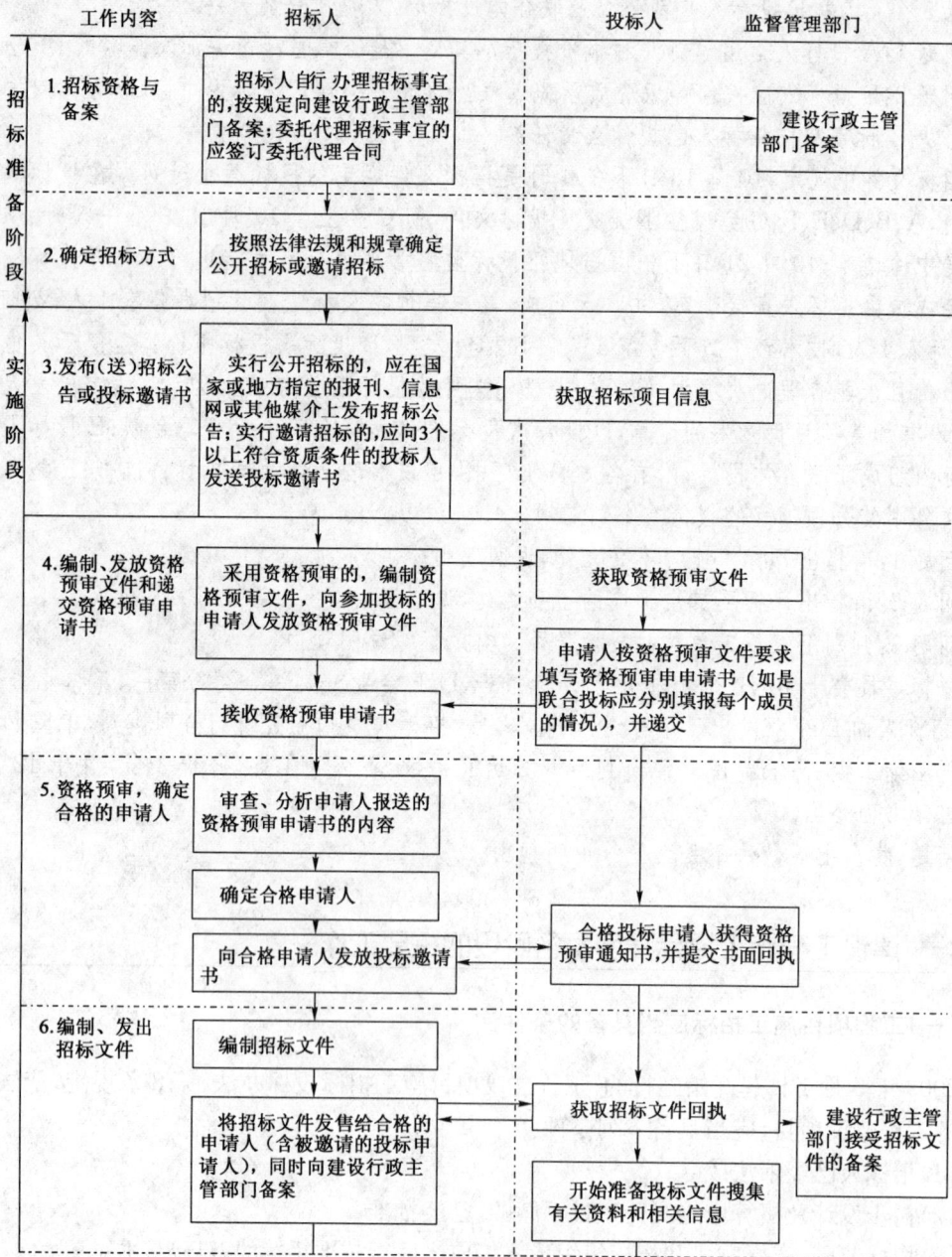

图 2-2

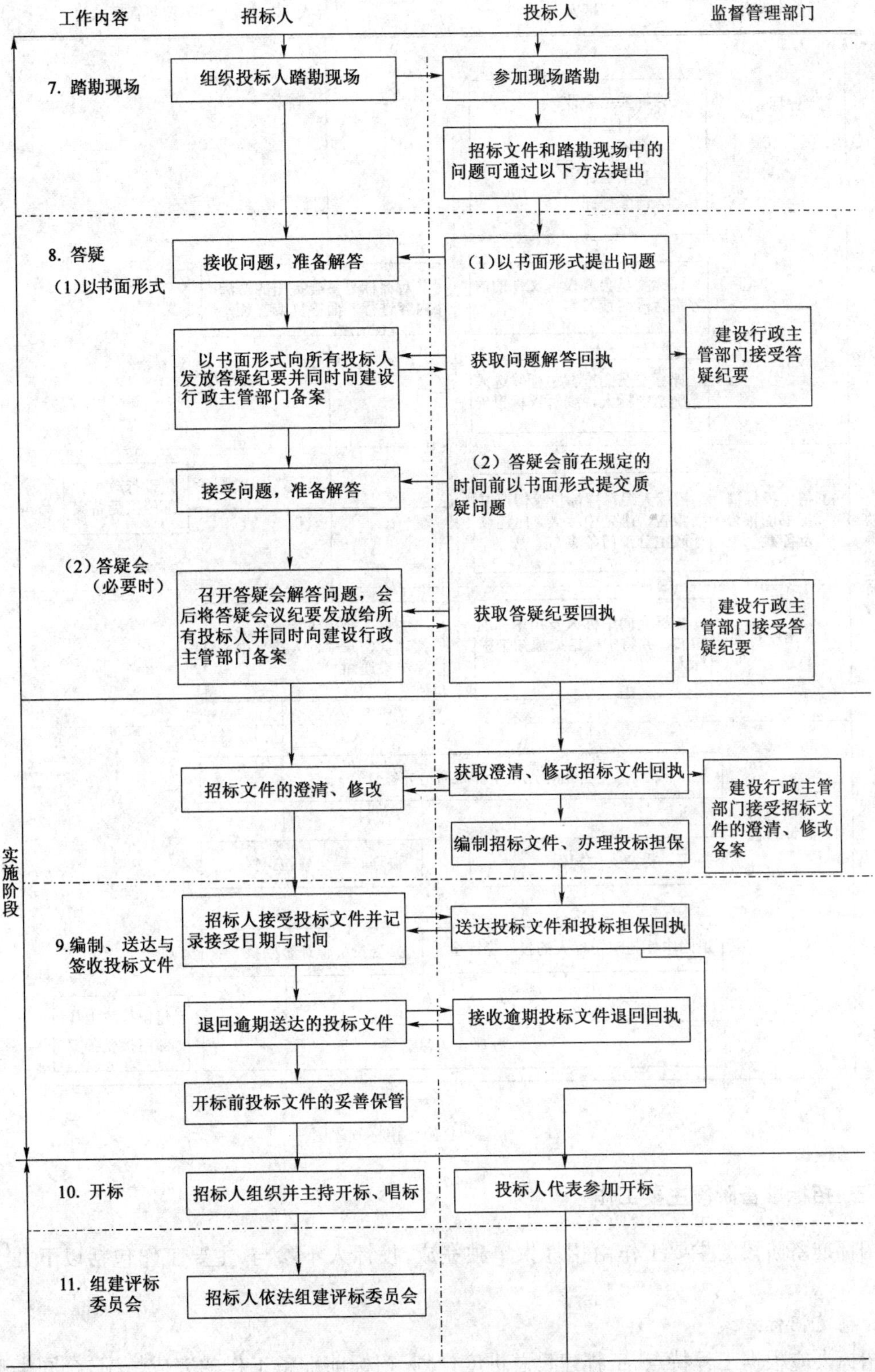
工作内容
招标人
投标人
监督管理部门
7. 踏勘现场
组织投标人踏勘现场
参加现场踏勘
招标文件和踏勘现场中的问题可通过以下方法提出
8. 答疑
(1)以书面形式
接收问题，准备解答
(1)以书面形式提出问题
以书面形式向所有投标人发放答疑纪要并同时向建设行政主管部门备案
获取问题解答回执
建设行政主管部门接受答疑纪要
接受问题，准备解答
(2) 答疑会前在规定的时间前以书面形式提交质疑问题
(2)答疑会（必要时）
召开答疑会解答问题，会后将答疑会议纪要发放给所有投标人并同时向建设行政主管部门备案
获取答疑纪要回执
建设行政主管部门接受答疑纪要
实施阶段
招标文件的澄清、修改
获取澄清、修改招标文件回执
建设行政主管部门接受招标文件的澄清、修改备案
编制招标文件、办理投标担保
9.编制、送达与签收投标文件
招标人接受投标文件并记录接受日期与时间
送达投标文件和投标担保回执
退回逾期送达的投标文件
接收逾期投标文件退回回执
开标前投标文件的妥善保管
10. 开标
招标人组织并主持开标、唱标
投标人代表参加开标
11. 组建评标委员会
招标人依法组建评标委员会

图 2-2

工作内容	招标人	投标人	监督管理部门

12. 评标

评标委员会评标
资格后审
符合性签定
技术标评审
商务标评审

评标委员会就投标文件的内容进行澄清或答辩 → 对评标委员会提出的澄清内容进行书面答复或答疑

评标委员会推荐中标候选人或确定中标人，编写评标报告

决标成交阶段

13. 招标投标情况书面报告及备案

招标人编写招标投标情况书面报告，确定中标人，向建设行政主管部门备案 → 建设行政主管部门接受备案

14. 发出中标通知书

招标人向中标人发出中标通知书，并将中标结果通知未中标人

中标人接受中标通知书，并确认，未中标人接受中标结果通知

15. 签订合同

招标人与中标人商洽并签订合同

办理、提交支付担保 　　办理、提交履约担保

退回中标与未中标人的投标保证金 　　接受投标保证金回执

办理合同备案 　　建设行政主管部门接受备案

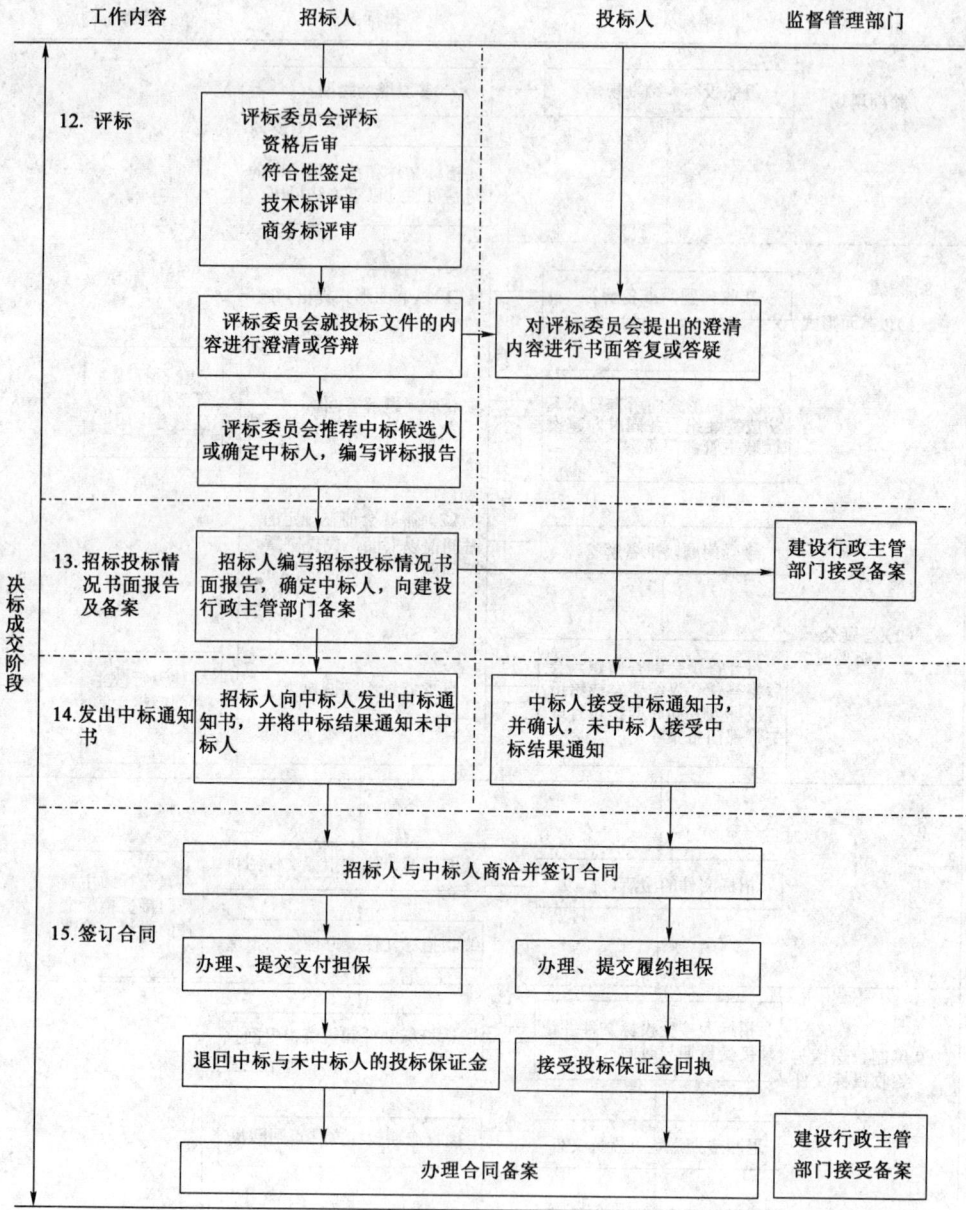

图 2-2　工程项目施工招标程序图

(三)招标准备阶段主要工作

招标准备阶段的主要工作由招标人单独完成,投标人不参与,主要工作包括以下几个方面：

1. 确定招标方式

招标人应根据工程特点、工程建设总进度计划、招标前准备工作的完成情况、合同类型和招标人的管理能力等因素的影响程度,确定招标方式。

2. 标段的划分

招标项目需要划分标段的，招标人应当合理划分标段（也可称为合同数量的划分）。在一般情况下，一个项目应作为一个整体进行招标。但是，对于大型的项目，作为一个整体进行招标将大大降低招标的竞争性，因为符合招标条件的潜在投标人数量太少。这样就应当将招标项目划分成若干个标段分别进行招标。但也不能将标段划分得太小，太小的标段将失去对实力雄厚的潜在投标人的吸引。如工程项目的施工招标，一般可以将一个项目分解为单位工程及特殊专业工程分别招标，但不允许将单位工程肢解为分部、分项工程进行招标。标段的划分是招标活动中较为复杂的一项工作，应当综合考虑各方面的因素。在划分标段时主要应考虑以下因素：

(1)招标项目的专业要求。如果招标项目的各部分内容专业要求接近，则该项目可以考虑作为一个整体进行招标。如果该项目的各部分内容专业要求相距甚远，则应当考虑划分为不同的标段分别招标。如对于一个项目中的土建和设备安装两部分内容就应当分别招标。

(2)招标项目的管理要求。有时一个项目的各部分内容相互之间干扰不大，方便招标人进行统一管理，这时就可以考虑对各部分内容分别进行招标。反之，如果各个独立的承包人之间的协调管理是十分困难的，则应当考虑将整个项目发包给一个承包人，由该承包人进行分包后统一进行协调管理。

(3)对工程投资的影响。标段划分对工程投资也有一定的影响。这种影响是由多方面因素造成的，但直接影响是由管理费的变化引起的。一个项目不作为一个整体招标，则承包人需要进行分包，分包的价格在一般情况下不如直接发包的价格低；但一个项目作为一个整体招标，有利于承包人的统一管理，人工、机械设备、临时设施等可以统一使用，又可能降低费用。因此，应当具体情况具体分析。

(4)工程各项工作的衔接。在划分标段时还应当考虑到项目在建设过程中时间和空间的衔接，应当避免产生平面或者立面交接工作责任的不清。如果工程项目的各项工作的衔接、交叉和配合少，责任清楚，则可考虑分别发包；反之，则应考虑将项目作为一个整体发包给一个承包人，因为此时由一个承包人进行协调管理容易做好衔接工作。

3. 办理招标备案

招标人向建设行政主管部门办理申请招标手续。招标备案文件应说明：招标工作范围、招标方式、计划工期、对投标人的资质要求、招标项目前期准备工作的完成情况、自行招标还是委托代理招标等内容，经认可后才能开展招标工作。

(四)工程项目施工招标实施阶段的主要工作

从发布资格预审公告、招标公告或发出投标邀请函开始，到投标截止日期为止的期间为招标实施阶段，即招标投标阶段。在此阶段，招标人应做好招标的组织工作，投标人则按招标文件的规定和要求进行投标报价竞争。

1. 发布招标公告（或投标邀请书）

招标公告（或投标邀请书）的作用是使潜在投标人获得招标信息，以便进行筛选，确定是否参与竞争。

采用公开招标方式的,招标人应当发布招标公告,邀请不特定的法人或者其他组织投标。依法必须进行施工招标项目的招标公告,应当在国家指定的报刊和信息网络上发布。

采用邀请招标方式的,招标人应当向三家以上具备承担施工招标项目的能力、资信良好的特定的法人或者其他组织发出投标邀请书。

《工程建设项目施工招标投标办法》第14条规定,招标公告或者投标邀请书应当至少载明下列内容:

(1)招标人的名称和地址;

(2)招标项目的内容、规模、资金来源;

(3)招标项目的实施地点和工期;

(4)获取招标文件或者资格预审文件的地点和时间;

(5)对招标文件或者资格预审文件收取的费用;

(6)对投标人的资质等级的要求。

2.资格审查

资格审查的根本目的是审查潜在投标人或投标人是否具有承担招标项目的能力,以保证投标人中标后,能切实履行合同义务,完成招标项目。资格审查的种类有资格预审和资格后审两种。

(1)资格预审。资格预审的目的是在投标前对潜在投标人进行的资格审查,是在招标阶段对申请投标人的第一次筛选,公开招标时设置资格预审程序,一是保证参与投标的法人或组织在资质和能力等方面能够满足完成招标工作的要求;二是通过评审优选综合实力较强的一批申请投标人,再请他们参加投标竞争,以减小评标的工作量。

采取资格预审的,招标人可以发布资格预审公告,招标人应在资格预审文件中载明资格预审的条件、标准和方法。

经资格预审后,招标人应当向资格预审合格的投标申请人发出资格预审合格通知书,告知获取招标文件的时间、地点和方法,并同时向资格预审不合格的投标申请人告知资格预审结果。资格预审不合格的潜在投标人不得参加投标。

在资格预审合格的投标申请人过多时,可以由招标人从中选择不少于7家资格预审合格的投标申请人。

➤**知识链接**:投标申请人资格预审合格通知书格式

致:＿＿＿＿＿＿＿＿＿＿＿公司:

根据资格预审文件规定的资格预审办法,经审查,确认你单位资格预审申请符合＿＿＿＿＿(招标工程项目名称)资格预审要求,现通知你方作为资格预审合格的投标人就上述工程施工进行密封投标,并将其他有关事宜告知如下:

1.请于收到此通知书后＿＿＿＿＿日内以书面方式答复,确定是否参加此次投标。

2.持此通知书于＿年＿月＿日至＿年＿月＿日,每天上午＿时＿分至＿时＿分,下午＿时＿分至＿时＿分(公休日、节假日除外)＿＿＿＿＿＿＿(地址和单位名称)领取招标文件,招标文件工本费用为人民币＿＿＿＿＿＿(元),无论是否中标,该费用不予退还。另需交纳图纸押金人民币＿＿＿＿＿＿元,投标人退回图纸时,该押金将同时退还给投标人(不计利息),(如投标人在投标后五个日历天不退回图纸,图纸押金不再退还。)

招 标 人：_____（公章）

办公地址：_____

联 系 人：_____ 联系电话：_____

传 真：_____ 邮政编码：_____

招标代理：_____（公章）

办公地址：_____

联 系 人：_____ 联系电话：_____

传 真：_____ 邮政编码：_____

（2）资格后审。是在开标后对投标人进行的资格审查。进行资格预审的，一般不再进行资格后审，但招标文件另有规定的除外。资格后审适用于那些工期紧迫，工程较为简单的建设项目，审查内容与资格预审基本相同。

采取资格后审的，招标人应在资格后审文件中载明资格预审的条件、标准和方法。经资格后审不合格的投标人的投标应作废标处理。

（3）资格审查的主要内容。《工程建设项目施工招标投标办法》第 20 条规定，资格审查主要审查潜在投标人或投标人是否符合下列条件：

①具有独立订立合同的权利；

②具有履行合同的能力，包括专业、技术资格和能力，资金、设备和其他物质设施状况，管理能力，经验、信誉和相应的从业人员；

③没有处于被责令停业，投标资格被取消，财产被接管、冻结，破产状态；

④在最近三年内没有骗取中标和严重违约及重大工程质量问题；

⑤法律、行政法规规定的其他资格条件。

对于大型复杂项目，尤其是需要有专门技术、设备或经验的投标人才能完成时，则应设置更加严格的条件。如针对工程所需的特别措施或工艺专长，专业工程施工经历和资质及安全文明施工要求等内容。但标准应适当，否则过高会使合格投标人过少影响竞争，过低会使不具备能力的投标人获得合同而导致不能按预期目标完成建设项目。

3.编制、发售招标文件和编制标底

（1）招标文件的编制。招标文件是招标人根据招标项目特点和需要表明招标项目情况、技术要求、招标程序和规则、投标要求、评标办法以及拟签订合同的书面文书。在具体实践中，工程建设项目的种类和招投标活动实施的阶段不同，招标文件的内容也不同。《工程建设项目施工招标投标办法》第 24 条规定，招标人根据施工招标项目的特点和需要编制招标文件。招标文件一般包括下列内容：

①投标邀请书；

②投标人须知；

③合同主要条款；

④投标文件格式；

⑤采用工程量清单招标的，应当提供工程量清单；

⑥技术条款；

⑦设计图纸；

⑧评标标准和方法；

⑨投标辅助材料。

具体详见本单元"二、建设工程施工招标文件的编制"。

(2)招标文件的发售与确认。招标人将向通过资格预审后合格的投标人发售招标文件。投标人在收到招标文件后应认真核对，核对无误后应以书面形式予以确认。招标文件一般按照套数发售。向投标人供应招标文件套数的多少可以根据招标项目的复杂程度等来确定，一般都是一个投标人一套。对于大型或者结构复杂的建设工程，招标文件篇幅较大，招标人根据文件的不同性质，可分为若干卷次。招标文件的价格一般等于编制、印刷这些招标文件的成本，招标活动中的其他费用(如发布招标公告)不能打入该成本。投标人应当负担自己投标的所有费用，购买招标文件及其他有关文件的费用不论中标与否都不予退还。

(3)招标文件的澄清和修改。《招标投标法》第 23 条规定：招标人对已发出的招标文件进行必要的澄清或者修改的，应当在招标文件要求提交投标文件截止时间至少十五日前，以书面形式通知所有招标文件收受人。该澄清或者修改的内容为招标文件的组成部分。如果澄清和修改发出的时间距投标截止时间不足 15 日，相应延长投标截止时间。投标人收到澄清或者修改内容后，应在投标人须知前附表规定的时间内以书面形式通知招标人，确认已收到该澄清或者修改。

(4)编制标底。编制标底不是强制性的，招标人可以不设标底，进行无标底招标。标底通常是评标的一个关键指标。投标人的投标报价能否接近标底，是该投标人能否中标的重要条件。标底由招标人自行编制或委托中介机构编制，一个工程只能编制一个标底。设有标底的，招标人须对标底保密。

(5)投标有效期。招标文件应确定一个适当的投标有效期

投标有效期，是招标文件规定的投标文件有效期，从提交投标文件截止日起计算。在投标有效期内，招标人要完成评标、定标和与中标人签订合同等工作。从法律意义上来说，在投标有效期内，投标人的投标文件对投标人具有法律约束力，投标人在投标有效期内补充、修改、撤回投标文件，招标人有权没收其投标保证金并要求其赔偿损失。

在原投标有效期结束前，有特殊情况的，招标人可以书面形式要求所有投标人要延长投标有效期。投标人同意延长的，投标保证金相应延长，拒绝延长的，其投标失效，但投标人有权收回投标保证金，因延长投标有效期造成投标人损失的，招标人应当给予补偿，但因不可抗力需要延长的除外。

4.踏勘现场

招标人在投标须知前附表规定的时间组织投标人自费进行现场考察。其目的是：一方面让投标人了解工程项目现场情况以及周围环境条件，以便于编制投标书；另一方面也是要求投标人通过自己的实地考察确定投标的原则和策略，避免合同履行过程中投标人以不了解现场情况为由推卸应承担的合同责任。

招标人应向投标人介绍有关现场的下列情况：

(1)施工现场是否达到招标文件规定的条件；

(2)施工现场的地理位置和地形、地貌及管线设置情况；

(3)施工现场的水文、地质、土质、地下水位等情况；

(4)施工现场的气候条件,如气温、湿度、风力、年降雨雪量等;

(5)施工现场的环境,如交通、供水、污水排放、生活用电、通信等;

(6)工程在施工现场中的位置;

(7)可提供的施工临时用地、临时设施等。

5. 投标预备会

投标预备会(也称答疑会、标前会议),是指招标人为澄清或解答招标文件或现场踏勘中的问题,同时借此对图纸进行交底和解释,并以会议纪要形式同时将解答内容送达所有获得招标文件的投标人,以便投标人更好地编制投标文件而组织召开的会议。投标预备会一般安排在招标文件发出后的7~28日内举行。会议由招标人主持。参加会议的人员包括招标人、投标人、代理人、招标文件编制单位的人员、招标投标管理机构的人员等。

投标预备会内容一般包括两个方面:一是介绍招标文件和现场情况,对招标文件进行交底和解释;二是解答投标人以书面或口头形式对招标文件和在现场踏勘中所提出的各种问题或疑问。

招标人对任何一位投标人所提问题的回答,必须发送给每一位投标人,保证招标的公开和公平,但不必说明问题的来源。回答函件作为招标文件的组成部分,如果书面解答的问题与招标文件中的规定不一致,以函件的解答为准。

特别提示:

《工程建设项目施工招标投标办法》第33条规定,对于潜在投标人在阅读招标文件和现场踏勘中提出的疑问,招标人可以书面形式或召开投标预备会的方式解答,但需同时将解答以书面方式通知所有购买招标文件的潜在投标人。该解答的内容为招标文件的组成部分。

6. 接收投标文件

(1)确定投标人编制投标文件所需要的合理时间。《招标投标法》第24条规定:"招标人应当确定投标人编制投标文件所需要的合理时间;但是,依法必须进行招标的项目,自招标文件开始发出之日起至投标人提交投标文件截止之日止,最短不得少于二十日"。

➤**应用案例**

2006年6月8日,招标人发出招标文件。招标文件中规定了提交投标文件的截止日期为2006年6月25日。某投标人认为这个时间的规定违反了《招标投标法》,因为《招标投标法》第24条规定:"招标人应当确定投标人编制投标文件所需要的合理时间;但是,依法必须进行招标的项目,自招标文件开始发出之日起至投标提交投标文件截止之日止,最短不得少于二十日。"你怎么认为?

分析:是否违法应根据具体项目来确定。

若是必须招标的项目,要满足自招标文件开始发出之日起至投标提交投标文件截止之日止,最短不得少于二十日。若不是必须招标的项目,就不受"最短不得少于二十日"的限制,而仅满足"招标人应当确定投标人编制投标文件所需要的合理时间"就可以了。

所以,如果这个案例中的项目不属于必须招标的项目,招标人的行为就不违法。相反,就是违法。

(2)接收标书,签收投标文件。《招标投标法》第28条规定:投标人应当在招标文件要求提交投标文件的截止时间前,将投标文件送达投标地点。在招标文件要求提交投标文件的截止后送达的投标文件,招标人应当拒收。

《招标投标法》第24条规定,招标人收到投标文件后,应当签收保存,不得开启。投标人少于三个的,招标人应当依照本法重新招标。《工程建设项目施工招标投标办法》规定,重新招标后投标人仍少于三个的,属于必须审批的工程建设项目,报经原审批部门批准后可以不再进行招标;其他工程建设项目,招标人可自行决定不再进行招标。

(五)工程项目招标决标成交阶段的主要工作

从开标日到签订合同这一期间称为决标成交阶段,是对各投标书进行评审比较,最终确定中标人的过程。

1. 开标

(1)开标的含义。开标是招标人按照招标公告或者投标邀请书规定的时间、地点,当众开启所有投标人的投标文件,宣读投标人名称、投标价格和投标文件的其他主要内容的过程。

(2)开标时间、地点。《招标投标法》第34条规定,"开标应当在招标文件确定的提交投标文件截止时间的同一时间公开进行;开标地点应当为招标文件中预先确定的地点。"按照我国目前各地的实践,招标文件中预先确定的开标地点,一般为建设工程交易中心。

(3)开标的主持人和参加人。开标由招标人主持,委托招标时,开标也可以由招标代理人主持,邀请所有投标人参加,此外可邀请有关单位的代表参加,如建设行政主管部门及其工程招标投标监督管理机构依法实施监督的工作人员、公证机关的代表等。

开标人员由主持人、开标人、唱标人、记录人和监标人组成,该组成人员对开标负责。

(4)开标的程序。

①宣布开标纪律;

②公布在投标截止时间前递交投标文件的投标人名称、并点名确认投标人是否派人到场;

③宣布开标人、唱标人、记录人、监标人等有关人员姓名;

④按规定检查投标文件的密封情况。可由投标人或其推选的代表检验投标文件的密封情况;

⑤宣布投标文件开标顺序;

⑥设有标底的,公布标底;

⑦按照宣布的开标顺序当众开标,公布投标人名称、标段名称、投标保证金的递交情况、投标报价、质量目标、工期及其他内容。所有在投标函中提出的附加条件、补充声明、优惠条件、替代方案等均应宣读。并记录在案。招标人在招标文件要求提交投标文件的截止时间前收到的所有投标文件,开标时都应当众予以拆封、宣读;

⑧投标人代表、招标人代表、监标人、记录人等有关人员在开标记录上签字确认。开标结束。

(5)开标记录。开标过程应当记录,并存档备查。在宣读投标人名称、投标价格和投标文件的其他主要内容时,招标主持人对公开开标所读的每一项,按照开标的时间的先后顺序进行记录。开标机构应当事先准备好开标记录的登记表册,开标填写后作为正式记录,保存于开标机构。见表2-2。

_____(项目名称)　　　　　　_____标段施工开标记录表

开标时间:___年___月___日___时___分

序号	投标人	密封情况	投标保证金	投标报价(元)	质量目标	工期	备注	签名
1								
2								
3								
4								
……								
招标人编制的标底								

招标人代表:_____　　记录人:_____　　监标人:_____

_____年___月___日

(6)开标时,投标文件无效的几种情形。根据《房屋建筑和市政基础设施工程施工招标投标管理办法》第35条的规定,在开标时,投标文件出现下列情形之一的,应当作为无效投标文件,不得进入评标:

①投标文件未按照招标文件的要求予以密封的;

②投标文件中的投标函未加盖投标人的企业及企业法定代表人印章的,或者企业法定代表人委托代理人没有合法、有效的委托书(原件)及委托代理人印章的;

③投标文件的关键内容字迹模糊、无法辨认的;

④投标人未按照招标文件的要求提供投标保函或者投标保证金的;

⑤组成联合体投标的,投标文件未附联合体各方共同投标协议的。

2.评标

评标是对各投标书优劣的比较,以便最终确定中标人。《招标投标法》第37条第1款规定,评标由招标人依法组建的评标委员会负责。

1)评标委员会的组成

(1)评标委员会由招标人依法组建,负责评标活动,向招标人推荐中标候选人或者根据招标人的授权直接确定中标人。

(2)评标委员会成员名单一般应于开标前确定。评标委员会成员名单在中标结果确定前应当保密。

(3)评标委员会由招标人或其委托的招标代理机构熟悉相关业务的代表,以及有关技术、经济等方面的专家组成,成员人数为五人以上单数,其中技术、经济等方面的专家不得少于成员总数的三分之二。

(4)评标委员会专家应当从事相关领域工作满8年并具有高级职称或具有同等专业水平,由招标人从国务院有关部门或省、自治区、直辖市人民政府有关部门提供的专家名册或招标代理机构的专家库内的相关专业的专家名单中确定;一般招标项目可以采取随机抽取方式,特殊招标项目可以由招标人直接确定。

(5)评标委员会设负责人的,评标委员会负责人由评标委员会成员推举产生或者由招标人确定。评标委员会负责人与评标委员会的其他成员有同等的表决权。

2)不得担任评标委员会成员的情形

(1)投标人或者投标人主要负责人的近亲属;

(2)项目主管部门或者行政监督部门的人员;

(3)与投标人有经济利益关系,可能影响对投标公正评审的;

(4)曾因在招标、评标以及其他与招标投标有关活动中从事违法行为而受过行政处罚或刑事处罚的。

3)评标委员会的义务

(1)评标委员会成员应当客观、公正地履行职责,遵守职业道德,对所提出的评审意见承担个人责任。

(2)评标委员会成员不得与任何投标人或者与招标结果有利害关系的人进行私下接触,不得收受投标人、中介人、其他利害关系人的财物或者其他好处。

(3)评标委员会成员和与评标活动有关的工作人员不得透露对投标文件的评审和比较、中标候选人的推荐情况以及与评标有关的其他情况。

4)建设工程施工评标步骤

施工招标的评标和定标依据招标工程的规模、技术复杂程度来决定评标的办法与时间。小型工程由于承包工作内容较为简单,合同金额不大,可以采用即开、即评、即定的方式,由评标委员会及时确定中标人。国内大型工程项目的评审因评审内容复杂、涉及面宽,通常分成初步评审和详细评审两个阶段进行。

(1)初步评审。初步评审也称对投标书的响应性审查,此阶段不是比较各投标书的优劣,而是以投标须知为依据,检查各投标书是否为响应性投标,确定投标书的有效性。初步评审从投标书中筛选符合要求的合格投标书,剔除所有无效投标和严重违法的投标书,以减少详细评审的工作量,保证评审工作的顺利进行。

初步评审主要包括以下内容:

①符合性评审。审查内容如下:

a.投标人的资格。核对是否为通过资格预审的投标人;或对未进行资格预审提交的资格材料进行审查,该项工作内容和步骤与资格预审大致相同。

b.投标文件的有效性。主要是指投标保证的有效性,即投标保证的格式、内容、金额、有效期,开具单位是否符合招标文件要求。

c.投标文件的完整性。投标文件是否提交了招标文件规定应提交的全部文件,有无遗漏。

d.与招标文件的一致性。即投标文件是否实质响应招标文件的要求,具体是指与招标文件的所有条款、条件和规定相符,对招标文件的任何条款、数据或说明是否有任何修改、保留和附加条件。

特别提示:

通常符合性评审是初步评审第一步,如果投标文件实质上不响应招标文件的要求,招标单位将予以拒绝,并不允许投标单位通过修正或撤销其不符合要求的差异或保留,使之成为具有响应性投标。

②技术性评审。投标文件的技术性评审包括施工方案、工程进度与技术措施、质量管理体系与措施、安全保证措施、环境保护管理体系与措施、资源(劳务、材料、机械设备)、技术负责人

等方面是否与国家相应规定及招标项目符合。

③商务性评审。投标文件的商务性评审主要是指投标报价的审核，审查全部报价数据计算的准确性。如投标书中存在计算或统计的错误，由评标委员会予以修正后请投标人签字确认。修正后的投标报价对投标人起约束作用。如投标人拒绝确认，则按投标人违约对待，没收其投标保证金。

④对招标文件响应的偏差。投标文件对招标文件实质性要求和条件响应的偏差分为重大偏差和细微偏差。所有存在重大偏差的投标文件都属于在初评阶段应淘汰的投标书。下列情况属于重大偏差：

a. 没有按照招标文件要求提供投标担保或者所提供的投标担保有瑕疵；

b. 投标文件没有投标人授权代表签字并加盖公章；

c. 投标文件载明的招标项目完成期限超过招标文件规定的期限；

d. 明显不符合技术规格、技术标准的要求；

e. 投标文件载明的货物包装方式、检验标准和方法等不符合招标文件的要求；

f. 投标文件附有招标人不能接受的条件；

g. 不符合招标文件中规定的其他实质性要求。

投标文件有上述情形之一的，为未能对招标文件作出实质响应，并按规定作废标处理。

细微偏差是指投标文件在实质上响应招标文件的要求，但在个别地方存在漏项或提供了不完整的技术信息和数据等情况，并且补上这些遗漏或者不完整不会对其他投标人造成不公平的结果。细微偏差不影响投标文件的有效性。评标委员会应当书面要求存在细微偏差的投标人在评标结束前予以补正。拒不补正的，在详细评审时可以对细微偏差作不利于该投标人的量化，量化标准应在招标文件中规定。

⑤投标文件作废标处理的其他情况。投标文件有下列情形之一的，由评标委员会初审后按废标处理：

a. 无单位盖章并无法定代表人或法定代表人授权的代理人签字或盖章的；

b. 未按规定的格式填写，内容不全或关键字迹模糊、无法辨认的；

c. 投标人递交两份或多份内容不同的投标文件，或在一份投标文件中对同一招标项目报有两个或多个报价，且未声明哪一个有效，按招标文件规定提交备选投标方案的除外；

d. 投标人名称或组织结构与资格预审时不一致的；

e. 未按招标文件要求提交投标保证金的；

f. 联合体投标未附联合体各方共同投标协议的。

(2)详细评审。详细评审指在初步评审的基础上，对经初步评审合格的投标文件，按照招标文件确定的评标标准和方法，对其技术部分（技术标）和商务部分（经济标）进一步审查，评定其合理性，以及合同授予该投标人在履行过程中可能带来的风险。在此基础上再由评标委员会对各投标书分项进行量化比较，从而评定出优劣次序。

详细评审方法有经评审的最低投标价法及综合评估法。

①经评审的最低投标价法。经评审的最低投标价法是指对符合招标文件规定的技术标准，满足招标文件实质性要求的投标，根据招标文件规定的量化因素及量化标准进行价格折算，按照经评审的投标价由低到高的顺序推荐中标候选人，或根据招标人授权直接确定中标

人,但投标报价低于其成本的除外。经评审的投标价相等时,投标报价低的优先;投标报价也相等的,由招标人自行确定。一般适用于具有通用技术、性能标准或者招标人对其技术、性能没有特殊要求的招标项目。

> **特别提示:**
>
> 评标委员会发现投标人的报价明显低于其他投标报价,或者在设有标底时明显低于标底,使其投标报价可能低于其成本的,应当要求该投标人作出书面说明并提供相应的证明材料。投标人不能合理说明或者不能提供相应证明材料的,由评标委员会认定该投标人以低于成本报价竞标,其投标作废标处理。

▶应用案例

有段公路投资 1 200 万元,经咨询公司测算的标底为 1 200 万元,工期 300 天,每天工期损益价为 2.5 万元,A、B、C 三家企业的工期和报价以及经评标委员会评审后的报价见表 2-3。

工 期 和 报 价 表 表 2-3

企业名称	报价(万元)	工期(天)	工期损益价格(万元)	经评审综合价(万元)
A	1 000	260	650	1 650
B	1100	200	500	1 600
C	800	310	775	1 575

综合考虑报价和工期因素后,以经评审的综合价作为选定中标候选人的依据,因此,最后选定 B 企业为中标候选人。

评审的综合价格是符合招标实质性条件的全部费用,报价不是定标的唯一依据。上述 3 家工期中 C 企业报价最低,但工期已经超过了标底的工期,因此不予考虑。A 企业报价虽比 B 企业低,但综合考虑工期的损益价后,B 公司较 A 公司的价格低,最后选定 B 企业为中标候选人。

本案例说明,工程报价最低并不是工程评审综合价格最低。在评审时要将所有实质性要求,如工期、质量等因素综合考虑到评审价格中。如工期提前可能为投资者节约各种利息,项目及时投入使用后及早回收建设资金,创造经济效益。又如可能因为工程质量不合格、合格而未达到优良,将给业主带来销售困难、因工程质量问题给投资者带来不良社会影响等问题。因此,招标人要合理确定利用最低评审价格法的具体操作步骤和价格因素,这样才可能使评标更加合理、科学。

②综合评估法。综合评估法,是对价格、施工组织设计(或施工方案)、项目经理的资历和业绩、质量、工期、信誉和业绩等各方面因素进行综合评价,从而确定中标人的评标定标方法。其适用性最为广泛。

综合评估法通常采用定量评估法。定量综合评估法又称打分法、百分制计分评估法(百分法)。通常的做法是,事先在招标文件或评标定标办法中对评标的内容进行分类,形成若干评价因素,并确定各项评价因素在百分之内所占的比例和评分标准,开标后由评标组织中的每位成员按照评分规则,采用无记名方式打分,最后统计投标人的得分,依得分由高到低的顺序推荐中标候选人。

定量综合评估法的主要特点是要量化各评审因素。对各评审因素的量化是一个比较复杂的问题,各地的做法不尽相同。从理论上讲,评标因素指标的设置和评分标准分值的分配,应充分体现企业的整体素质和综合实力,准确反映公开、公平、公正的竞标法则,使质量好、信誉高、价格合理、技术强、方案优的企业能中标。

定量综合评估法详见"二建设工程施工招标文件的编制"的相关内容。

5)对投标文件的澄清

为了有助于对投标文件的审查、评价和比较,评标委员会可以书面方式要求投标人对投标文件中含义不明确、对同类问题表述不一致或者有明显文字和计算错误的内容作必要的澄清、说明或补正。对于大型复杂工程项目评标委员会可以分别召集投标人对某些内容进行澄清或说明。在澄清会上对投标人进行质询,先以口头形式询问并解答,随后在规定的时间内投标人以书面形式予以确认作出正式答复。但澄清或说明的问题不允许更改投标价格或投标书的实质内容。

特别提示:

投标文件中的大写金额和小写金额不一致的,以大写金额为准;总价金额与单价金额不一致的,以单价金额为准,但单价金额小数点有明显错误的除外;对不同文字文本投标文件的解释发生异议的,以中文文本为准。

6)有效投标不足的法律后果

因有效投标人不足 3 个使得投标明显缺乏竞争的,评标委员会可以否决全部投标。投标人少于 3 个或者所有投标被否决的,招标人应当依法重新招标。

7)评标报告和中标候选人

(1)评标报告。评标委员会完成评标后,应当向招标人提出书面评标报告,并抄送有关行政监督部门。

评标报告由评标委员会全体成员签字。对评标结论持有异议的评标委员会成员可以书面方式阐述其不同意见和理由。评标委员会成员拒绝在评标报告上签字且不陈述其不同意见和理由的,视为同意评标结论。评标委员会应当对此作出书面说明并记录在案。

(2)中标候选人。评标委员会推荐的中标候选人应当限定在 1~3 人,并标明排列顺序。在确定中标人之前,招标人不得与投标人就投标价格、投标方案等实质性内容进行谈判。中标人的投标应当符合下列条件之一:

①能够最大限度满足招标文件中规定的各项综合评价标准;

②能够满足招标文件的实质性要求,并且经评审的投标价格最低,但是投标价格低于成本的除外。

3.定标

(1)确定中标人

①评标委员会提出书面评标报告后,招标人一般应在 15 日内确定中标人,最迟应在投标有效期结束日 30 个工作日前确定。

②招标人应当接受评标委员会推荐的中标候选人,不得在评标委员会推荐的中标候选人之外确定中标人。

③根据《工程建设项目施工招标投标办法》第 58 条:依法必须进行招标的项目,招标人应

当确定排名第一的中标候选人为中标人。排名第一的中标候选人放弃中标，或者因不可抗力提出不能履行合同，或者招标文件规定应当提交履约保证金而在规定的期限内未能提交的，招标人可以确定排名第二的中标候选人为中标人，依次类推。

④招标人可以授权评标委员会直接确定中标人。国务院对中标人的确定另有规定的，从其规定。

（2）中标通知书

①中标人确定后，招标人应当向中标人发出中标通知书，并同时将中标结果通知所有未中标的投标人。

②招标人不得向中标人提出压低报价、增加工作量、缩短工期或其他违背中标人意愿的要求，以此作为发出中标通知书和签订合同的条件。

③中标通知书对招标人和中标人具有法律效力。中标通知书发出后，招标人改变中标结果的，或者中标人放弃中标项目的，应当依法承担法律责任。

（3）签订合同

①时间：招标人和中标人应当自中标通知书发出之日起 30 日内，按照招标文件和中标人的投标文件订立书面合同。

②要求及注意事项：

a. 招标人和中标人不得再行订立背离合同实质性内容的其他协议；

b. 招标文件要求中标人提交履约保证金的，中标人应当提交。拒绝提交的，视为放弃中标项目。招标人要求中标人提供履约保证金或其他形式履约担保的，招标人应同时向中标人提供工程款支付担保；

c. 招标人不得擅自提高履约保证金，不得强制要求中标人垫付中标项目建设资金；

d. 招标人与中标人签订合同后 5 个工作日内，应向未中标的投标人退还投标保证金。

（4）提交招标投标情况书面报告

依法必须进行招标的项目，招标人应当自确定中标人之日起 15 日内，向有关行政监督部门提交招标投标情况的书面报告。

二 建设工程施工招标文件的编制

为了规范招标文件编制活动，招标文件编制质量，促进招标投标活动的公开、公平和公正，由国家发展和改革委员会等九部委在原 2002 年版招标文件范本基础上，联合编制了《标准施工招标文件（2007 年版）》，并于 2008 年 5 月 1 日试行。其内容包括四卷八章，即：

第一卷　第一章　招标公告（投标邀请书）；

　　　　第二章　投标人须知；

　　　　第三章　评标办法；

　　　　第四章　合同条款及格式；

　　　　第五章　工程量清单

第二卷　第六章　图纸

第三卷　第七章　技术标准和要求

第四卷　第八章　投标文件格式

现以《标准施工招标文件(2007 年版)》为范本,根据下列给定工程的条件,略去工程量清单及图纸、技术标准和要求,编写施工招标文件的招标公告、投标人须知前附表及投标人须知、评标办法、合同条款及投标文件格式等部分章节,供学习和编写招标文件时参考,也作为本课程综合实训"工程招投标实务"的招标文件,供学生综合实训时采用。

工程概况:工程为×××市宏祥手套厂 2♯厂房工程,招标单位为该市宏祥手套厂,招标代理单位为浙江合众工程咨询有限公司,备案单位为该市公共资源交易管理委员会办公室,招标项目编号为"东招施工(2010)001 号",工程地点在该市江北工业园区,质量要求为合格,工期要求为 180 日历天,计划开工日期 2011 年 1 月 10 日,框架结构,地上五层,建筑面积 1788.32 平方米,总投资 2682480 元,资金来源为自筹,招标方式:公开招标,无标底招标。采用建筑施工总承包,建筑工程标段。具体招标文件如下:

×××市宏祥手套厂2号厂房工程建筑工程标段施工招标

招 标 文 件

招 标 人： ×××市宏祥手套厂（盖单位章）

日　　期： 2010年10月27日

目　录

第一章　招标公告

×××市宏祥手套厂2号厂房工程

施工招标公告

招标编号：东招施工〔2010〕003—456号

1. 招标条件

本招标项目×××市宏祥手套厂2号厂房工程已由该市发展和改革局以<u>东发改审批〔2010〕358号</u>批准建设，项目业主为该市宏祥手套厂，建设资金自筹，项目出资比例为100％，招标人为该市宏祥手套厂。项目已具备招标条件，现对该项目的施工进行公开招标。

2. 项目概况与招标范围

本招标项目的建设地点为：该市江北工业园区；工程规模：总建筑面积约1788.32平方米，框架结构。总投资2682480元。

计划工期：180日历天，计划开工日期为2011年1月10日；质量要求：合格。

招标范围：建筑总承包，具体以工程量清单为准。标段划分为一个标段。

3. 投标人资格要求

3.1　本次招标要求投标人须具备房屋建筑工程施工总承包三级（含）以上资质，并在人员、设备、资金等方面具有相应的施工能力。

3.2　对拟派项目班子的要求：①项目经理具有建筑专业注册建造师资格且持有安全生产任职资格B类证，未担任本公司的法定代表人（或总经理）或企业技术负责人职务；②施工员、质检员、安全员等须持有土建专业的上岗证书；安全员还须持有安全生产任职资格C类证；技术负责人须具有建筑专业工程师及以上职称；③项目班子成员目前在其他工程项目（含预中标工程）中无任职；④项目班子成员相关资料已列入该市公共资源交易平台网络数据库。

3.3　本次招标不接受联合体投标。

4. 招标文件的获取

4.1　请于2010年10月28日起，从×××市公共资源交易网网站上下载招标文件电子版，网址：http://www.dyztb.com/。（请点击本公告后的"招标文件"、"工程量清单"、"电子施工图"、"电子辅助评标压缩包"等字样链接下载）。

4.2　需要纸质招标文件或图纸的，请2010年11月10日前与×××市公共资源交易中心联系，联系人：徐琴，联系电话86691218。（注：纸质招标文件与电子版招标文件不一致时，以电子版招标文件为准。）

4.3　招标文件（含电子施工图、工程量清单及电子辅助评标压缩包）每套售价<u>300</u>元（在投标确认时由招标人或招标代理机构到市公共资源交易中心向投标人收取），售后不退。如需纸质图纸，每份另收取成本费<u>500</u>元。

5. 网上报名与投标确认

5.1　由投标人交易员通过×××市公共资源交易网上的报名系统进行报名（报名成功后，应打印网上报名系统自动生成的投标报名确认书）。

5.2　网上报名截止时间：2010年12月2日8时30分。

5.3　投标确认：投标人应在投标标书递交截止时间前60分钟内，携带网上投标报名确认书和投标保证金交纳凭证复印件到×××市公共资源交易中心进行投标确认后方可参加投标。

6. 投标文件的递交

6.1　本工程的投标文件递交的截止时间（投标截止时间）：2010年12月2日9时30分，地点：该市人民路222号，该市公共资源交易中心开标室。（具体地点在投标确认时由该市公共资源交易中心通知）。

7. 其他

7.1 本工程评标采用电子评标辅助系统(具体见招标文件),投标人须下载由招标人提供招标人提供的"电子辅助评标压缩包"(内含工程量清单及商务标报价格式表格、投标电子光盘制作操作流程)。并认真详读"商务标电子标书制作投标人必读"。

7.2 资格审查:本工程采用资格后审的方式确定合格投标人。

7.3 本次招标将请市公证处参与公证,公证费用由招标单位和中标单位各半承担。

7.4 中标单位应在收到中标通知书后一星期内将商务标电子光盘一份送交该市宏祥手套厂及市审计局直属审计中心。

招　标　人:×××市宏祥手套厂

联系人及电话:张明　13119939777

招标代理单位:浙江大众工程咨询有限公司

联系人及电话:蒋俊　0579-86699167

■ 点击下载招标文件等

招标单位主要负责人签字:

招标人:×××市宏祥手套厂

代理机构:浙江大众工程咨询有限公司

2010 年 10 月 28 日

抄送:市纪委(监察局)、市检察院、市发改局、市财政局、市审计局、市公共资源交管办、市公共资源交易中心、市公证处。

第二章　投标人须知

招标活动日程安排表

序　号	工作内容	时间安排	地　点
1	发布招标公告	2010 年 10 月 28 日起	×××日报、×××市公共资源交易网(http://www.dyztb.com/,下同)
2	发放招标文件	一般同发布招标公告时间	获取方式:①网络下载:×××市公共资源交易网;②书面索取:×××市公共资源交易中心
3	现场踏勘	自行前往	×××市江北工业园区 160 号
4	投标人质疑时间	投标截止时间 16 日前	×××市公共资源交易网
5	招标文件澄清或修改时间	投标截止时间 15 日前	获取方式:①网络下载:×××市公共资源交易网;②书面索取:×××市公共资源交易中心
6	招标人发布紧急公告时间和媒介	投标截止时间 3 日前	×××市公共资源交易网
7	交纳投标保证金	15 万元,从本投标人基本账户中汇出,并于投标截止时间前进入×××市公共资源交易中心账户内	具体事宜详见招标文件
8	报名确认	投标截止时间前 60 分钟内	×××市公共资源交易中心二楼窗口

序　号	工　作　内　容	时　间　安　排	地　　点
9	交易席位费和招标文件工本费	投标确认时交纳招标文件工本费,交易席位费按×××市公共资源交易中心规定交纳	交纳地址:×××市公共资源交易中心
10	投标文件递交截止时间、开标时间	2010年12月2日9时30分	×××市公共资源交易中心
11	评标结果公示	公示3个工作日	×××市公共资源交易网
12	发中标通知书	确定中标人后,中标单位按规定向市公共资源交易中心交纳服务费(中标价的0.3‰),招标人在15日内向中标单位发出中标通知	书面发送中标单位
13	工程量清单核对	投标截止之日起60天内向对方提出	地点:×××市宏祥手套厂
14	签订合同	中标通知书发出之日起30日内	地点:×××市宏祥手套厂
15	合同备案	合同签订后	市公共资源交管办、发改、财政、审计局
16	投标保证金的退还	退还途径:按招标文件规定及×××市公共资源交易中心有关规定执行(投标保证金不计息)	×××市公共资源交易中心二楼窗口

投标人须知前附表

条　款　号	条　款　名　称	编列内容
1.1.2	招标人	名称:×××市宏祥手套厂 地址:×××市江北工业园区160号 联系人及电话:张明 13119939777
1.1.3	招标代理机构	名称:浙江大众工程咨询有限公司 地址:×××市环城北路177号 联系人及电话:蒋俊 86699167
1.1.4	项目名称	×××市宏祥手套厂2号厂房工程
1.1.5	建设地点	×××市江北工业园区
1.2.1	资金来源	自筹
1.2.2	出资比例	100%
1.2.3	资金落实情况	已落实
1.3.1	招标范围	建筑总承包,以工程量清单为准
1.3.2	计划工期	计划工期:180日历天 计划开工日期:2011年1月10日 计划竣工日期:2011年7月8日

条款号	条款名称	编列内容
1.3.3	质量要求	合格
1.4.1	投标人资质条件、能力和信誉	资质条件:具备房屋建筑工程施工总承包三级(含)以上资质;注册资金与所投标段的规模相适应 项目班子要求:详见招标公告 业绩要求:详见招标公告 信誉要求:无投标人须知第 1.4.3 项的情形;三年来无行贿犯罪记录 其他要求:无
1.4.2	是否接受联合体投标	不接受
1.9.1	踏勘现场	招标人不组织踏勘现场,投标人自行前往工程所在地
1.10.1	投标预备会	招标人不组织召开投标预备会
1.11	分包	不允许
1.12	偏离	不允许有重大偏差
2.1	构成招标文件的其他材料	本项目采用电子辅助评标系统,招标人提供了"电子辅助评标压缩包"(内含工程量清单及商务标报价格式表格、投标电子光盘制作操作流程)作为招标文件一部分
2.2.1	投标人要求澄清招标文件的截止时间、地点	投标截止时间 16 日前,投标人在×××市公共资源交易网上答疑区以书面形式(不公开投标人身份)向招标人提交
2.2.2	投标截止时间	2010 年 12 月 2 日 9 时 30 分
2.2.4 2.3.1	招标文件澄清或修改时间、媒介	如有必要,在投标截止时间 15 日前,招标人在×××市公共资源交易网站上的"答疑、补充文件、限价公布"栏中以书面形式公布招标文件的澄清或修改,该澄清或修改作为招标文件的一部分 注:招标人或代理机构在×××市公共资源交易网"网上答疑"区以书面或其他方式自行澄清投标人所提疑问的只作参考,不作为招标文件的一部分
2.3.5	招标人发布紧急公告时间和媒介	如遇特殊紧急情况或不可抗拒的原因必须修改招标文件时,于投标截止时间至少 3 日前在×××市公共资源交易网站上的"答疑、补充文件、限价公布"栏中以书面形式发布紧急公告,并酌情延长递交投标文件的截止日期
3.1.2	构成投标文件的其他材料	开标会议确认身份证件:投标保证金缴纳凭证、项目经理资格(资质、注册)证书 资格后审材料原件:安全生产许可证副本、项目经理 B 类安全资格证、项目安全员 C 类安全资格证原件
3.2.1	投标报价方式	按招标人提供的工程量清单中列出的工程项目填报单价和合价,工程量清单以综合单价报价
3.3.4	经审定的工程预算价和暂列金	经审定的工程预算价,在投标截止时间 3 日前公布,工程预算编制依据详见投标人须知 3.3 条
3.3.5	最高限价	经审定的工程预算价下浮 $B\%$ 后的值作为最高限价,B 的取值范围为 9%~11%,在开标会议上当众随机抽取。
3.4.1	投标有效期	投标截止时间后 60 日历天

续上表

条 款 号	条 款 名 称	编 列 内 容
3.5.1	投标保证金	人民币15万整，须从本投标人基本账户中汇出，并于投标截止时间前进入下列账户内： 收款单位名称：×××市公共资源交易中心(保证金专户) 开户行：中国工商银行×××支行 银行账号：1208040029049203887
3.6.2	近年财务状况的年份要求	＿三＿年(2007年—2009年)
3.6.3	近年完成的类似项目的年份要求	＿三＿年(2007年—2009年)
3.6.5	近年发生的诉讼及仲裁情况的年份要求	＿三＿年(2007年—2009年)
3.7.3	签字、盖章要求	①投标文件的投标函部分每页上须加盖上投标人印章，其封面、投标函、投标函附录及投标承诺书应有企业法定代表人或委托代理人的签字和盖章； ②投标文件的商务标封面和投标报价书应加盖投标人公章，并有法定代表人或其委托代理人的签字和盖章； ③投标报价书还应有造价人员的签字和资格专用章
3.7.4	投标文件商务标制作要求	投标人提供的商务标纸质投标文件(封面与报价书除外)上的水印码必须和商务标电子投标文件(电子光盘)中的电子数据水印码一致(详情见"商务标电子标书制作投标人必读")，否则作废标处理
3.7.6	投标文件份数	投标函部分正本一份、副本四份；商务标部分一式一份(中标单位应提供一式五份)，商务标电子投标光盘、U盘各一份；技术标部分一份
3.7.7	投标文件装订要求	投标文件的投标函部分、商务标部分、技术标部分应分别装订
4.1.2	投标文件的密封袋上写明	招标人的地址：×××市江北工业园区 招标人名称：×××市宏祥手套厂　×××市宏祥手套厂2号厂房 投标文件在2010年12月2日9时30分前不得开启
4.2.1	投标确认	投标人应在投标标书递交截止时间前60分钟内，携带网上投标报名确认书和投标保证金交纳凭证复印件到×××市公共资源交易中心进行投标报名确认后方可参加投标
4.2.3	递交投标文件地点	×××市人民路222号×××市公共资源交易中心开标会议室(具体地点在投标确认时由该市公共资源交易中心通知)
4.2.4	是否退还投标文件	否(注：进入评标室的投标文件不退回及U盘不退回)
4.2.6	招标人不受理投标文件的情形	①未按投标人须知第4.2.1条进行投标确认的； ②逾期送达或未送达到投标人须知第4.2.3条指定的地点； ③未按投标人须知第4.1条进行密封和标记的； ④非本标段的投标文件
5.1.1	开标时间、地点和参加开标会议人员	时间：同投标截止时间 地点：×××市公共资源交易中心开标室(具体地点在投标确认时由该市公共资源交易中心通知) 投标单位参加会议人员：法定代表人(或其委托代理人)、交易员和拟派本工程的项目经理 注：本工程参加开标会议的委托代理人为交易员
5.1.2	投标人相关人员开标时迟到或缺席或未带相关证件时的处理	①按该投标人自动放弃投标处理； ②其已递交的投标文件仍进入正常的开标程序，但不列入投标人的初步排名序列，其投标文件不进入后续评审

条　款　号	条　款　名　称	编　列　内　容
5.2	开标程序	①密封情况检查:由投标人代表或公证处人员检查投标文件的密封情况; ②开标顺序:按各投标人送达投标文件时间先后的逆顺序进行
5.2	开标会议上审查投标文件的内容 (详见第三章第2.1条1～9款)	①提交的投标文件份数是否符合投标人须知第3.7.6条; ②投标人要求提交投标保证金或投标保证金提交的方式、额度、交纳时间及内容是否符合投标人须知3.5.1条要求; ③投标人的投标报价是否符合本招标文件第三章第2.1条(3)、(4)款所述的规定; ④投标人是否提供电子投标光盘和U盘,是否符合投标人须知第3.7.6条规定的; ⑤是否存在因电子标书编制不规范或光盘(或U盘)损坏等原因导致投标文件内容无法导入计算机辅助评标系统的; ⑥商务标纸质投标文件(封面与投标报价书除外)与投标电子光盘(或U盘)中的水印码是否相符
6.1.1	评标委员会的组建	评标委员会构成:共7人,其中招标人代表2人,专家5人(工程技术和经济预算专家至少各1人) 评标专家确定方式:从设立在×××市公共资源交易中心的专家库中随机抽取
6.3	评标办法	采用综合评估法,详见本招标文件第三章"评标办法、标准、程序"
6.4.1	中标候选人履约能力审查的内容	①中标候选人及其拟派项目经理近三年来行贿犯罪行为情况; ②中标候选人或拟派项目经理不良行为记录情况; ③项目班子主要组成人员(项目经理、技术负责人、施工员、质检员、安全员)的在建工程情况
6.4.2	评标结果公示	评标和中标候选人履约能力审查结果报×××市公共资源交易管理委员会办公室备案后,评标结果送该市公共资源交易中心在网上公示,公示时间为三个工作日
7.2.1	中标通知	确定中标人之日起十五日内,经市公共资源交管办备案核准,招标人以书面形式向中标人发出中标通知书,同时将以网上发布中标结果的形式通知未中标的投标人
7.2.4	中标人补交商务标	中标人在评标结果公示结束后5个工作日内向市公共资源交易中心补交商务标4份[须与已提供的投标电子盘(U盘或光盘)的水印码应一致]
7.4.3	中标人履约担保金额	合同总价的10%。其中: ①质量承诺达到一次性验收合格的为合同总价的5%; ②项目经理及主要施工管理人员到场承诺的为合同总价的1%; ③主要机械设备到场承诺为合同总价的0.5%; ④工期承诺为合同总价的2%; ⑤安全文明施工承诺为合同总价的1.5%
需要补充的其他内容		
10.1	风险控制价及风险保证金	本工程风险控制价为最高限价的85%;中标人的投标报价低于风险控制价的,中标人应提交风险保证金(风险保证金为风险控制价与中标人的投标报价差额);风险保证金必须在确定中标人(评标结果网上公示期满)后5个工作日内向招标人(或市公共资源交易中心)交纳完毕,否则按自动放弃中标处理
10.2	工程量清单核对	招标人或中标人对本工程的工程量清单有异议的,均有向对方提出重新复核的权利,具体核对办法详见投标人须知第10.2条
10.4.1	暂定价项目	本项目不设暂定价项目

注:如本招标文件后面的条款与本表有矛盾的以本表的内容为准。

(一)总则

1.1 项目概况

1.1.1 根据《中华人民共和国招标投标法》等有关法律、法规和规章的规定,本招标项目已具备招标条件,现对本标段施工进行招标。

1.1.2 本招标项目招标人:见投标人须知前附表。

1.1.3 本标段招标代理机构:见投标人须知前附表。

1.1.4 本招标项目名称:见投标人须知前附表。

1.1.5 本标段建设地点:见投标人须知前附表。

1.2 资金来源和落实情况

1.2.1 本招标项目的资金来源:见投标人须知前附表。

1.2.2 本招标项目的出资比例:见投标人须知前附表。

1.2.3 本招标项目的资金落实情况:见投标人须知前附表。

1.3 招标范围、计划工期和质量要求

1.3.1 本次招标范围:见投标人须知前附表。

1.3.2 本标段的计划工期:见投标人须知前附表。

1.3.3 本标段的质量要求:见投标人须知前附表。

1.4 投标人资格要求

1.4.1 投标人应具备承担本标段施工的资质条件、能力和信誉。

(1)资质条件:见投标人须知前附表;

(2)项目班子要求:见投标人须知前附表;

(3)业绩要求:见投标人须知前附表;

(4)信誉要求:见投标人须知前附表;

(5)其他要求:见投标人须知前附表。

1.4.2 投标人须知前附表规定接受联合体投标的,除应符合本章第1.4.1项和投标人须知前附表的要求外,还应遵守以下规定:

(1)联合体各方应按招标文件提供的格式签订联合体协议书,明确联合体牵头人和各方权利义务;

(2)由同一专业的单位组成的联合体,按照资质等级较低的单位确定资质等级;

(3)联合体各方不得再以自己名义单独或参加其他联合体在同一标段中投标。

1.4.3 投标人不得存在下列情形之一:

(1)为招标人不具有独立法人资格的附属机构(单位);

(2)为本标段前期准备提供设计或咨询服务的;

(3)为本标段的监理人;

(4)为本标段的代建人;

(5)为本标段提供招标代理服务的;

(6)与本标段的监理人或代建人或招标代理机构同为一个法定代表人的;

(7)与本标段的监理人或代建人或招标代理机构相互控股或参股的;

(8)与本标段的监理人或代建人或招标代理机构相互任职或工作的;

(9)被责令停业的;

(10)被暂停或取消投标资格的;

(11)财产被接管或冻结的;

(12)在最近三年内有骗取中标或严重违约或重大工程质量问题的。

1.5　费用承担

投标人准备和参加投标活动发生的费用自理。

1.6　保密

参与招标投标活动的各方应对招标文件和投标文件中的商业和技术等秘密保密,违者应对由此造成的后果承担法律责任。

1.7　语言文字

除专用术语外,与招标投标有关的语言均使用中文。必要时,专用术语应附有中文注释。

1.8　计量单位

所有计量均采用中华人民共和国法定计量单位。

1.9　踏勘现场

1.9.1　见投标人须知前附表规定。

1.9.2　投标人踏勘现场发生的费用自理。

1.9.3　除招标人的原因外,投标人自行负责在踏勘现场或途中所发生的人员伤亡和财产损失。

1.9.4　投标人从踏勘现场中获得工程场地和相关的周边环境情况,作为编制投标文件时参考,并对自己据此作出的判断和决策负责。

1.10　投标预备会

1.10.1　见投标人须知前附表规定。

1.10.2　投标人应在投标人须知前附表规定的时间前,以书面形式将提出的问题送达招标人,以便招标人予以答复或澄清。

1.10.3　招标人在投标人须知前附表规定的时间内,将对投标人所提问题予以答复或澄清,以书面方式在×××市公共资源交易网上公布,请投标人及时上网查阅下载。该澄清内容为招标文件的组成部分。

1.11　分包

见投标人须知前附表规定。

1.12　偏离

见投标人须知前附表规定。

(二) 招标文件

2.1　招标文件的组成

2.1.1　招标文件包括本文件及所有按本章第2.2条、第2.3条发出的修改澄清通知。招标文件须经×××市公共资源交易管理委员会办公室备案。

2.1.2　本招标文件包括下列内容:

(1)本项目的招标公告;

(2)投标人须知(含本工程招标活动日程安排表,投标人须知前附表);

(3)评标方法、标准、程序;

(4)合同条款;

(5)工程技术规范;

(6)工程量清单编制(含工程量清单封面、工程量清单说明、工程量清单表,部分材料品牌规格型号一览表);

(7)图纸及图纸清单;

(8)投标文件投标函部分格式;

(9)投标文件商务标格式;

(10)投标人须知前附表规定的其他资料。

根据本章第2.2款(不含2.2.4款所述的情形)和第2.3款对招标文件所作的澄清、修改,构成招标文件的组成部分。

2.2 招标文件的澄清

2.2.1 投标人应仔细阅读和检查招标文件的全部内容。如发现缺页或附件不全,应及时向招标人提出,以便补齐。投标人在收到招标文件后,对招标文件任何部分若有任何疑问,要求答复或澄清招标文件的,均应在投标截止日16天前在×××市公共资源交易网站上的"网上答疑"区(发帖子讨论区)以书面形式向招标人提交。

2.2.2 不论是招标人根据需要主动对招标文件进行必要的澄清或是根据投标人的要求对招标文件做出澄清,招标人都将在投标人须知前附表规定的投标截止时间15天前以书面形式予以澄清,同时将在×××市公共资源交易网站上的"答疑、补充文件、限价公布"栏中以书面形式进行公布,但不指明澄清问题的来源。如果澄清发出的时间距投标人须知前附表规定的投标截止时间不足15天,相应延长投标截止时间。

2.2.3 投标人应及时上网查阅和下载招标人在×××市公共资源交易网站上的"答疑、补充文件、限价公布"栏中公布的招标文件的澄清,投标人可以不作收到澄清确认。投标人在规定时间未提交疑问的,视作默认对本次招标过程中招标文件无疑问。

2.2.4 无论什么时间,招标人或代理机构在×××市公共资源交易网"网上答疑"区(发帖子讨论区)以书面或其他方式自行澄清的疑问只作参考,不作为招标文件的一部分。

2.3 招标文件的修改

2.3.1 招标文件发出后,在投标人须知前附表规定的投标截止时间15天前的任何时候,无论出于何种原因,招标人可主动地或在解答投标人提出的澄清问题时对招标文件进行修改。

2.3.2 招标文件的修改将在×××市公共资源交易网站上的"答疑、补充文件、限价公布"栏中以书面形式进行公布,如果修改招标文件的时间距投标人须知前附表规定的投标截止时间不足15天,相应延长投标截止时间。

2.3.3 投标人应及时上网查阅和下载招标人在×××市公共资源交易网站上的"答疑、补充文件、限价公布"栏中公布的招标文件的修改,投标人可以不作收到招标文件修改的确认。

2.3.4 招标人如遇特殊紧急情况或不可抗拒的原因必须修改招标文件时,按投标人须知前附表规定的执行。

(三)投标文件

3.1 投标文件的组成

3.1.1 投标文件由投标函部分(含资格后审资料)、商务部分(含商务标和投标文件电子光盘、U盘部分)、技术标部分等三部分文件组成。

3.1.2 投标函部分应包括下列内容:

(1)投标函封面;

(2)投标函及投标函附录;

(3)法定代表人身份证明或附有法定代表人身份证明的授权委托书;

(4)联合体协议书(注:不接受联合体投标,取消本项);

(5)投标承诺书;

(6)投标保证金交纳凭证;

(7)项目管理机构;

(8)拟分包项目情况表(无分包项目不用此表);

(9)资格审查资料;

(10)预算编制人员资格证书复印件(如预算编制人员为其他单位的,应附被借用人员单位同意的证明,但

被借用人员所在企业不能同时参加本工程投标);

(11)投标人资信业绩材料(不提供材料)。

3.1.3 技术标部分内容详见本招标文件第九章。

3.1.4 商务部分应包括下列内容:

(1)商务标封面;

(2)投标报价书;

(3)已标价的工程量清单,包括:

①工程量清单报价表封面

②附表1 编制说明

③附表2 工程项目总价表

④附表3 单项工程费汇总表

⑤附表4 单位工程费汇总表

⑥附表5 分部分项工程量清单计价表

⑦附表6 措施项目清单计价表

⑧附表7 其他项目清单计价表

⑨附表8 零星工作项目计价表

⑩附表9 分部分项工程量清单综合单价分析表

■附表10 措施项目费分析表

■附表11 主要材料(设备)价格表

(4)商务标电子投标文件光盘和U盘(供电子辅助评标系统使用)。

3.2 投标报价

3.2.1 投标人应按第五章"工程量清单"的要求填写相应表格。

3.2.2 投标人在投标截止时间前修改投标函中的投标总报价,应同时修改第五章"工程量清单"中的相应报价。此修改须符合本章第4.3款的有关要求。

3.2.3 除非本招标文件对工程量清单编制和报价另有说明,否则,投标人应按工程量清单中的项目和数量进行报价;投标人在投标报价时不得改变招标人提供的工程量清单中的内容(含编码、项目名称、单位、数量)。

3.2.4 投标人应按招标人提供的工程量清单中列出的工程项目填报单价和合价。每一项目只允许有一个报价。任何有选择的报价将不予接受,投标人未填单价或合价的工程项目,在实施后,招标人将不予以支付,并视作该项费用已包括在其他有价款的单价或合价内。

3.2.5 投标报价采用工程量清单计价。工程量清单计价应包括按招标文件规定,完成工程量清单项目的全部费用以及政策性文件规定的所有费用,费用包括分部分项工程费、措施项目费、其他项目费和规费、税金等费用。应充分考虑施工期间各类建材的市场风险和政策性调整确定风险系数。

3.2.6 工程量清单计价采用综合单价法计价。综合单价是指完成工程量清单中一个规定计量单位项目所需的人工费、材料费、机械使用费、管理费和利润所需的费用,并考虑风险因素,但不包括规费和税金。即:综合单价=规定计量单位项目人工费+规定计量单位项目材料费+规定计量单位项目机械使用费+取费基数×(企业管理费率+利润率)+风险费用。投标人应根据企业自身实力,充分考虑市场风险因素,结合按期、按质完成本工程应计取的全部费用,对工程成本、利润进行分析,合理确定人工、机械、材料等要素的用量,根据投标人自行采集的市场价格或参照本省、市工程造价管理机构发布的价格信息,结合市场行情自行填报综合单价和投标报价。

3.2.7 本工程招标工期要求为180日历天,投标人必须考虑因缩短工期所发生的夜间施工费、周转材料及因中小型机具一次投入量大等而增加的费用(即缩短工期增加费),并根据《浙江省建设工程施工取费定额》

（2003年版）的规定填报。如投标人未填报缩短工期增加费的，视为该项费用已包含在其他报价中。

3.2.8　安全防护、文明施工措施费（包括环境保护费、文明施工费、安全施工费、临时设施费）报价不得低于投标总价的1.5％，并不得低于省建设行政主管部门颁发的取费定额规定的弹性费率下限的计算值。

3.2.9　检验试验费、规费、税金的取费，投标人必须按下列给定的费率计取[计取基数按《浙江省建设工程施工取费定额》（2003年版）及有关规定]，没有计取或未按下列费率计取的作废标处理。

名　　称	检验试验费	规　费　1	规　费　2	规　费　3	税　　金
建筑工程	1.2%	4.14%	0.1%	0.15%	3.448%

3.2.10　本工程投标报价不得低于企业成本价。

3.2.11　本工程的投标应以人民币报价。

3.3　本工程预算价、最高限价

3.3.1　本工程的预算造价及工程量清单参考下列预算、费用定额和政策性文件编制：

☑工程施工图纸；

☑建设工程工程量清单计价规范（2008年版）；

☑浙江省建设工程计价规则（2003年版）；

☑浙江省建筑工程预算定额（2003年版）；

☑浙江省安装工程预算定额（2003年版）；

☑浙江省建设工程施工取费定额（2003年版）；

☑浙江省施工机械台班费用参考单价（2003年版）；

☑浙江省建筑安装材料统一分类编码及2003年基期价格；

☑浙江省建设工程工程量清单计价指引；

☑金华市建设工程造价管理信息　2010　年第　11　期；

☑浙江造价信息以及市场询问价；

☑有关文件、法律法规和省定额管理站的有关定额解释。

3.3.2　本工程预算的取费标准：①按《金华市建设局关于调整金华市现行定额人工单价及定额费率的通知》（金市建建〔2009〕58号）三类工程的所有弹性费率取费均按中值取值，固定费率按规定计取；②材料价格采用：主要材料参照2010年第11期金华造价信息，其他材料采用×××市现行市场价及浙江省造价信息发布的信息价，人工费单价按2010年第四季度金华人工市场信息价计算，综合工程实际分析确定人工、材料、施工机械台班价格；③参照本省"计价依据"，并结合工程实际情况，确定人工、材料、施工机械台班消耗量；④按省2003年版"计价规则和计价依据"规定的综合单价组成，计算综合单价。

3.3.3　本工程预算的依据计价规则和计价依据，参照《建筑工程工程量清单计价规范》（GB 50500—2008）进行编制。

3.3.4　本工程预算经审定后，按投标人须知前附表规定的日期在×××市公共资源交易网上公布预算价，经审定后的工程预算价为招标人设定投标控制价的依据。

3.3.5　招标人对本项目设有最高限价，最高限价的计算方法详见投标人须知前附表。投标报价高于最高限价为废标。

3.4　投标有效期

3.4.1　在投标人须知前附表规定的投标有效期内，投标人不得要求撤销或修改其投标文件。

3.4.2　出现特殊情况需要延长投标有效期的，招标人在网上以书面形式通知所有投标人延长投标有效期。投标人同意延长的，应相应延长其投标保证金的有效期，但不得要求或被允许修改或撤销其投标文件；投标人拒绝延长的,其投标失效,但投标人有权收回其投标保证金。

3.5 投标保证金

3.5.1 投标人在递交投标文件的同时,应按投标人须知前附表规定递交投标保证金,并作为其投标文件的组成部分。联合体投标的,其投标保证金由牵头人递交,并应符合投标人须知前附表的规定。

3.5.2 投标人不按本章第3.5.1项要求提交投标保证金的,其投标文件作废标处理。

3.5.3 未被选为中标候选人的投标人,其投标保证金在确定中标人后5个工作日内予以退还(不计利息);招标人与中标人签订合同后5个工作日内,向未中标的中标候选人退还投标保证金(中标人的投标保证金将由市公共资源交易中心划拨到招标人账户,作为履约保证金的一部分)。

3.5.4 有下列情形之一的,投标保证金将不予退还,并由市公共资源交易中心将投标保证金划拨到招标人账户:

(1)投标人在规定的投标有效期内撤销或修改其投标文件;

(2)中标人在收到中标通知书后,因非不可抗力原因放弃中标或无正当理由拒签合同协议书或未按招标文件规定提交履约担保。

3.6 资格审查资料

3.6.1 "投标人基本情况表"后应附投标人营业执照副本及其年检合格的证明材料、资质证书副本和安全生产许可证等材料的复印件。

3.6.2 "近年财务状况表"后应附经会计师事务所或审计机构审计的财务会计报表,包括资产负债表、现金流量表、利润表和财务情况说明书的复印件,具体年份要求见投标人须知前附表。

3.6.3 "近年完成的类似项目情况表",每张表格只填写一个项目,并标明序号。如招标文件对投标单位或其拟派项目经理有业绩要求时,应附中标通知书和(或)合同协议书、工程接收证书(工程竣工验收证书)的复印件,具体年份要求见投标人须知前附表。

3.6.4 "正在施工和新承接的项目情况表",每张表格只填写一个项目,并标明序号。如招标文件对投标单位或其拟派项目经理有业绩要求时,应附中标通知书和(或)合同协议书复印件。

3.6.5 "近年发生的诉讼及仲裁情况"应说明相关情况,并附法院或仲裁机构作出的判决、裁决等有关法律文书复印件,具体年份要求见投标人须知前附表。

3.6.6 投标人须知前附表规定接受联合体投标的,本章第3.6.1项至第3.6.5项规定的表格和资料应包括联合体各方相关情况。

3.7 投标文件的编制

3.7.1 投标文件应按第八章"投标文件投标函部分格式"、第九章"投标文件技术标部分格式"、第十章"投标文件商务标部分格式"进行编写,如有必要,可以增加附页,作为投标文件的组成部分。其中,投标函附录在满足招标文件实质性要求的基础上,可以提出比招标文件要求更有利于招标人的承诺。

3.7.2 投标文件应当对招标文件有关工期、投标有效期、质量要求、技术标准和要求、招标范围等实质性内容作出响应。

3.7.3 投标文件的投标函部分应用不褪色的材料书写或打印;投标文件(包括投标函部分和商务标部分)由投标人的法定代表人或其委托代理人按投标人须知前附表的要求签字、盖单位章或资格专用章。

3.7.4 如投标文件由委托代理人签字的,投标文件的投标函部分应附法定代表人签署的授权委托书。投标文件应尽量避免涂改、行间插字或删除。如果出现上述情况,改动之处应加盖单位章或由投标人的法定代表人或其授权的代理人签字确认。签字盖章的具体要求见投标人须知前附表。

3.7.5 投标文件份数见投标人须知前附表。投标函部分应在其封面上清楚地标记"正本"或"副本"的字样,当副本和正本不一致时,以正本为准。

3.7.6 投标文件按投标人须知前附表要求装订。

(四)投标

4.1 投标文件的密封和标记

4.1.1 投标人应将商务标(一式一份)和商务标电子投标盘[光盘和U盘(注明投标单位名称)各一份]及技术标(一式一份)、投标函(正本一份、副本四份)分别密封在商务标、投标函、技术标四个投标文件的密封袋里,并分别在四个相对应的投标文件密封袋上清楚地标明"商务标一式一份"和"商务标电子投标盘(光盘和U盘)一份"、"投标函正本一份,副本四份"、"技术标一份"字样。

4.1.2 在四个投标文件密封袋上均应写明的其他内容见投标人须知前附表。

4.1.3 除了按本须知第4.1.2款所要求的识别字样外,在投标文件密封袋上还应写明投标人的名称与地址、邮政编码,以便迟交时,投标文件可按密封袋上标明的投标人地址原封退回。

4.1.4 投标文件密封袋应加贴封条,并在封套的封口处骑缝加盖投标人印章。

4.2 投标确认、投标文件的递交

4.2.1 投标人应在投标截止时间前60分钟内按投标人须知前附表要求进行投标确认。

4.2.2 投标人应在投标人须知前附表第2.2.2项规定的投标截止时间前递交投标文件。

4.2.3 投标人递交投标文件的地点:见投标人须知前附表。

4.2.4 除投标人须知前附表另有规定外,投标人所递交的投标文件不予退还。

4.2.5 招标人收到投标文件后,向投标人出具签收凭证。

4.2.6 投标文件如存在投标人须知前附表所列的情形时,招标人将不予受理。

4.3 投标文件的修改与撤回

4.3.1 在本章第2.2.2项规定的投标截止时间前,投标人可以修改或撤回已递交的投标文件,但应以书面形式通知招标人。

4.3.2 投标人修改或撤回已递交投标文件的书面通知应按照本章第3.7.3项的要求签字或盖章。招标人收到书面通知后,向投标人出具签收凭证。

4.3.3 修改的内容为投标文件的组成部分。修改的投标文件应按照本章第3条、第4条规定进行编制、密封、标记和递交,并标明"修改"字样。

(五)开标

5.1 开标时间、地点和参加开标会议人员

5.1.1 招标人在投标人须知前附表规定的投标截止时间(开标时间)和投标人须知前附表规定的地点公开开标,并邀请所有投标人的法定代表人或交易员和拟派本工程的项目经理准时参加。

5.1.2 投标企业法定代表人[随带企业资质证书副本(或法人证)和身份证]或交易员(随带×××市公共资源交易中心发的交易员证)和拟委派的本工程项目经理(携带本人身份证)应按规定时间到场参加开标。如开标时以上人员有迟到或缺席,或者未按上述要求提交证件的,则按该投标人须知前附表的规定处理。

5.1.3 如招标人在开标时,发现参加开标会议的投标人或其相关人员有冒名顶替者,应报主管部门另行处理,其递交的投标文件予以:封存备查,不再进入开标程序。

5.1.4 投标企业参加开标会议人员身份查验办法:

(1)查验在开标程序完成后对投标人作初步排名时进行;

(2)查验范围为初步排名前8名的投标人(少于8名时,取全部有效投标人)。

5.2 开标程序

主持人按下列程序进行开标:

(1)宣布开标纪律。

(2)公布在投标截止时间前递交投标文件的投标人名称。

(3)宣布开标人、唱标人、记录人、监标人等有关人员姓名。

（4）按照投标人须知前附表规定检查投标文件的密封情况。

（5）按照投标人须知前附表的规定确定并宣布投标文件开标顺序。

（6）按照宣布的开标顺序当众开标，并按投标人须知前附表要求逐一进行开启和开标审查后，公布投标人名称、标段名称、提交的投标文件及投标电子盘、投标保证金的递交情况、投标报价、项目经理、质量目标、工期及其他内容，并记录在案，将投标电子盘数据导入计算机辅助评标系统内。

（7）投标人代表、招标人代表、监标人、记录人等有关人员在开标记录上签字确认。

（8）招标人应按本招标文件的第三章"评标方法、标准、程序"中的第3.1条、第3.2条、第3.3条、第3.4条规定当众当场抽取本次招标的下浮系数B值、计算最高限价、算术平均值及评标基准价；

（9）招标人应按本招标文件的第三章"评标方法、标准、程序"中的第3.5条规定计算投标人的投标报价分和对投标人进行初步排名；由招标人按本投标须知5.1.4条查验投标人身份，如有不符合的，按本投标须知5.1.2条或5.1.3条处理，并重新进行初步排名；

（10）将本条款第（9）、（10）项的相关数据及计算结果另行记录在案；

（11）招标人应按本招标文件的第三章"评标方法、标准、程序"中的第3.6条规定，将进入后续评标的投标人的投标文件（共四部分）送入评标室进行评审；

（12）开标会议结束。

（六）评标

6.1 评标委员会

6.1.1 评标由招标人依法组建的评标委员会负责。评标委员会由招标人或其委托的招标代理机构熟悉相关业务的代表，以及有关技术、经济等方面的专家组成。评标委员会成员人数以及技术、经济等方面专家的确定方式见投标人须知前附表。

6.1.2 评标委员会成员有下列情形之一的，应当回避：

（1）与招标人或投标人的主要负责人是近亲属的；

（2）项目主管部门或者行政监督部门的人员；

（3）与投标人有经济利益关系，可能影响对投标公正评审的；

（4）曾因在招标、评标以及其他与招标投标有关活动中从事违法行为而受过行政处罚或刑事处罚的。

6.2 评标原则

评标活动遵循公平、公正、科学和择优的原则。

6.3 评标

6.3.1 评标委员会按照第三章"评标办法、标准、程序"规定的方法、评审因素、标准和程序对投标文件进行评审。第三章"评标办法、标准、程序"没有规定的方法、评审因素和标准，不作为评标依据。

6.3.2 评标过程的保密。公开开标后，直到授予中标人合同为止，凡属于对投标文件的审查、澄清、评价和比较的有关资料以及中标候选人的推荐情况，与评标有关的其他任何情况均应严格保密；中标候选人确定后，招标人不对未中标人就评标过程情况以及未能中标原因作任何解释。未中标人不得向评委或其他有关人员处获取评标过程的情况和材料。

6.3.3 投标文件的澄清。为了有助于投标文件的审查、评价和比较，评标委员会可以用书面形式要求投标人对投标文件含义不明确的内容作必要的澄清或者说明。有关澄清说明与答复，投标人应以书面形式进行，但对投标报价和实质性的内容不得更改。评标委员会对投标人提交的澄清、说明或补正有疑问的，可以要求投标人进一步澄清、说明或补正，直至满足评标委员会的要求。

6.3.4 在评标过程中，评标委员会可以书面形式要求投标人对细微偏差进行补正。商务标细微偏差补正原则详见第三章"评标办法、标准、程序"中的第3.3条。

6.3.5 投标人的书面澄清、说明和补正属于投标文件的组成部分。评标委员会不接受投标人主动提出的澄清、说明或补正。

6.4 中标候选人履约能力审查、公示

6.4.1 评标委员会完成评标后,招标人应根据评标委员会提交的书面评标报告对中标候选人进行履约能力审查,履约能力审查应按照投标人须知前附表规定的内容进行审查,中标候选人履约能力审查标准详见第三章"评标方法、标准、程序"中的第3.4条。履约能力审查时,如发现有不符合本项目招标文件要求或弄虚作假时,应取消中标候选人资格。

6.4.2 中标候选人履约能力审查在市公共资源交易中心进行,并在开标后三个工作日内完成;否则,视为履约能力审查合格,并由招标人承担由此产生的一切后果。

6.4.3 中标候选人履约能力审查后,按投标人须知前附表规定进行公示。

(七)合同授予

7.1 定标

招标人应根据评标委员会的评标情况和推荐意见及评标结果的公示情况进行定标,并且应按照国家计委等7部委第30号令《工程建设项目施工招标投标办法》第五十八条规定确定中标人,即确定排名第一的中标候选人为中标人。排名第一的中标候选人放弃中标、因不可抗力提出不能履行合同,或者未能按招标文件规定的金额和期限内未按时足额提交履约保证金的,招标人可以确定排名第二的中标候选人为中标人,但排名第二名与第一名的投标报价之差高于投标保证金数额的,招标人将依法重新组织招标。

排名第二的中标候选人因前款规定的同样原因不能签订合同的,招标人可以确定排名第三的中标候选人为中标人。但如第三名与第一名投标报价之差高于投标保证金数额的则按前款处理。

中标人的投标报价即为中标价。

7.2 中标通知、招投标情况的书面报告

7.2.1 确定中标人之日起十五日内,经市公共资源交管办核准,招标人以书面形式向中标人发出中标通知书,同时将中标结果通知未中标的投标人。

7.2.2 发中标通知书前中标单位办理好有关保险合同。

7.2.3 招标人应当依法向市公共资源交管办提交招投标情况的书面报告。

7.2.4 中标单位应按"投标人须知前附表"要求提供商务标副本。

7.3 履约担保

7.3.1 在签订合同前,中标人应按投标人须知前附表规定的金额、担保形式和招标文件第四章"合同条款及格式"规定的履约担保格式向招标人提交履约担保。联合体中标的,其履约担保由牵头人递交,并应符合投标人须知前附表规定的金额、担保形式和招标文件第四章"合同条款及格式"规定的履约担保格式要求。履约保证金在竣工验收合格后15天内无息返还。

7.3.2 中标人不能按本章第7.3.1项要求提交履约担保的,视为放弃中标,其投标保证金不予退还,给招标人造成的损失超过投标保证金数额的,中标人还应当对超过部分予以赔偿。

7.4 签订合同

7.4.1 招标人和中标人应当自中标通知书发出之日起30天内,根据招标文件和中标人的投标文件订立书面合同。中标人无正当理由拒签合同的,招标人取消其中标资格,其投标保证金不予退还;给招标人造成的损失超过投标保证金数额的,中标人还应当对超过部分予以赔偿。

7.4.2 发出中标通知书后,招标人无正当理由拒签合同的,招标人向中标人退还投标保证金;给中标人造成损失的,还应当赔偿损失。

(八)重新招标和不再招标

8.1 重新招标

有下列情形之一的,招标人将重新招标:

(1)投标截止时间止,投标人少于3个的;

(2)经评标委员会评审后否决所有投标的。

8.2　不再招标

重新招标后投标人仍少于3个或者所有投标被否决的,招标人应按《浙江省招标投标条例》第二十四条规定,经市公共资源交管办批准后可以不再进行招标,而进行直接发包。在直接发包中,所有的合同条款必须与本招标文件规定的相同,合同价款必须低于本招标文件规定的最高限价。

(九)纪律和监督

9.1　对招标人的纪律要求

招标人不得泄漏招标投标活动中应当保密的情况和资料,不得与投标人串通损害国家利益、社会公共利益或者他人合法权益。

9.2　对投标人的纪律要求

投标人不得相互串通投标或者与招标人串通投标,不得向招标人或者评标委员会成员行贿谋取中标,不得以他人名义投标或者以其他方式弄虚作假骗取中标;投标人不得以任何方式干扰、影响评标工作。

9.3　对评标委员会成员的纪律要求

评标委员会成员不得收受他人的财物或者其他好处,不得向他人透漏对投标文件的评审和比较、中标候选人的推荐情况以及评标有关的其他情况。在评标活动中,评标委员会成员不得擅离职守,影响评标程序正常进行,不得使用第三章"评标办法、标准程序"没有规定的评审因素和标准进行评标。

9.4　对与评标活动有关的工作人员的纪律要求

与评标活动有关的工作人员不得收受他人的财物或者其他好处,不得向他人透漏对投标文件的评审和比较、中标候选人的推荐情况以及评标有关的其他情况。在评标活动中,与评标活动有关的工作人员不得擅离职守,影响评标程序正常进行。

9.5　投诉

投标人和其他利害关系人认为本次招标活动违反法律、法规和规章规定的,有权向有关行政监督部门投诉。

(十)需要补充的其他内容

10.1　风险控制价与风险保证金

本工程设有风险控制价,风险控制价的计算方式详见投标人须知前附表。凡低于风险控制价中标的,中标人必须额外提交风险保证金,风险保证金的计算方法及缴纳方式详见投标人须知前附表。

10.2　实物工程量清单的核对

本工程采用下列方式核对实物工程量清单:

招标人或中标人对工程量清单有异议的,均有向对方提出重新复核的权利,中标人对清单有异议并认为工程量中有多、漏项或工程量错误引起造价增减相抵后的累计值超过投标总价±3%以上的,应在投标截止之日起30天内分别向招标人、招标代理机构以及公共资源交管办提交要求复核的书面报告,并附核对清单调整表及工程量计算表(调整表与工程量计算表应相对应,对没有提交工程量清单调整表及工程量计算表的,招标人和招标代理机构将不予认可)。对异议进行复核的期限应在提出书面复核通知后15天内。复核后,若工程量清单误差累计引起中标价格变化在3%(包括3%)以内,仍按原工程量清单执行,复核费用由提出方承担;若工程量清单误差累计引起中标价格变化在3%以上时,按复核后的工程量清单调整中标价,调整包括3%以内的部分,但不得对中标单价进行调整,复核费用由原工程量清单编制单位承担。复核工作结束后提出方应将复核结果抄送市公共资源交管办备案。双方在规定时间内未提出异议的视为认可原投标的工程量清单。

10.3　工程量变更结算方式

10.3.1　中标人按核对修正后的实物工程量清单确定的中标价为固定总价承包。但由于设计变更、工程条件变化或者招标人要求变动的内容引起的工程量变化部分,工程量可以按实调整,单价按本投标人须知第10.3.2条规定结算。

10.3.2 设计变更、工程条件变化或者招标人要求变动的内容引起的工程量变化部分单价按以下原则结算:

(1)合同中已有变更项目综合单价的,按已有的综合单价计算;

(2)合同中有类似清单项目综合单价的,可以参照合同中类似项目的综合单价计算确定;

(3)合同中没有类似清单项目综合单价的,由承包人按标底编制依据编制单价,经发包人按《×××市政府性投资项目概预算调整和工程变更管理规定》中的程序审核后,并以发包方编制的预算价与承包方的投标价之间的差额与预算价的比率作为优惠下浮后,作为该项目的结算单价;

(4)由于清单项目中项目特征或工程内容发生部分变更的,应以原综合单价为基础,仅就变更部分相应定额子目调整综合单价;

(5)但以上议定的单价不能高于本项中标报价单价和浙江省及金华市现行工程造价计价依据确定的单价。

10.4 暂定价材料、甲供材料

10.4.1 不设暂定价材料。按投标人须知前附表规定执行。

10.4.2 甲供材料(本工程不设甲供材料)

甲供材料是业主采购的材料,其供应方式、供货地点、供货时间在专用条款中明确,并按下列条件约定:

(1)甲供材料的数量按招标文件甲供材料清单中甲供数量;

(2)业主按甲供材料数量提供给承包商,承包商负责验收;

(3)双方不得要求对方少供或多供甲供材料的数量,除非另有协议;

(4)因设计变更、工程条件变化或者招标人要求变动的内容引起甲供材料数量变化,双方协商解决。

10.5 项目班子成员管理

10.5.2 中标人应按投标文件的承诺组建工程项目管理班子,并按《×××市公共资源交易市场依法招标工程施工现场关键岗位人员监督管理办法》(东政发〔2009〕50号)文件规定执行。

10.5.3 对施工现场关键岗位人员(包括经批准更换的人员)实行押证管理,中标人须将投标文件中承诺的项目经理、技术负责人、施工员、质检员、安全员的执业资格证书(或上岗证书)原件交招标人封存保管。项目竣工验收后,退回上述证书原件。

10.6 其他

10.6.1 未列入工程量清单的室外排污、化粪池、道路、绿化等附属工程招标、结算按投标人须知前附表要求处理。

10.6.2 本招标文件未尽事宜按现行招标投标的有关法律法规和规定执行。

第三章 评标方法、标准、程序

(一)评标方法

本次评标采用综合评估法。评标委员会对满足招标文件实质性要求的投标文件,按照本章第3.5——3.7款规定的评分标准进行打分,并按得分由高到低顺序推荐中标候选人,但投标报价低于其成本的除外。综合评分相等时,以投标报价低的优先;投标报价也相等的,由招标人自行确定中标候选人。

(注:评标时,对不完全符合废标情形的处理,如投标人工作不细、误填等原因致使投标文件出现部分废标情形,但对招投标没有造成实质性影响和损失的,经多数评委认定,可不作废标处理。)

(二)评审标准

2.1 形式评审的标准

评标委员会在形式评审时,发现投标文件有下列情形之一的〔其中(1)~(9)条在开标审查时,由招标人审查,评标委员会在评标结束后确认],作废标处理。

(1)提交的投标文件正、副本份数不符合投标须知人前附表 3.7.6 条的要求;

(2)投标报价高于最高限价的;

(3)非本标段的投标文件;

(4)投标报价低于企业成本价或企业成本价低于投标报价 30% 及以上的;

(5)投标人未按招标文件的要求提交投标保证金或投标保证金提交的方式、额度、交纳时间及内容有差错的;

(6)投标人未提供的投标电子盘(光盘及 U 盘);

(7)因电子标书编制不规范或投标电子盘损坏等原因导致投标文件内容无法导入计算机辅助评标系统的;

(8)商务标纸质投标文件(封面与报价书除外)与投标电子盘中的水印码不相符;

(9)投标文件没有按投标函、技术标、商务标三个部分分别装订的;

(10)投标文件的投标函部分内容未按本招标文件第八章规定的内容提交;

(11)投标文件的技术标部分内容未按本招标文件第九章规定的内容提交;

(12)投标文件的商务标部分内容未按本招标文件第十章规定的内容提交;

(13)投标人提交的投标文件没有使用或只有部分使用本招标文件所提供的投标文件格式;

(14)本招标文件明确规定的投标文件需要投标人签字、盖章的地方,投标人没有按招标文件的规定进行签字、盖章的;

(15)投标文件提交的本企业的法定代表人授权委托书无效,或委托代理人无本企业的法定代表人授权委托书;

(16)投标人递交两套或多套内容不同的投标文件,或在一套投标文件中对同一招标项目报有两个或多个报价,且未声明哪一个有效的;

(17)投标人名称或组织结构与营业执照、资质证书、安全生产许可证不一致的;

(18)投标函的投标报价与工程量清单报价的投标总价不相符的;

(19)投标报价不以人民币报价的。

2.2 资格评审的标准

评标委员会在资格评审时,发现投标文件有下列情形之一的,作废标处理:

(1)第二章"投标人须知"第 1.4.3 项规定的任何一种情形的;

(2)投标人的营业执照无效或已经过期;

(3)投标人不具备有效的安全生产许可证或未提交安全生产许可证副本原件;

(4)投标人未提交拟派项目经理的 B 类安全资格证原件,或提交无效的 B 类证书;

(5)投标人未提交拟派项目安全员的 C 类安全资格证原件,或提交无效的 C 类证书;

(6)投标人的资质、资格条件不符合招标公告第 3.1 条或第 3.2 条要求;

(7)如招标文件要求投标人提交企业或项目经理业绩材料的,投标人未提交项目中标通知复印件、合同原件、竣工验收单原件;

(8)投标人的业绩条件不符合招标公告要求的;

(9)投标人的信誉条件不符合招标公告要求或第二章"投标人须知"第 1.4.1 项规定;

(10)投标人的其他要求条件不符合招标公告要求或第二章"投标人须知"第 1.4.1 项规定;

(11)串通投标或弄虚作假或有其他违法行为的。

2.3 响应性评审的标准

评标委员会在响应性评审时,发现投标文件有下列情形之一的,作废标处理:

（1）投标文件标明的投标内容不符合第二章"投标人须知"第1.3.1项规定。

（2）投标文件载明的施工工期超过招标文件规定工期的。

（3）投标文件承诺的质量等级不符合招标文件规定要求的。

（4）本工程的工程量清单的投标单价未采用工程量清单综合单价报价的方式进行报价。

（5）投标报价不是以投标人在投标中提出的各项支付金额的总和；或完成本招标文件投标人须知前附表和合同条款上所列招标工程范围及工期的全部。

（6）投标人没有按招标人提供的工程量清单中列出的工程项目和数量填报单价和合价，或投标人改变招标人提供的工程量清单中的内容（含编码、项目名称、单位、数量），或投标人改变招标文件规定的材料暂定价和暂定综合单价的。

（7）工程量清单报价中每一项目有两个及以上报价。

（8）投标人在投标总价中的价格没有包括完成该工程项目的直接费、间接费、利润、税金、风险费等所有费用；或规费和税金没有按规定计取，出现调整情况；或投标让利不在综合单价组价中完成，而出现在投标报价中。

（9）投标文件中的安全防护、文明施工措施费用报价低于投标总价的1.5%或低于省建设行政主管部门颁发的取费定额规定的弹性费率下限的计算值的，或技术规范要求的费用没有包括在投标报价中。

（10）投标人拒绝修正不平衡报价，拒绝提供报价分析说明和证明材料的。

（11）评标委员会认定属投标人自身原因有重大漏项的。

（12）不同投标人的投标文件内容出现非正常一致，或者报价项目呈明显规律性变化的。

（13）如预算编制人员为非投标单位成员时，没有被借用人员单位同意的证明的。

2.4 商务标评审标准（60分）

1.本次招标下浮系数的确定

由招标人和投标单位各一位代表在开标会上当众、当场随机在下浮系数的取值范围（9.00～11.00）内各抽取一个，两个数算术平均后确定为本次招标下浮系数（用字母 B 表示下浮系数，其保留两位小数）。

2.最高限价（投标上限值）的确定

由招标人在开标会议上当场计算最高限价，其计算公式为：

$$最高限价＝工程审定预算价×(1-B\%)$$

注：工程审定预算价已在×××市公共资源交易网上公布。

3.投标报价算术平均值确定

由招标人根据各投标人的投标报价在开标会议上现场确定投标报价算术平均值，方法如下：

（1）甄别异常报价。如开标时投标报价出现下列情况的，由招标人认定为异常报价，该投标文件不进入算术平均值的计算：

①报价高于或等于最高限价者；

②最低报价低于次低报价15%及以上；

③投标保证金未按招标文件规定交纳的；

④非本标段的投标报价。

（2）计算算术平均值（用字母 P 表示）：在甄别后，招标人应当按照下列的方式对投标文件的投标报价计算算术平均值 P：

①当甄别后的投标文件不超过5家时，全部进入算术平均值；

②当甄别后的投标文件为6～10（含）家时，去掉最高、最低报价后取算术平均值；

③当甄别后的投标文件为11家及以上时，去掉最高、次低、最低报价后随机抽8家取算术平均值。

（3）算术平均值确定后，后续评标过程中出现的任何情形都将不会导致算术平均值变化，即不再重新计算本工程投标报价的算术平均值 P。

4. 本工程的投标报价基准值

(1) 由招标人根据投标报价的算术平均值在开标会议上现场确定投标报价基准值;

(2) 投标报价基准值(用字母 J 表示)的计算公式如下:

$$投标报价基准值＝投标报价算术平均值×[1－(招标下浮系数－8)÷100]$$

即:

$$J＝P×[1－(B－8)÷100]$$

注:投标报价的算术平均值 P 详见本章 3.3 条,招标下浮系数 B 详见本章 3.1 条,上述公式中的 B 值为正数。

5. 计算投标报价分

(1) 由招标人根据评标基准值,在开标会议上现场计算确定各投标人的投标报价分;

(2) 先赋予各甄别后的有效投标人的投标报价初始分,各为 60 分,然后按各甄别后的投标报价与评标基准值进行比较,按下列几种情况分别扣分,最终得出各投标人的投标报价分:

1) 以基准标价为基数,设定界于基准值的 100%(含)~ 98%(含)之间的报价金额的得分为标准分(满分 60 分)(在其他条件相同的情况下,投标报价低的优先考虑);在此基准上,每增加 1%扣减 2 分,每减少 1%扣减 0.5 分,不计负分。

2) 各有效投标的经济标得分,根据其投标报价金额计算确定。

计算公式为:

① 当投标报价金额在基准标价的 100%(含)~ 98%(含)之间时,得分为 60 分;

② 当投标报价高于基准标价时,可按下式计算:

$$投标总报价得分＝60－2×(投标报价金额/基准标价×100－100)$$

③ 当该投标报价低于基准标价 98% 时,可按下式计算:

$$投标总报价得分＝60－0.5×(98－投标报价金额/基准标价×100)$$

计算分值精确至小数点后两位。

6. 商务标标书质量扣分标准,不平衡报价修正

评标委员会在对商务标标书质量评审时,按下列标准进行扣分,但最多扣 5 分:

(1) 投标报价中大小写不符或投标报价书中报价前后矛盾的每处扣 1 分;

(2) 投标报价中发现主要材料的单价分析表与综合单价报价前后明显矛盾的、或综合单价小数点明显错误的,每处扣 1 分;

(3) 经评审算术性差错扣分:修正后算术性差错绝对值累计与评标基准价比占 2.5‰及以上的,超出部分每 1‰扣 1 分;

(4) 评标委员会对报价各项目单价构成和各种费用合计构成是否合理,有无严重不平衡报价进行评审(由评标委员会随机抽取 10~20 项进行评审,并由电子辅助评标系统完成)。工程量清单的报价超过评审项目基准单价(A)在±15%(含)以内不扣分,差幅在±15%~±20%(含)者,每发现一处扣 0.2 分;差幅在±20%以上者,每发现一处扣 0.4 分。

不平衡报价评审、修正(本项由评标委员会决定是否进行,并由电子辅助评标系统完成):

(1) 本项目工程量清单综合单价的标准偏离率为 20%。

(2) 工程量清单评审项目:全部项目进入评审。

(3) 计算评审项目基准单价(A)。开标会议上审查通过的所有投标人的投标单价的算术平均值作为基准单价。

(4) 筛选偏离价格。通过计算机对投标文件进行不平衡报价检测,筛选出与对应子目基准价相比超过标准偏离率的报价。

(5) 修正不平衡报价。评标委员会按以下公式对投标人相对于招标文件的严重不平衡报价进行修正:

$$正偏离修正价格(T)＝A×(1＋标准偏离率)$$

$$负偏离修正价格(P)＝A×(1－标准偏离率)$$

评标委员会对修正后的价格应要求投标人书面确认,投标人不予确认的,评标委员会有权拒绝其投标文件。

(6)对投标人不平衡报价的修正不改变投标总价。经修正的综合单价适用于工程量清单(包括主材)的数量有误或实施过程中工程变更引起的数量增减。

2.5 技术标评审标准(25分)

具体评审标准见下表,评委人数为7人,采用加权平均,其平均值作为技术标的最后得分。

条　款	评分因素	评分标准
技术标评分标准	编制说明	25×2%
	工程概况	25×3%
	项目管理	25×10%
	施工组织方案	25×15%
	施工进度计划	25×10%
	施工平面布置	25×10%
	施工技术方案	25×30%
	施工现场文明施工安全管理	25×5%
	新技术、新工艺、新材料、新产品的推广及应用	25×5%
	附表(包括拟投入主要施工设备表,拟配备的试验和检测仪器设备表,劳动力计划表,计划开、竣工日期和施工进度横道图等)	25×10%

2.6 投标函部分评审标准(15分)

具体评审标准见下表,评委人数为7人,采用加权平均,其平均值作为技术标的最后得分。

条　款	评分因素		评分标准
投标函评分标准	投标函及投标函附录		15×30%
	法定代表人身份证明		15×5%
	投标保证金		15×5%
	项目管理机构	项目经理任职资格与业绩	15×10%
		技术负责人任职资格与业绩	15×10%
		项目班子配备齐全	15×5%
	资格审查资料	投标人基本情况	15×10%
		近年完成的类似项目情况	15×10%
		正在施工的和新承接的项目情况	15×10%
	投标人承诺	投标人承诺	15×5%

2.7 投标单位资信分的评分标准(本工程不设置资信分)

2.8 评分统计方法

上述各项得分汇总办法为:投标人的得分＝商务标部分得分＋技术标部分得分＋投标函部分得分,最后得分数采取四舍五入的方法精确到小数点后一位。

(三)评标程序

3.1 评标委员会成立电子辅助评标系统清标小组,由市公共资源交易中心工作人员操作电子辅助评标系统,先对进入评标室的投标文件进行商务标电子辅助评标清理,对不响应本招标文件商务要求的投标文件,经确认后按废标处理。评标委员会投标人的投标文件进行初步评审。初步评审分为:①形式评审(标准见本章第2.1条);②资格评审(标准见本章第2.2条);③响应性评审(标准见本章第2.3条)。

3.2 初步评审结束后,由评标委员会对投标文件进行详细评审,分别对商务标部分、技术标部分、投标函部分进行评分,不平衡报价进行修正,并计算投标人的最终得分。

3.3 商务标细微偏差补正标准:

1. 如果数字表示的金额和用文字表示的金额不一致时,应以文字表示的金额为准;

2. 当单价与数量的乘积与合价不一致时,以单价为准,除非评标委员会认为单价有明显的小数点错误,此时应以标出的合价为准,并修改单价;

3. 合计累计金额与小计(合计)金额不一致的,以合计累计金额为准,并修改小计(合计)金额及总报价。

当评标委员会按照上述原则修正错误,发现其错误达到或超过原总报价1.0%时,将认定其投标文件质量较差,其错误不予修正,作废标处理。

3.4 中标候选人履约能力审查标准:

1. 中标候选人的行贿犯罪记录情况审核。中标候选人或其拟派项目经理近三年(投标截止时间往前推算3年整,以法院判决日为准)来无行贿犯罪记录(以招标人到市检察院查询的行贿犯罪记录为准)为合格,近三年来有行贿犯罪记录的为不合格。

2. 不良行为审核。中标候选人或其拟派项目经理在×××市公共资源交易不良行为信息库中有不良行为记录并处于公告期内的,按履约能力不合格处理。

3. 拟派项目班子成员在建工程情况审核。拟派项目班子成员有在建工程时,按履约能力不合格处理。

招标人在审核在建工程情况时,以网上搜索为准,如网上搜索或其他投标人举报中标候选人拟派项目班子成员有在建工程时,以其能否在投标截止时间前提供竣工验收单或单位工程质量竣工验收记录为准。在工程项目实施中,项目负责人因故更换的,在原承担的合同工程未通过竣工验收前,视同有在建工程。

3.5 评标报告.推荐中标候选人:

1. 评标委员会对投标文件按其最终得分由高到低进行排序。

2. 评标报告:

评标委员会应根据评标情况和结果,向招标人提交评标报告。评标报告由评标委员会成员起草,按少数服从多数的原则通过。评标委员会全体成员应在评标报告上签字确认,评标专家如有保留意见可以在评标报告中阐明。

评标委员会应在评标报告中依次推荐排序前一至三名为中标候选人。得分相同时,报价低者优先。

3. 评标报告应包括以下内容:

(1)开标记录;

(2)评标内容、过程和结果;

(3)废标情况说明及依据;

(4)询标澄清纪要;

(5)中标候选人的优劣对比和存在问题;

(6)其他建议。

3.6 有效投标人不足3个时的处理:

1. 经评标委员会确认,有效投标人的报价没有达到预期的竞争效果,将否决全部投标,招标人应当重新组织招标。

2. 经评标委员会认定,有效投标人的报价达到了预期的竞争效果,则确定有效投标人为中标候选人;并不再对商务标的标书质量进行扣分,已扣分的,由评标委员会予以撤销。对中标候选人排名时,以投标报价低者排名在前。

第四章　合同条款

使用建设部、国家工商行政管理局 1999 年 12 月 24 日印发的《建设工程施工合同(示范文本)》(建〔1999〕313 号)。

目　录

(一)协议书

(二)通用条款

(三)专用条款

(一)协议书

发包人(全称):＿＿＿＿＿＿＿＿＿＿＿＿＿(简称"甲方")

承包人(全称):＿＿＿＿＿＿＿＿＿＿＿＿＿(简称"乙方")

依照《中华人民共和国合同法》《中华人民共各国建筑法》及其有关法律、行政法规,遵循平等、自愿、公平和诚实信用的原则,双方就本建设工程施工事项协商一致订立本合同。

一、工程概况

工程名称:×××市宏祥手套厂 2 号厂房工程

工程地点:×××市江北工业园区

工程内容:图纸设计施工范围内(按工程量清单)

工程立项批准文号:东发改审批〔2010〕358 号

资金来源:自筹

二、工程承包范围

承包范围:建筑总承包。

三、合同工期:

180 日历天

四、质量标准

工程质量标准:合格

五、合同价款

金额(大写):＿＿＿＿＿＿＿＿＿＿＿＿＿(人民币)

￥:＿＿＿＿＿＿＿＿＿＿＿＿＿元

六、组成合同的文件

组成本合同的文件包括:

1. 本合同协议书

2. 中标通知书

3. 投标书及其附件

4. 本合同专用条款

5. 本合同通用条款

6. 标准、规范及有关技术文件

7. 图纸

8. 工程量清单

9. 工程报价单或预算书

10.《×××市宏祥手套厂 2 号厂房工程》(以下简称《招标文件》)

11. 询标记录

双方有关工程的洽商、变更等书面协议或文件视为本合同的组成部分。

七、本协议书中有关词语含义与本合同第二部分"通用条款"中分别赋予它们的定义相同。

八、承包人向发包人承诺按照合同约定进行施工、竣工并在质量保修期内承担工程质量保修责任。

九、发包人向承包人承诺按照合同约定的期限和方式支付合同价款及其他应当支付的款项。

十、合同生效

合同订立时间：_____年_____月_____日

合同订立地点：_____

本合同双方约定提交履约担保，双方签字盖章后生效。

发包人：(公章)	承包人：(公章)
地址：	地址：
法定代表人：	法定代表人：
委托代表人：	委托代表人：
电话：	电话：
传真：	传真：
开户银行：	开户银行：
账号：	账号：
邮政编码：	邮政编码：

(二)通用条款

此部分采用《建设工程施工合同》范本(GF-1999—0201)中的第二部分"通用条款"。

(三)专用条款

一、词语定义及合同文件

2.合同文件及解释顺序

合同文件组成及解释顺序：施工合同协议书、中标通知书、招标文件及询标记录、投标书及其附件、施工合同专用条款、施工合同通用条款、标准、规范及有关技术文件、图纸、设计变更联系单、工程量清单、工程报价单或预算书，双方有关工程的洽商、变更等书面协议或文件视为协议书的组成部分。

3.语言文字和适用法律、标准及规范

3.1 本合同除使用汉语外，还使用_____/_____语言文字。

3.2 适用法律和法规

需要明示的法律、行政法规：《中华人民共和国合同法》、《中华人民共和国建筑法》、《建筑安装工程承包合同条例》等有关法律及×××市相关政府性基本建设投资规范性文件。

3.3 适用标准、规范

适用标准、规范的名称：按国家建筑标准规范。

发包人提供标准、规范的时间：按国家建筑标准规范(由承包人自行取得)。

国内没有相应标准、规范时的约定：_____/_____

4.图纸

4.1 发包人向承包人提供图纸日期和套数：合同生效后，提供六套。

发包人对图纸的保密要求：仅适用于本合同工程。

二、双方一般权利和义务

5.工程师

5.2 监理单位委派的工程师

姓名：_____ 职务：_____

发包人委托的职权：_____

需要取得发包人批准才能行使的职权：_____

5.3　发包人派驻的工程师

姓名：_____ 职务：_____

职权：_____

5.6　不实行监理的,工程师的职权：_____

7.项目经理

姓名：_____ 职务：项目经理

8.发包人工作

8.1　发包人应按约定的时间和要求完成以下工作：

(1)施工场地具备施工条件的要求及完成的时间：已具备施工条件

(2)将施工所需的水、电、电讯线路接至施工场地的时间、地点和供应要求：开工前三天

(3)施工场地与公共道路的通道开通时间和要求：开工前开通

(4)工程地质和地下管线资料的提供时间：开工前三天

(5)由发包人办理的施工所需证件、批件的名称和完成时间：开工前三天办理完毕

(6)水准点与坐标控制点交验要求：开工前三天在施工现场交验。

(7)图纸会审和设计交底时间：双方商定。

(8)协调处理施工场地周围地下管线和邻近建筑物、构筑物(含文物保护建筑)、古树名木的保护工作：开工前协调处理完毕。

(9)双方约定发包人应做的其他工作：_____/_____。

8.2　发包人委托承包人办理的工作：_____/_____。

9.承包人工作

9.1　承包人应按约定时间和要求,完成以下工作：

(1)需由设计资质等级和业务范围允许的承包人完成的设计文件提交时间：___/___。

(2)应提供计划、报表的名称及完成时间：开工前三天应提供完善的施工组织设计和安全专项方案,每月25日前提供下月完成工程量报表、月进度报表等。

(3)承担施工安全保卫工作及非夜间施工照明的责任和要求：夜间施工须经发包方同意及有关部门批准并承担费用。

(4)向发包人提供的办公和生活房屋及设施的要求：提供业主、监理人员办公用房及设施。

(5)需承包人办理的有关施工场地交通、环卫和施工噪音管理等手续：其发生的费用由承包方支付,因承包方未及时办理等责任由承包方负责。

(6)已完工程成品保护的特殊要求及费用承担：验收交付使用前由承包人负责保护,无其他特殊要求的,费用由承包人承担。

(7)施工场地周围地下管线和邻近建筑物、构筑物(含文物保护建筑)、古树名木的保护要求及费用承担：由承包人负责保护,相应费用包含在合同总价中。

(8)施工场地清洁卫生的要求：按规范要求执行。

(9)双方约定承包人应做的其他工作：强化安全意识,抓好安全生产,杜绝事故发生,施工中发生安全及人身事故均由承包人负责处理,并承担全部费用。

三、施工组织设计和工期

10.进度计划

10.1　承包人提供施工组织设计(施工方案)和进度计划的时间：开工前三天提供施工组织设计及专项施

工方案。每月 25 日提供下月提供进度计划。

工程师确认的时间：每收到进度计划的 7 天内给审核。

10.2　群体工程中有关进度计划的要求：_____/_____。

13.工期延误

13.1　双方约定工期顺延的其他情况：_____/_____。

四、质量与验收

17.隐蔽工程和中间验收：

乙方必须及时通知甲方，由甲方(监理单位)召集有关单位进行验收。

17.1　双方约定中间验收部位：所有隐蔽工程。按 CJJ 1－90,CJJ 3－90 及质量监督站指定要求办理。

19.工程试车

19.5　试车费用的承担：_____/_____。

五、安全施工

中标单位在施工期间发生人身安全和交通安全等大小事故，一切责任和经济补偿均由中标方负责。

六、合同价款与支付

23.合同价款及调整

23.2　本合同价款采用(1)方式确定。

(1)采用固定价格合同，合同价款中包括的风险范围：各种因素引起的材料价格、人工工资、施工机械使用费、管理费、利润等变化及风险因素。

风险费用的计算方法：_____。

风险范围以外合同价款调整方法：

1)本工程采用下列方式核对实物工程量清单：

招标人或中标人对工程量清单有异议的，均有向对方提出重新复核的权利，中标人对清单有异议并认为工程量中有多、漏项或工程量错误引起造价增减相抵后的累计值超过投标总价±3％以上的，应在投标截止之日起 30 天内分别向招标人、招标代理机构以及公共资源交管办提交要求复核的书面报告，并附核对清单调整表及工程量计算表(调整表与工程量计算表应相对应，对没有提交工程量清单调整表及工程量计算表的，招标人和招标代理机构将不予认可)。对异议进行复核的期限应在提出书面复核通知后15 天内。复核后，若工程量清单误差累计引起中标价格变化在 3％(包括 3％)以内，仍按原工程量清单执行，复核费用由提出方承担；若工程量清单误差累计引起中标价格变化在 3％以上时，按复核后的工程量清单调整中标价，调整包括 3％以内的部分，但不得对中标单价进行调整，复核费用由原工程量清单编制单位承担。复核工作结束后提出方应将复核结果抄送市公共资源交管办备案。双方在规定时间内未提出异议的视为认可原投标的工程量清单。

2)其他施工材料单价的调整：_____/_____。

(2)采用可调价格合同，合同价款调整方法：_____/_____。

(3)采用成本加酬金合同，有关成本和酬金的约定：_____/_____。

23.3双方约定合同价款的其他调整因素：_____/_____。

24.工程预付款

本工程不支付工程预付款和备料款。

25.工程量确认

25.1　承包人向工程师提交已完工程量报告的时间：每月 25 日(逢法定节假日顺延)提交已完工程量报告。

26.双方约定的工程款(进度款)支付的方式和时间：

第一次进度款：基础完成支付合同总价的 15%；

第二次进度款：二层楼面完成支付合同价的 20%；

第三次进度款：结顶完工支付合同价的 20%；

第四次进度款：竣工验收后支付合同价的 20%。

余款支付：其余工程款经市审计局审计后一个月内付至工程价的 95%，5% 留作工程保修金。工程保修金在竣工验收合格两年，并按规定履行了保修责任后付清（不计利息）。

<u>农民工工资保障金按有关文件规定执行。</u>

工程变更引起的工程款增减额在审计结束后一并支付。

七、材料设备供应

27. 发包人供应材料设备

27.4 发包人供应的材料设备与一览表不符时，双方约定发包人承担责任如下：

（1）材料设备单价与一览表不符：_____/_____。

（2）材料设备的品种、规格、型号、质量等级与一览表不符：_____/_____。

（3）承包人可代为调剂串换的材料：_____/_____。

（4）到货地点与一览表不符：_____/_____。

（5）供应数量与一览表不符：_____/_____。

（6）到货时间与一览表不符：_____/_____。

27.6 发包人供应材料设备的结算方法：_____/_____。

28. 承包人采购材料设备

28.1 承包人采购材料设备的约定：

任何材料设备的进场都需监理工程师和甲方代表验收合格后方能使用，并提交质保单和检验报告，按规定支付的材料监测费用由承包方自行支付。

28.2 材料品牌规格、型号、等级一览表中的材料以及卫生间复合板成品隔断、硬木扶手、不锈钢扶手、塑钢窗等材料均由甲乙双方共同采购。

八、工程变更

29.1 施工图的修改变更，必须经招标人或招标人指定的代表委托原设计单位同意，经监理和发包人签证后，承包人才能予以实施。

承包人在工程变更后 7 天内，提出变更工程价款的报告，须工程师确认调整合同价款；承包人在双方确定变更 14 天内不向工程师提出变更工程价款报告时，视为该项变更不涉及合同款的变更（但减少价款的，仍将在工程结算中扣减）；再者按《×××市政府性投资项目概预算调整和工程变更管理规定》执行。

设计图纸中存在的问题，承包人应在设计交底和图纸会审时提出，由设计单位出具修改补充文件。如在下列情况发生时，承包人应及时书面通知监理和发包人要求确认：

（1）设计图纸和说明文件与工程现场状况差距很大，以至于设计文件所标明的施工条件与实际严重不符。

（2）设计图纸和设计文件表示不明确或有错误及遗漏，图纸与说明不符等所有设计变更、质量事故处理等，均经由设计单位确认并经发包人同意后才能实施，承包人不得擅自修改设计图纸。

九、竣工验收与结算

32. 竣工验收

32.1 承包人提供竣工图的约定：<u>本工程竣工后，承包人在工程竣工验收合格后 1 个月内向发包人提交完整竣工图纸四套及竣工图电子文档、结算资料两份。不交齐全部竣工资料，停止拨付工程款。</u>

发包人批准结算报告的时间：工程竣工验收后，发包人收到承包人送审的结算书后 30 天内提出初审意见，再送市审计局审计。

工程保修:全部合同工程竣工后,仍由承包方对工程质量实施保修,保修责任和办法按建设部《建设工程质量管理条例》执行。

32.2 中间交工工程的范围和竣工时间:＿＿＿＿＿＿＿/＿＿＿＿＿＿＿。

十、违约、索赔和争议

35.违约

35.1 本合同中关于发包人违约的具体责任如下,

本合同通用条款第 24 条约定发包人违约应承担的违约责任:＿＿＿/＿＿＿。

本合同通用条款第 26.4 款约定发包人违约应承担的违约责任:按通用条款第 26.4 款执行。

本合同通用条款第 33.3 款约定发包人违约应承担的违约责任:按通用条款第 33.3 款执行。

双方约定的发包人其他违约责任:＿＿＿＿＿/＿＿＿＿＿。

35.2 本合同中关于承包人违约的具体责任如下:

本合同通用条款第 14.2 款约定承包人违约承担的违约责任:

以中标单位的中标工期为考核标准按期或提前不奖不罚,每延迟一天,罚 1000 元;工期延迟 10 天以上,每延迟一天处罚 2000 元。

本合同通用条款第 15.1 款约定承包人违约应承担的违约责任:

(1)工程施工质量不能通过竣工验收达到合格的,由中标单位返工整改达到合格,同时返工整改时间列入总工期考核;

双方约定的承包人其他违约责任:

如发现转包、分包或偷工减料、以次充好的行为,甲方有权单方终止合同,并对乙方处以本合同总价款 10%的罚款,同时由乙方承担全部直接和间接经济损失,其余按通用条款执行。

37.争议

37.1 双方约定,在履行合同过程中产生争议时:

(1)请行业主管部门调解;

(2)采取第＿二＿种方式解决:

①向×××仲裁委员会提请仲裁;

②向×××市人民法院提起诉讼。

十一、其他

38.工程分包

38.1 本工程发包人同意承包人分包的工程:＿＿＿＿＿＿＿/＿＿＿＿＿＿＿。

分包施工单位为:＿＿＿＿＿＿/＿＿＿＿＿＿。

39.不可抗力

39.1 双方关于不可抗力的约定:风力 9 级(含 9 级)以上台风持续 24 小时(以气象台发布的公告为准);24 小时连续雨量达 100mm 以上的暴雨(以气象台发布的公告为准);战争、动乱、洪水、空中飞行物坠落或其他非发包人、承包人责任造成的爆炸火灾;6 级以上(含 6 级)地震。

40.保险

40.6 本工程双方约定投保内容如下:

(1)发包人投保内容:办理建筑工程一切险。

发包人委托承包人办理的保险事项:＿＿＿＿＿＿/＿＿＿＿＿＿。

(2)承包人投保内容:按通用条款第 40.4 款执行。

41.担保

本工程双方约定担保事项如下:

(1)发包人向承包人提供履约担保,担保方式为:<u>工程款支付银行保函担保合同作为本合同附件。</u>

(2)承包人向发包人提供履约担保,担保方式为:<u>　　　/　　　</u>担保合同作为本合同附件。

(3)双方约定的其他担保事项:<u>合同协议书签署后七天内投标保证金转为履约保证金,不足部分在合同书签署前交至招标人指定账户。</u>

46. 合同份数

46.1 双方约定合同份数:<u>　一式 8 份　</u>。

47. 补充条款

(1)本合同以《招标文件》为依据,招标文件中有规定的按《招标文件》办,《招标文件》没有规定的按本合同办。

(2)人员到岗考核:混凝土、钢筋、电焊、架子工、电工、木工等主要工程负责人必须持有相应上岗证,并作为合同的有效附件;除项目经理、施工员、技术员、质量员、安全员无特殊情况不允许更换外,其余工程负责人如达不到业主要求的,须无条件更换,如施工单位自行需更换人员的,必须经业主核准;要求项目经理到岗率每月 22 天以上,技术和施工负责人、质量员、安全员主要管理人员到岗率不得少于 95%。实行每日签到制;业主组织不定期抽查,经抽查不在岗者,每人次罚款 1000 元,3 次以上者作为不良行为记录报市公共资源交管办备案;人员到岗具体考核:建设单位会同监理单位实施定期不定期抽查,事先未经监理单位及建设单位同意擅自离岗者,每人次罚款 1000 元,罚款金额在工程款中扣除,当月累计超过 3 次以上的,同时报送建设主管部门处理。不按投标项目班子到位的,班子成员月到岗率达不到 70% 以上的,或因施工方责任导致工期延长十天以上的,由建设单位报公共资源交管办核定后列入不良行为记录,予以通报并暂停半年至一年在×××的投标资格。

(3)履约保证金在竣工验收合格后一个月内无息返回乙方。

(4)合同双方确认,本合同及本合同约定的其他文件组成部分中的各项约定都是通过法定招标过程形成的合法成果,不存在与招标文件和中标人投标文件实质性内容不一致的条款。如果存在任何此类不一致的条款,也不是合同双方真实意思的表示,对合同双方不构成任何合同和法律约束力。合同双方也不存在且也不会签订任何背离本合同实质性内容的其他协议或合同,如果存在或签订背离本合同实质性内容的其他协议或合同,也不是合同双方真实意思的表示,对合同双方不构成任何合同和法律约束力。

(5)中标单位不得随意更换项目经理或其项目部主要管理人员(指技术负责人、施工员、质量员、安全员),确需更换的,按市政府和市公共资源交管办的相关规定办理。

第五章　工程技术规范

一、依据设计施工图纸和技术文件要求,本工程项目的材料、设备、施工必须达到现行中华人民共和国及省、市、行业的有关法规、规范的要求。

二、根据工程设计要求,该项工程下列项目材料、施工除必须达到以上标准外,还应满足下列标准要求:(列出特殊项目的施工工艺标准和要求)

第六章　工程量清单

(一)工程量清单封面

(二)工程量清单说明

(三)工程量清单表(另附)

(四)部分材料品牌、规格、型号一览表(另附)

（一）工程量清单封面

×××市宏祥手套厂2号厂房 　工程

工 程 量 清 单

招 标 人：＿＿＿＿＿＿＿＿＿

（单位盖章）

工程造价
咨 询 人：＿＿＿＿＿＿＿＿＿

（单位资质专用章）

法定代表人
或其授权人：＿＿＿＿＿＿＿

（签字或盖章）

法定代表人
或其授权人：＿＿＿＿＿＿＿

（签字或盖章）

编 制 人：＿＿＿＿＿＿＿＿

（造价人员签字盖专用章）

复 核 人：＿＿＿＿＿＿＿＿

（造价工程师签字盖专用
章）

编制时间：　　　　　　　　　　　　复核时间：

封-1

（二）工程量清单说明

1.工程量清单说明

1.1　本工程量清单是根据招标文件中包括的、有合同约束力的图纸以及有关工程量清单的国家标准、行业标准、合同条款中约定的工程量计算规则编制。约定计量规则中没有的子目，其工程量按照有合同约束力的图纸所标示尺寸的理论净量计算。计量采用中华人民共和国法定计量单位。

1.2　本工程量清单应与招标文件中的投标人须知、通用合同条款、专用合同条款、技术标准和要求及图纸等一起阅读和理解。

1.3　本工程量清单仅是投标报价的共同基础，实际工程计量和工程价款的支付应遵循合同条款的约定和第六章"技术标准和要求"的有关规定。

1.4　补充子目工程量计算规则及子目工作内容说明：

2.投标报价说明

2.1　详见投标人须知3.2条

2.2　暂列金额的数量及拟用子目的说明：

2.3　暂估价的数量及拟用子目的说明：

3.其他说明

第七章　图　　纸

图纸清单

设计人：

图　号	图纸名称	张　数	备　注
建施×—×—×	建施图纸	×	
结施×—×—×	结施图纸	×	

注：准确数目请参考设计图纸。

第八章　投标文件投标函部分格式

目　录

（一）投标函部分封面

（二）投标函及投标函附录

（三）法定代表人身份证明

（四）授权委托书

（五）联合体协议书(注：如招标公告第3.3条明确不接受联合体投标时，取消本项)

（六）投标承诺书

（七）投标保证金交纳凭证

（八）项目管理机构(注：如招标文件"第二章 投标人须知"第3.1条要求单独制作"投标文件技术标"的工程项目不用此表)

（九）拟分包项目情况表(注：1. 如招标文件"第二章 投标人须知"第3.1条要求单独制作"投标文件技术标"的工程项目不用此表；2.没有分包项目的不用此表)

（十）资格审查资料

（十一）预算编制人员资格证书复印件(注：如预算编制人员为其他单位的，应附被借用人员单位同意的证明，但被借用人员所在企业不能同时参加本工程投标)

（十二）投标人资信业绩材料(招标文件有要求时，提供材料)

(一)投标函部分封面

_____工程

施 工 投 标 文 件

项目编号：东招施工〔20××〕　　号

（投标函部分）

授 标 人(章)：

法定代表人或委托代理人(签字、盖章)：

日期：_____年_____月_____日

（二）投标函及投标函附录

1. 投标函

_____（招标人名称）：

1. 我方已仔细踏勘项目现场和研究了_____（项目名称）_____标段施工招标文件的全部内容，愿意以人民币（大写）_____元（¥_____）的投标总报价（企业成本价为_____元），工期_____日历天，按合同约定实施和完成承包工程，修补工程中的任何缺陷，工程质量达到_____。

2. 我方承诺在投标有效期内不修改、撤销投标文件。

3. 随同本投标函提交投标保证金一份，金额为人民币（大写）_____元（¥_____）。

4. 如我方中标：

(1)我方承诺在收到中标通知书后，在中标通知书规定的期限内与你方签订合同。

(2)随同本投标函递交的投标函附录属于合同文件的组成部分。

(3)我方承诺按照招标文件规定向你方递交履约担保。

(4)我方承诺在合同约定的期限内完成并移交全部合同工程。

5. 我方在此声明，所递交的投标文件及有关资料内容完整、真实和准确，且不存在第二章"投标人须知"第1.4.3项规定的任何一种情形。

6. _____（其他补充说明）。

投标人：_____（盖单位章）
法定代表人或其委托代理人：_____（签字、盖章）
地址：_____
网址：_____
电话：_____
传真：_____
邮政编码：_____
_____年____月____日

2. 投标函附录

序　号	项目内容	合同/条款号	约定内容	备　注
1	项目经理		姓名_____ 身份证号_____	
2	履约保证金		合同总价款的10％	
3	施工准备时间		签订合同协议后（　）天	
4	误期违约金额			
5	提前工期奖		元/天	
6	施工总工期		日历天	
7	质量标准			
8	工程质量违约金最高金额		（　/　）元	
9	缺陷责任期			

投标人：(盖章)_____企业法定代表人或委托代理人(签字、盖章)_____

(三)法定代表人身份证明

投标人名称：_____

单位性质：_____

地址：_____

成立时间：_____年____月____日

经营期限：_____

姓名：_____性别：_____年龄：____职务：_____

系_____(投标人名称)的法定代表人。

特此证明。

投标人：_____(盖单位章)

_____年____月____日

(四)授权委托书

本人_____(姓名)系_____(投标人名称)的法定代表人,现委托_____(姓名)为我方代理人。代理人根据授权,以我方名义签署、澄清、说明、补正、递交、撤回、修改_____(项目名称)_____标段施工投标文件、签订合同和处理有关事宜,其法律后果由我方承担。

委托期限：_____

代理人无转委托权。

附：法定代表人身份证明

投标人：_____(盖单位章)

法定代表人：_____(签字)

身份证号码：_____

委托代理人：_____(签字)

身份证号码：_____

_____年____月____日

(五)联合体协议书

_____(所有成员单位名称)自愿组成_____(联合体名称)联合体,共同参加_____(项目名称)____标段施工投标。现就联合体投标事宜订立如下协议。

1._____(某成员单位名称)为_____(联合体名称)牵头人。

2.联合体牵头人合法代表联合体各成员负责本招标项目投标文件编制和合同谈判活动,并代表联合体提交和接收相关的资料、信息及指示,并处理与之有关的一切事务,负责合同实施阶段的主办、组织和协调工作。

3.联合体将严格按照招标文件的各项要求,递交投标文件,履行合同,并对外承担连带责任。

4.联合体各成员单位内部的职责分工如下:_____。

5.本协议书自签署之日起生效,合同履行完毕后自动失效。

6.本协议书一式____份,联合体成员和招标人各执一份。

注:本协议书由委托代理人签字的,应附法定代表人签字的授权委托书。

牵头人名称:_____(盖单位章)

法定代表人或其委托代理人:_____(签字)

成员一名称:_____(盖单位章)

法定代表人或其委托代理人:_____(签字)

成员二名称:_____(盖单位章)

法定代表人或其委托代理人:_____(签字)

_____年____月____日

(六)投标承诺书

项目名称:_____

本单位已详细阅读上述工程之招标文件,现自愿就参加上述工程投标有关事项向招标单位郑重承诺如下:

1.遵守中华人民共和国、浙江省、××市有关招标投标的法律法规规定,自觉维护建筑市场正常秩序。若有违反,同意被废除投标资格并接受处罚。

2.遵守××市公共资源交易中心各项管理制度,自觉维护公共资源交易中心工作秩序。若有违反,同意被废除投标资格并接受处罚。

3.服从招标有关议程事项安排,服从招标有关会议现场纪律。若有违反,同意被废除投标资格并接受处罚。

4.接受招标文件全部条款及内容,未经招标单位允许,不对招标文件条款及内容提出异议。若有违反,同意被废除投标资格并接受处罚。

5.保证投标文件内容无任何虚假。若评标过程中查有虚假,同意作无效投标文件处理并被没收投标保证金,若中标之后查有虚假,同意被废除授标并被没收投标保证金。

6.保证投标文件不存在低于成本的恶意报价行为。

7.保证无论中标与否,均不向招标单位查询追问原因。

8.保证按照招标文件及中标通知书规定商签施工合同及提交履约保证。如有违反,同意接受招标单位违约处罚并被没收投标保证金。

9.保证中标之后不转包及使用挂靠施工队伍,若有分包将征得建设单位同意。

10.保证中标之后按照投标文件承诺派驻管理人员及投入机械设备,如有违反,同意接受建设单位违约处罚并被没收履约保证金。

11.保证中标之后密切配合建设单位及监理单位开展工作,服从建设单位驻现场代表及现场监理人员的管理。

12.保证按照招标文件及施工合同约定原则处理造价调整事宜,不会发生签署施工合同之后恶意提高造价的行为,在投标期间或履约合同期间,因纠纷被法院等执行的其一切后果自负。

联系地址:_____   邮编:_____

联系人:_____   电话:_____

开户银行：   账号：

投标单位：（公章）   法定代表人或委托代理人：（签字、盖章）

　　　　　　　　　　　　　　　　　　　　　　　　　　　　　　_____年____月____日

（七）投标保证金缴纳凭证

（注：本面粘贴或后附投标保证金缴纳凭证复印件）

（八）项目管理机构

1. 项目管理机构组成表

职务	姓名	职称	执业或职业资格证明					备注
			证书名称	级别	证号	专业	养老保险	

2. 主要人员简历表

"主要人员简历表"中的项目经理应附注册证书、B类证、身份证、劳动合同关系、养老保险复印件；技术负责人应附身份证、职称证复印件；其他主要人员（施工员、质检员、安全员）应附上岗证书（安全员应附C类证）复印件。

姓名		年龄		学历	
职称		职务		拟在本合同任职	
毕业学校		年毕业于		学校	专业

主要工作经历

时间	参加过的类似项目	担任职务	发包人及联系电话

（九）拟分包项目情况表

分包人名称		地址	
法定代表人		电话	
营业执照号		资质等级	
拟分包的工程项目	主要内容	预计造价（万元）	已做过的类似工程

（十）资格审查资料

1. 投标人基本情况表

投标人名称					
注册地址			邮政编码		
联系方式	联系人		电话		
	传真		网址		
组织结构					
法定代表人	姓名		技术职称		电话
技术负责人	姓名		技术职称		电话
成立时间		员工总人数：			
企业资质等级			项目经理		
营业执照号		其中	高级职称人员		
注册资金			中级职称人员		
开户银行			初级职称人员		
账号			技工		
经营范围备注					

注：本表后应附投标人营业执照副本、资质证书副本、安全生产许可证、企业安全生产考核证 A 类证（法定代表人、企业负责人、企业技术负责人、企业分管安全生产的负责人）复印件和企业分管安全生产负责人任职文件或聘书复印件。

2.近年财务状况表

（注：本表后附经会计师事务所或审计机构审计的财务会计报表，包括资产负债表、现金流量表、利润表和财务情况说明书的复印件，具体年份要求见投标人须知前附表）

3.近年完成的类似项目情况表

项目名称	
项目所在地	
发包人名称	
发包人地址	
发包人电话	
合同价格	
开工日期	
竣工日期	
承担的工作	
工程质量	
项目经理	
技术负责人	
总监理工程师及电话	
项目描述	
备注	

注：招标文件对投标单位（或项目经理、或技术负责人）资格有业绩要求时，本表后应附中标通知书和（或）合同协议书、工程接收证书（工程竣工验收证书）的复印件，具体年份要求见投标人须知前附表。每张表格只填写一个项目，并标明序号。

4.正在施工的和新承接的项目情况表

项目名称	
项目所在地	
发包人名称	
发包人地址	
发包人电话	
签约合同价	
开工日期	
计划竣工日期	
承担的工作	
工程质量	
项目经理	
技术负责人	
总监理工程师及电话	
项目描述	
备注	

注：招标文件对投标单位（或项目经理或技术负责人）资格有业绩要求时，本表后应附中标通知书和（或）合同协议书复印件。每张表格只填写一个项目，并标明序号。

5. 近年发生的诉讼及仲裁情况

（注："近年发生的诉讼及仲裁情况"应说明相关情况，并附法院或仲裁机构作出的判决、裁决等有关法律文书复印件，具体年份要求见投标人须知前附表）

（十一）预算编制人员资格证书复印件

（注：本面粘贴或后附投标预算编制人员资格证复印件。如预算编制人员为其他单位的，应附被借用人员单位同意的证明，但被借用人员所在企业不能同时参加本工程投标）

（十二）投标人资信业绩材料

（注：1. 如招标文件的"投标人须知前附表"第 3.1.2 条第三款中要求提交资信业绩原件的，投标人应提交投标人资信业绩材料，未提交资料的项目不得分，并且不会作废标处理；

2. 由投标人根据"第三章 评标方法、标准、程序"中的第 2.5 条评分标准自行提供相关的资料，投标人提交材料时，要求"投标人资信分自评表"及相关证件或文件的复印件附在此项后面，原件装入投标文件其他材料部分档案袋中；

3. 如招标文件没有要求提交资信业绩的，取消该项资料。）

（一）投标人资信分自评表

（二）投标人的企业资质证书复印件；

（三）拟派项目经理获优秀项目经理证书复印件；

（四）投标人获省级以上质量奖证书或文件复印件；

（五）投标人拟派项目经理获省级以上质量奖证书或文件复印件；

（六）投标人获 ISO9000 系列认证证书复印件；

（七）投标人获重合同守信用单位称号证书复印件。

1. 投标人资信分自评表

序　号	内　容	评 分 标 准	自 评 分
一	企业资质等级分（最高为0.5分）	1. 一级及以上资质等级得 0.5 分； 2. 二级资质企业得 0.2 分	
二	拟派项目经理信誉分（最高为1分）	1. 上年度获省级及以上优秀项目经理得 1 分； 2. 上年度获市（地）级优秀项目经理得 0.5 分	
三	企业质量业绩分（最高为2分，同一项目获省级奖和国家级奖时不重复计分）	1. 投标人最近三年获鲁班奖业绩的得 1 分，拟派项目经理最近三年获鲁班奖业绩的另加 1 分； 2. 投标人最近三年获省级工程质量奖业绩的得0.5 分，拟派项目经理最近三年获省级工程质量奖业绩的另加 0.5 分	
四	投标人信誉业绩分（最高为1.5分）	1. 投标人通过质量体系 ISO9000 系列认证，且上一年度年审合格得 0.5 分； 2. 投标人上一年度获得（或在有效期内）省级及以上"重合同守信用单位"称号的得 1 分，上一年度获得（或在有效期内）市（地）级或县（市）级"重合同守信用"单位称号的得 0.5 分	
五	总得分（合计）	—	

说明：以上各项请投标人逐项填写，投标人应按实际情况具体自行打分，评审时将按投标人自查表内容核实。

投标单位（公章）：

法定代表人（或委托人）签字、盖章：

填报日期：＿＿＿＿年＿＿＿＿月

第九章 投标文件技术标格式（略）

第十章 投标文件商务标格式

（注：投标人应按本招标文件提供的工程量清单及计价、报价分析表式内容及样张编制，表格可以按同样格式扩展，本次招标由于采用电子辅助评标系统，在招标人提供了"工程量清单及商务标报价格式表格电子压缩包"已包含了工程量清单及计价、报价分析表式电子版。）

目　录

（一）商务标封面格式
（二）投标报价书格式
（三）已标价工程量清单（含编制说明）

(一)商务标封面格式

_____ 工程

施 工 投 标 文 件

（商务标部分）

授　标　人(章)：

法定代表人或委托代理人(签字、盖章)：

日期：_____年_____月_____日

(二)投标报价书格式

招 标 人：

工程名称：

投标总价：(小写) _____

(大写) _____

授 标 人(章)：

法定代表人或委托代理人(签字、盖章)：

编 制 人：(造价人员签字、盖资格专用章)

日 期：_____年_____月_____日

（三）已标价工程量清单

1.工程量清单报价表封面

2.附表1　编制说明

3.附表2　工程项目总价表

4.附表3　单项工程费汇总表

5.附表4　单位工程费汇总表

6.附表5　分部分项工程量清单计价表

7.附表6　措施项目清单计价表

8.附表7　其他项目清单计价表

9.附表8　零星工作项目计价表

10.附表9　分部分项工程量清单综合单价分析表

11.附表10　措施项目费分析表

12.附表11　主要材料（设备）价格表

备注：本部分格式采用计价软件导出格式

（四）商务标电子投标光盘

（本项无规定格式）

投标文件商务标电子投标盘为U盘和光盘各一个，电子投标盘必须用招标人提供的电子辅助评标系统专用软件（专用软件由招标人提供的"电子辅助评标压缩包"中取得）制作刻录。商务标电子投标盘上的水印码必须符合投标人须知前附表的要求。

第十一章　其他材料部分

（本部分无规定格式）

一、开标会议确认身份证件：

①投标保证金缴纳凭证；②项目经理资格（资质、注册）证书

二、资格后审材料原件：

安全生产许可证副本、项目经理B类安全资格证、项目安全员C类安全资格证原件。

三、资信业绩原件：

由投标人按第八章第十一部分内容要求自行提交相关的证书或材料，未提交的资信分不得分；也不作废标处理。

三　建设工程施工投标具体业务

（一）建设工程施工投标程序

主要包括：参加资格预审、取得招标文件、研究招标文件、参加现场踏勘与投标预备会、调查投标环境、确定投标策略、制定投标方案、编制投标书、递送标书、参加开标等。

具体内容已在本单元"2.1建设工程施工招标程序及各阶段的主要工作"中阐述，这里不再赘述。

（二）建设工程施工投标主要工作内容（图2-3）

投标过程主要是指投标人从填写资格预审申报资格预审时开始，到将正式投标文件递交业主为止所进行的全部工作，一般需要完成下列工作。

1.投标初步决策

企业管理层分析工程类型、中标概率、盈利情况决定是否参与投标。

2.组建投标工作机构

投标人在决定对某一项目投标后,为了确保在投标竞争中获胜,应精心挑选诚信、精干且富有经验的人员组成投标工作机构。该工作机构应由以下三方面的专业人员组成:

(1)经营管理类人才。是指专门从事工程业务承揽工作的公司经营部门管理人员和拟定的项目经理。经营部人员应具备一定的法律知识,熟悉工程施工合同范本;掌握科学的调查、统计、资料,分析和预测等研究方法;视野开阔、勇于开拓、具有较强的社会活动能力。项目经理应熟悉项目运行的内在规律,具有丰富的实践经验和大量的市场信息。这类人才在投标机构中起核心作用,制定和贯彻经营方针与规划,负责投标工作的全面筹化和安排。

(2)专业技术类人才。是指工程施工中的各类技术人才,诸如土木工程师、水暖电工程师、专业设备工程师等各类专业技术人员。他们具有本学科最新的专业知识,具备较强的实际操作能力,在投标时能从本公司的实际技术水平出发,确定各项专业施工方案和各种技术措施。

企业高层	→ 投标初步决策
企业高层	→ 组建投标工作机构
投标工作机构	→ 准备和提交资格预审资料
投标工作机构	→ 研究招标文件
投标工作机构	→ 参加现场踏勘和投标预备会
投标工作机构	→ 调查投标环境,制定投标策略
投标工作机构	→ 制定施工方案或施工组织设计
投标工作机构	→ 确定投标报价
企业高层	→ 投标最终决策
投标工作机构	→ 投标书成稿
投标工作机构	→ 标书装订和密封
委托人	→ 递交投标书、保证金,参加开标会

图 2-3 建设工程施工投标主要工作内容图

(3)财经类人才。是指从事造价、财务和商务等方面人才。他们具有工程造价、材料设备采购、财务会计、金融、保险、税务和索赔等方面的专业知识。投标报价主要由这类人才进行具体编制。

另外,在参加涉外工程投标时,还应配备懂得专业和合同管理的翻译人员。

投标机构的人员不宜过多,特别是最后决策阶段,参与的人数应严格控制,以确保投标报价的机密。

3. 准备和提交资格预审资料

资格预审是投标人投标过程中需要通过的第一关。参加一个工程招标的资格预审,应全力以赴,力争通过预审,成为可以投标的合格投标人。投标人申请资格预审时应注意如下问题:

(1)应注意资格预审有关资料的积累工作。平时要将一般资格预审的有关资料随时存入计算机内,并予整理,以备今后填写资格预审申请文件之用。对于过去业绩与企业介绍最好印成精美图册。此外,每竣工一项工程,宜请该工程项目业主和有关单位开具证明工程质量良好等的鉴定书,作为业绩的有力证明。如有各种奖状或 ISO 9000 认证证书等,应备有彩色照片及复印件。总之,资格预审所需资料应平时有目的地积累,不能临时拼凑,否则因达不到业主要求而失去机会。

(2)加强填表时的分析。既要针对工程项目的特点,下功夫填好重点部位,又要反映出本公司的施工经验、施工水平和施工组织能力。这往往是业主考虑的重点。

(3)注意收集信息。在本企业拟发展经营业务的地区,注意收集信息,发现可投标的项目,并做好资格预审的申请准备。当认为本企业某些方面难以满足投标要求(如资金、技术水平、经验、年限等),则应考虑与适当的其他施工企业,组成联合体来参加资格预审。

(4)作好递交资格预审申请后的跟踪工作。资格预审申请呈交后,应注意信息跟踪工作,以便发现不足之处,及时补送资料。

总之,资格预审文件不仅能起到通过资格预审的作用,而且还是企业重要的宣传资料。

4. 研究招标文件

通过了资格审查的投标人,在取得招标文件之后,首要的工作就是认真仔细研究招标文件,充分了解其内容和要求,以便有针对性地安排投标工作。招标文件的研究工作包括:①招标项目综合说明,熟悉工程项目全貌;②研究设计文件,为制定报价或制定施工方案提供确切的依据;③研究合同条款,明确中标后的权利与义务;④研究投标须知,提高工作效率,避免造成废标等。

5. 参加现场踏勘和投标预备会

6. 调查投标环境,制订投标策略

招标工程项目的社会、自然及经济条件,会影响工程项目成本,因此在报价前应尽可能了解清楚。主要调查的内容有:①社会经济条件,如劳动力资源、工资标准、专业分包能力、地方材料的供应能力等;②自然条件,如影响施工的天气、山脉、河流等因素;③施工现场条件,如场地地质条件、承载能力、地上及地下建筑物、构筑物及其他障碍物、地下水位、道路、供水、供电、通信条件、材料及构配件堆放场地等。

竞争的胜负不仅取决于参与竞争单位的实力,而且取决于竞争者的投标策略是否正确,研究投标策略的目的是为了取得竞争的胜利。

7. 制订施工方案或施工组织设计

施工方案是投标报价的一个前提条件,也是招标人评标时要考虑的因素之一。施工方案应由投标人的技术负责人主持制订,主要应考虑施工方法、主要施工机具的配置、各工种劳动力的安排及现场施工人员的平衡、施工进度及分批竣工的安排、安全措施等。施工方案的制订应在技术和工期两方面对招标人有吸引力，同时又有助于降低施工成本。

为投标而编制的施工组织设计与指导具体的施工方案有两点不同：一是读者对象不同。投标中的施工方案是向招标人或评标小组介绍施工能力，应简洁明了，突出重点和长处。二是作用不同。投标中的施工方案是为了争取中标，因此应在技术措施、工期、质量、安全以及降低成本方面对招标人有恰当的吸引力。

8. 确定投标报价

投标人在针对某一工程项目的施工投标中，最关键的工作是投标报价。一般情况下，在评标时投标报价的分数占总分的70%～80%，甚至有的简单工程在投标时就不需要提供施工组织设计，完全依据报价决定中标者。所以投标报价是投标工作的重中之重，必须高度重视。

1）投标报价编制程序

在进行投标计算时，必须首先根据招标文件进一步复核工程量。作为投标计算的必要条件，应预先确定施工方案，此外，投标计算还必须与采用的合同形式相协调。工程投标报价的一般程序如图2-4：

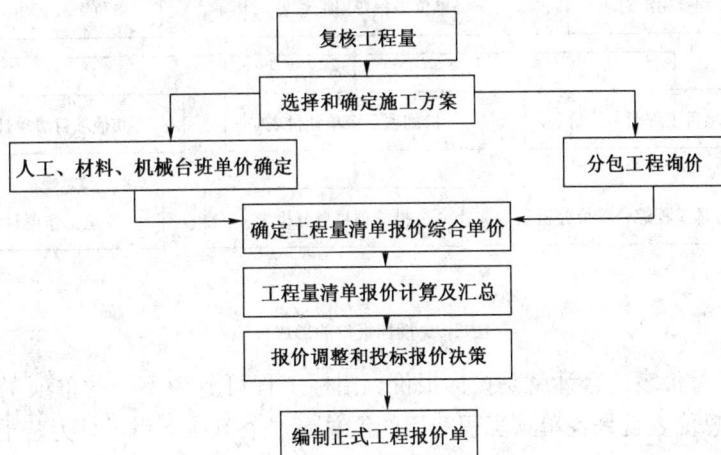

图2-4 工程项目投标报价编制程序图

2）投标报价的依据

投标报价目前通常采用工程量清单报价，工程量清单计价，是建设工程招投标活动中，按照国家统一的"计价规范"的要求及施工图设计文件，由招标人提供工程量清单，投标人根据工程量清单、企业定额、市场行情和本企业实际情况自主报价，经评审后合理低价中标的工程造价计价模式。

在此背景下，投标报价的依据主要有以下内容：

（1）招标文件（含工程量清单）；

（2）施工图设计文件（包括施工图设计选用的标准图集、通用图集）；

（3）《计价规范》各附录和各省《实施细则》、《补充项目》；

（4）投标人为拟建工程编制的施工组织设计（施工方案）；

（5）消耗量定额或企业定额；

（6）人工、材料、机械市场价格；

(7)招标文件规定的取费标准；

(8)竞争对手情况及企业内部的相关因素；

(9)投标报价策略。

3)投标报价的确定

(1)投标报价的形成。在工程量清单计价模式下,投标报价的形成过程如图2-5所示。

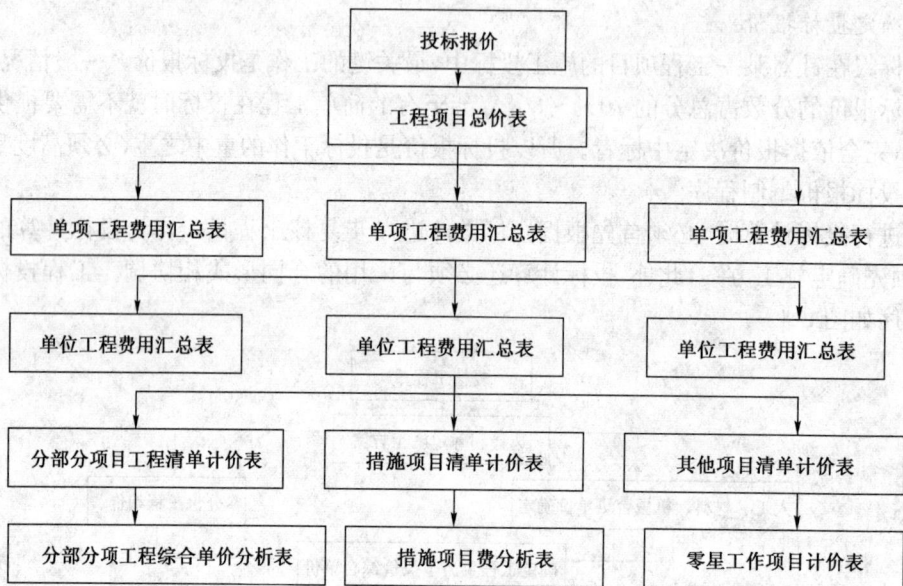

图 2-5　投标报价的形成过程

工程项目汇总价表的合计就是投标报价。招标工程可分为不同的单项工程,也称工程项目,工程项目汇总价表就是各单项工程费用的汇总。一个单项工程可分为若干个单位工程,单项工程费用汇总表即是各单位工程费用的汇总。单位工程是招标划分标段的最小单位,单位工程费用汇总表即是分部分项工程费;措施项目费;其他项目费;规费和税金的汇总。

(2)单位工程投标报价的计算。计算单位工程费用是确定投标报价的起点,单位工程投标报价的构成与工程预算造价的费用构成基本一致,但投标报价和工程预算造价是有区别的。工程预算造价一般按照国家及各省市、自治区、直辖市的有关规定编制,尤其是各种费用的计算是按规定的费率进行计算的;而投标报价则是根据本企业实际情况进行计算,更能体现企业的实际水平,可以根据企业对工程的理解程度,竞争对手的情况,在工程造价预算上下浮动。

在工程量清单计价模式下,投标报价主要由分部分项工程费、措施项目费、其他项目费、规费和税金五部分构成。

①分部分项工程费。分部分项工程量清单费用采用综合单价计价。综合单价是完成工程量清单中一个规定的计量单位项目所需的人工费、材料费(含检验试验费)、施工机械使用费、管理费和利润,并考虑了风险因素。它应按施工图设计文件和参照《计价规范》附录的工程内容确定。

其中风险费用是指投标企业在确定综合单价时,客观上可能产生的不可避免误差,以及在施工过程中遇到施工现场条件复杂、恶劣的自然条件、施工中意外事故、物价上涨，以及其他风险因素所发生的费用。

②措施项目费用。措施项目费是指施工企业为完成工程项目施工，发生于该工程施工前和施工过程中技术、生活、安全等方面的非工程实体项目的费用。结算需要调整的，必须在招标文件或合同中明确。

投标报价时，对于施工技术措施项目费，如混凝土、钢筋混凝土模板或支架、脚手架、垂直运输、施工排水、降水等措施项目费，由投标人根据企业的情况自行报价，可高可低。对于施工组织措施项目费按照国家及各地费用定额规定的计算方法，或按照施工组织设计实际采取的施工组织措施，通过一定的计算方法由投标人自行计算。

③其他项目费用。其他项目费分招标人部分和投标人部分。

a. 招标人部分：

预留金：是指招标人在工程招标范围内为可能发生的工程量变更而预留的金额。工程量变更主要是指工程量清单漏项、有误引起的工程量的增加和施工中设计变更引起标准提高或工程量的增加等。按预计发生数估算。

材料购置费：是指招标人按国家规定准予的范围内为拟建工程采购供应的材料费用。按预计发生数估算。

b. 投标人部分：

总承包服务费：是指投标人为配合协调招标人进行工程分包和材料采购所发生的费用。

零星工作项目费：是指完成招标人提出的工程量暂估的零星工作所需费用。工程竣工时按实结算。

其他：如工程发生时，由编制人根据工程要求和施工现场实际情况，按实际发生或经批准的施工方案计算。

预留金、材料购置费均为估算、预测数，虽在工程投标时计入投标人的报价中，但不为投标人所有。工程结算时，应按承包人实际完成的工作量计算，剩余部分仍归招标人所有。

9. 投标最终决策

企业高层根据收集到的业主情况、竞争环境、主观因素、法律法规及招标条件等信息，作出最终投标报价和响应性条件的决策。

10. 投标书成稿

投标团队汇总所有投标文件，按照招标文件规定整理成稿，检查遗漏和瑕疵。

11. 标书装订和密封

已经成稿的投标书进行美工设计，装订成册，按照商务标和技术标分开装订。为了保守商业秘密应该在商务标密封前由企业高层手工填写决策后的最终投标报价。

12. 递交投标书、保证金，参加开标会

(三)联合体投标

1. 联合体投标的含义

《招标投标法》第31条规定："两个以上法人或者其他组织可以组成一个联合体，以一个投标人的身份共同投标。"据此，我们看到联合体投标具有以下特点：

(1)由两个或两个以上的投标人组成;

(2)招标人与中标后的联合体只签订一个承包合同,而不是与各成员单位签订合同。

2.联合体各方资质条件

(1)联合体各方均应当具备承担招标项目的相应能力;

(2)国家有关规定或者招标文件对投标人资格条件有规定的,联合体各方均应当具备规定的相应资格条件;

(3)由同一专业的单位组成的联合体,按照资质等级较低的单位确定资质等级。

3.联合体共同投标协议及其连带责任

根据《招标投标法》第31条及《工程建设项目施工招标投标办法》的有关规定:

(1)联合体各方应当签订共同投标协议,明确约定各方拟承担的工作和责任,并将共同投标协议连同投标文件一并提交招标人;

(2)联合体各方签订共同投标协议后,不得再以自己名义单独投标,也不得组成新的联合体或参加其他联合体在同一项目中投标;

(3)联合体参加资格预审并获通过的,其组成的任何变化都必须在提交投标文件截止之日前征得招标人的同意;

(4)联合体各方必须指定牵头人,授权其代表所有联合体成员负责投标和合同实施阶段的主办、协调工作;

(5)联合体中标的,联合体各方应当共同与招标人签订合同,就中标项目向招标人承担连带责任。

(四)投标担保

1.投标担保的概念

投标担保是指招标人为防止投标人不审慎进行投标活动而设定的一种担保形式。因为招标人不希望投标人在投标有效期内随意撤回标书或中标后不能提供履约保证和签署合同。

2.投标担保的形式、额度和有效期限

《工程建设项目施工招标投标办法》第37条规定:"招标人可以在招标文件中要求投标人提交投标保证金。投标保证金除现金外,可以是银行出具的银行保函、保兑支票、银行汇票或现金支票。投标保证金一般不得超过投标总价的百分之二,但最高不得超过八十万元人民币。投标保证金有效期应当超出投标有效期三十天。

投标人应当按照招标文件要求的方式和金额,将投标保证金随投标文件提交给招标人。投标人不按招标文件要求提交投标保证金的,该投标文件将被拒绝,作废标处理。"

3.投标保证金被没收的几种情形

(1)投标人在投标有效期内撤回其投标文件;

(2)中标人未能在规定期限内提交履约保证金或签署合同协议。

(五)投标技巧

1.不平衡报价

不平衡报价指的是一个项目的投标报价,在总价基本确定后,如何调整项目内部各个部分的报价,以期望在不提高总价的条件下,既不影响中标,又能在结算时得到更理想的经济效益。

这种方法在工程项目中运用得比较普遍,对于工程项目,一般可根据具体情况考虑采用不平衡报价法。

(1)能够早收到钱款的项目,如开办费、土方、基础等,其单价可定得高一些,以有利于资金周转。后期的工程项目单价,如粉刷、油漆、电气等,可适当降低。

(2)估计今后会增加工程量的项目,单价可提高些;反之,估计工程量将会减少的项目单价可降低些。

(3)图纸不明确或有错误,估计今后会有修改的;或工程内容说明不清楚,价格可降低,待今后索赔时提高价格。

(4)计日工资和零星施工机械台班小时单价作价,可稍高于工程单价中的相应单价。因为这些单价不包括在投标价格中,发生时按实计算,可多得利。

(5)无工程量而只报单价的项目,如土木工程中挖湿土或岩石等备用单价,单价宜高些。这样,既不影响投标总价,以后发生此种施工项目时也可多得利。

(6)暂定工程或暂定数额的估价,如果估计今后会发生的工程,价格可定得高一些,反之价格可低一些。

当然,在采取不平衡报价法的策略时,一定要注意,不要畸高畸低,以免导致成为废标。

2.多方案报价法

对一些招标文件,如果发现工程范围不很明确,条款不清楚或很不公正,或技术规范要求过于苛刻时,要在充分估计投标风险的基础上,按多方案报价法处理。即按原招标文件报一个价,然后再提出:"如某条款(如某规范规定)作某些变动,报价可降低多少……",报一个较低的价。这样可以降低总价,吸引采购方。或是对某部分工程提出按"成本补偿合同"方式处理,其余部分报一个总价。

3.增加建议方案

有时招标文件中规定,可以提出建议方案,即可以修改原设计方案,提出投标者的方案。这时投标者应组织一批有经验的设计和施工工程师,对原招标文件的设计和施工方案进行仔细研究,提出更合理的方案以吸引采购方,促成自己的方案中标。这种新的建议方案要可以降低总造价或提前竣工或使工程运用更合理。但要注意的是,对原招标方案一定要标价,以供采购方比较。增加建议方案时,不要将方案写得太具体,保留方案的技术关键。防止采购方将此方案交给其他承包商。同时要强调的是,建议方案一定要比较成熟,或过去有这方面的实践经验。因为投标时间不长,如果仅为中标而匆忙提出一些没有把握的建议方案,可能会引起很多的后患。

4.突然降价法

报价是一件保密性很强的工作,但是对手往往通过各种渠道、手段来刺探情况。因此,在报价时可以采取迷惑对方的手法。即按一般情况报价或表现出自己对该项目兴趣不大,到快投标截止时,再突然降价。采用这种方法时,一定要在准备投标报价的过程中考虑好降价的幅度,在临近投标截止日期,根据情报信息与分析判断,再做最后决策。如果由于采用突然降价法而中标,因为开标只降总价,在签订合同后可采用不平衡报价的方法调整项目内部各项单价或价格,以期取得更好的效益。

(六)投标文件的编制

1.投标文件的基本内容

工程投标文件,是表明投标人接受招标文件的要求和标准,载明自身(含参与项目实施的负责人)的资信资料、实施招标项目的技术方案、投标价格以及相关承诺内容的书面文书。

投标人在投标文件中必须明确向招标人表示愿以招标文件的内容订立合同的意思;必须对招标文件提出的实质性要求和条件做出响应,不得以低于成本的报价竞标;必须由有资格的投标人编制;必须按照规定的时间、地点递交给招标人。否则该投标文件将被招标人拒绝。

投标文件一般由下列内容组成:

(1)投标函及投标函附录;

(2)法定代表人身份证明或附有法定代表人身份证明的授权委托书;

(3)联合体协议书;

(4)投标保证金;

(5)已标价工程量清单;

(6)施工组织设计;

(7)项目管理机构;

(8)拟分包项目情况表;

(9)资格审查资料;

(10)投标人须知前附表规定的其他材料。

2.编制工程投标文件的注意事项

(1)编制投标文件时必须使用招标文件中提供的投标文件格式,其中表格可以按同样格式扩展。投标人根据招标文件的要求和条件填写投标文件的有关内容时,凡要求填写的内容都必须填写。否则,即被视为放弃。对于实质性的项目或数字如工期、质量等级、价格等未填写的,将被作为无效或作废的投标文件处理。

(2)所编制的投标文件"正本"只有一份,"副本"则按招标文件前附表所述的份数提供,同时要明确标明"投标文件正本"和"投标文件副本"字样。投标文件正本和副本如有不一致之处,以正本为准。

(3)投标文件"正本"与"副本"均应打印清楚,整洁、美观。所有投标文件均由投标人的法定代表人或其委托代理人签署、加盖印鉴,并加盖法人单位公章。

(4)填报投标文件应反复校对,保证分项和汇总计算均无错误。全套投标文件均应无涂改和行间插字,除非这些删改是根据招标人的要求进行的,或者是投标人造成的必须修改的错误。修改处应由投标文件签字人签字证明并加盖印鉴。

(5)如招标文件规定投标保证金为合同总价的某一百分比时,投标人不宜过早开具投标保函,以防泄露自己一方报价。但有的投标人提前开出并故意加大保函金额,以麻痹竞争对手的情况也是存在的。

(6)投标人应将投标文件的正本和每份副本分别密封在内层包封,再密封在一个外层包封中,并在内包封上正确标明"投标文件正本"和"投标文件副本"。内层和外层包封都应写明招标人名称和地址、工程名称、招标编号,并注明开标时间以前不得开封。在内层包封上还应写明投标人的名称与地址、邮政编码,以便投标出现逾期送达时能原封退回。如果内外层包封没有按上述规定密封并加写标志,招标人将不承担投标文件错放或提前开封的责任,由此造成的提前开封的投标文件将被拒绝,并退还给投标人。投标文件递交至招标文件前附表所述的单位和地址。

（7）投标文件必须严格按照招标文件和规定编写，切勿对招标文件要求进行修改或提出保留意见。如果投标人发现招标文件中确有不少问题，则可将这些问题归纳为以下三类，区别对待处理。

第一类是对投标人有利的，可以在投标时加以利用或在以后提出索赔要求的，这类问题投标者一般在投标时是不提的。

第二类是发现的错误明显对投标人不利的，如总价包干合同工程项目漏项或是工程量偏少的，这类问题投标人应及时向业主提出质疑，要求业主更正。

第三类是投标者企图通过修改某些招标文件和条款，或是希望补充某些规定，以使自己在合同实施时能处于主动地位的问题。

上述问题在准备投标文件时应单独写成一份备忘录提要。但这份备忘录提要不能附在投标文件中提交，只能自己保存。第三类问题留待合同谈判时使用，也就是说，当该投标文件使招标人感兴趣，邀请投标人谈判时，再把这些问题根据当时情况，一个一个地拿出来谈判，并将谈判结果写入合同协议书的备忘录中。

（8）编制投标文件过程中，必须考虑开标后如果进入评标对象时，在评标过程中应采取的对策。如果情况允许，也可另外向业主致函，表明投送投标文件后考虑到同业主长期合作的诚意，决定降低标价百分之几。如果投标文件中采用了替代备选方案，函中也可阐明此方案的优点；也可在函中明确表明，在评标时与业主招标机构讨论，使此报价更为合理等。应当指出，投标期间来往信函要写得简短、明确，但措辞要委婉有说服力。来往信函不但是招标与投标双方交换讨论和澄清问题，也是使业主对致函的投标人逐步了解，建立信任的重要手段。

3. 编制建设工程施工投标文件案例

现以《标准施工招标文件》（2007 版）为范本，根据"二、建设工程施工招标文件的编制"的案例背景资料，编写施工投标文件部分章节内容，供学习和编写投标文件时参考。

（1）建设工程施工投标文件封面，格式如下：

×××市疾病控制综合楼工程（项目名称）<u>建筑工程</u> 标段施工招标
投标文件

投标人：　<u>×××建筑工程总公司</u>　（盖单位章）
法定代表人或其委托代理人：　<u>李××</u>　（签字）
　<u>2010</u> 年 <u>2</u> 月 <u>28</u> 日

（2）建设工程施工投标文件目录（略）

（3）建设工程施工投标文件正文

一、投标函及投标函附录

（一）投标函

<u>×××市疾病预防控制中心</u>(招标人名称)：

1. 我方已仔细研究了<u>×××市疾病控制综合楼工程</u>(项目名称)<u>建筑工程</u>标段施工招标文件的全部内

容,愿意以人民币(大写)壹仟贰百万元(￥1 200.00 万元)的投标总报价,工期___365___日历天,按合同约定实施和完成承包工程,修补工程中的任何缺陷,工程质量达到合格 。

2.我方承诺在投标有效期内不修改、撤销投标文件。

3.随同本投标函提交投标保证金一份,金额为人民币(大写)___伍拾万___元(￥50.00 万元)。

4.如我方中标:

(1)我方承诺在收到中标通知书后,在中标通知书规定的期限内与你方签订合同。

(2)随同本投标函递交的投标函附录属于合同文件的组成部分。

(3)我方承诺按照招标文件规定向你方递交履约担保。

(4)我方承诺在合同约定的期限内完成并移交全部合同工程。

5.我方在此声明,所递交的投标文件及有关资料内容完整、真实和准确,且不存在第二章"投标人须知"第1.4.3项规定的任何一种情形。

6._____/_____(其他补充说明)。

投 标 人:___×××建筑工程总公司___(盖单位章)

法定代表人或其委托代理人:___李××___(签字)

地址:_____

网址:_____

电话:_____

传真:_____

邮政编码:_____

_____年_____月_____日

(二)投标函附录

序 号	条 款 名 称	合同条款号	约定内容	备 注
1	项目经理	1.1.2.4	姓名: 张××	
2	工期	1.1.4.3	天数:___365___日历天	
3	缺陷责任期	1.1.4.5	2 年	
4	分包	4.3.4	/	
5	价格调整的差额计算	16.1.1	见价格指数权重表	
……	……	……	……	
……	……	……	……	

价格指数权重表

名 称		基本价格指数		权 重			价格指数来源
		代号	指数值	代号	允许范围	投标人建议值	
定值部分			1.00	A	0.10 至0.20	0.12	××造价信息第三期
变值部分	人工费	F_{01}	1.200	B_1	0.10 至0.20	0.15	××造价信息第三期
	钢材	F_{02}	1.148	B_2	0.50 至0.60	0.55	××造价信息第三期
	水泥	F_{03}	0.996	B_3	0.10 至0.16	0.10	××造价信息第三期
	木材	F_{04}	1.216	B_4	0.05 至0.08	0.05	××造价信息第三期
	多孔砖	F_{05}	1.057	B_5	0.02 至0.06	0.03	××造价信息第三期
合 计						1.00	

二、法定代表人身份证明

投标人名称：×××建筑工程总公司

单位性质：__股份制__

地址：×××市人民路78号

成立时间：__2002__年__11__月__20__日

经营期限：__20年__

姓名：__周××__ 性别：__男__ 年龄：__38__ 职务：__董事长__

系×××建筑工程总公司（投标人名称）的法定代表人。

特此证明。

投标人：×××建筑工程总公司（盖单位章）

__2010__年__2__月__28__日

三、授权委托书（略）

四、联合体协议书（本工程不接受联合体投标）

五、投标保证金

×××市疾病预防控制中心（招标人名称）：

鉴于×××建筑工程总公司（投标人名称）（以下称"投标人"）于__2010__年__2__月__30__日参加×××市疾病控制综合楼工程（项目名称）建筑工程标段施工的投标，××建设银行（担保人名称，以下简称"我方"）无条件地、不可撤销地保证：投标人在规定的投标文件有效期内撤销或修改其投标文件的，或者投标人在收到中标通知书后无正当理由拒签合同或拒交规定履约担保的，我方承担保证责任。收到你方书面通知后，在7日内无条件向你方支付人民币（大写）__伍拾万__元。

本保函在投标有效期内保持有效。要求我方承担保证责任的通知应在投标有效期内送达我方。

担保人名称：××建设银行（盖单位章）

法定代表人或其委托代理人：__王××__（签字）

地　　址：×××市人民路100号

邮政编码：××××××

电　　话：××××－86678999

传　　真：××××－86678999

__2010__年__2__月__28__日

六、已标价工程量清单

七、施工组织设计

1. 投标人编制施工组织设计的要求：编制时应采用文字并结合图表形式说明施工方法；拟投入本标段的主要施工设备情况、拟配备本标段的试验和检测仪器设备情况、劳动力计划等；结合工程特点提出切实可行的工程质量、安全生产、文明施工、工程进度、技术组织措施，同时应对关键工序、复杂环节重点提出相应技术措施，如冬雨季施工技术、减少噪音、降低环境污染、地下管线及其他地上地下设施的保护加固措施等。

2. 施工组织设计除采用文字表述外可附下列图表，图表及格式要求附后。

附表一　拟投入本标段的主要施工设备表（略）

附表二　拟配备本标段的试验和检测仪器设备表（略）

附表三　劳动力计划表（略）

附表四　计划开、竣工日期和施工进度网络图（略）

附表五　施工总平面图(略)

附表六　临时用地表(略)

八、项目管理机构

（一）项目管理机构组成表(略)

（二）主要人员简历表

主要人员简历表中的项目经理应附项目经理证、身份证、职称证、学历证、养老保险复印件,管理过的项目业绩须附合同协议书复印件;技术负责人应附身份证、职称证、学历证、养老保险复印件,管理过的项目业绩须附证明其所任技术职务的企业文件或用户证明;其他主要人员应附职称证(执业证或上岗证书)、养老保险复印件。

九、拟分包项目情况表(本工程不允许分包)

十、资格审查资料

（一）投标人基本情况表(略)

（二）近年财务状况表(略)

（三）近年完成的类似项目情况表(略)

（四）正在施工的和新承接的项目情况表(略)

（五）近年发生的诉讼及仲裁情况(略)

十一、其他材料(略)

➤**自主学习资料推荐**

1. 中华人民共和国招标投标法. http://www.cin.gov.cn/zcfg/fl/200611/t20061101_159454.htm.

2. 工程建设项目施工招标投标办法. http://www.mohurd.gov.cn/zcfg/xgbwgz/200611/t20061101_159832.htm.

3. 标准施工招标文件(2007 版). http://www.sdpc.gov.cn/zcfb/zcfbl/2007ling/W020080904602671634126.doc.

4. 全国一级建造师执业资格考试用书编写委员会. 建设工程法规及相关知识. 北京:中国建筑工业出版社,2009.

5. 全国一级建造师执业资格考试用书编写委员会. 建设工程法规及相关知识复习题集. 北京:中国建筑工业出版社,2009.

6. 中国建设监理协会. 建设工程合同管理. 北京:知识产权出版社,2008.

单元三　建设工程监理招投标

➤单元教学目标

能力目标	知识目标	素质目标
1.能运用监理招投标的有关知识正确分析相关案例； 2.能熟练解决本单元的单项及多项选择题	1.了解监理招标的特点； 2.熟悉监理招标文件的组成； 3.掌握监理投标文件的组成及其核心内容	通过学习，让学生了解监理招投标相关业务，为从业参与监理招投标工作奠定基础

➤学习要点

单元三　学习要点

建设监理招投标概述	招标文件	投标文件	评标

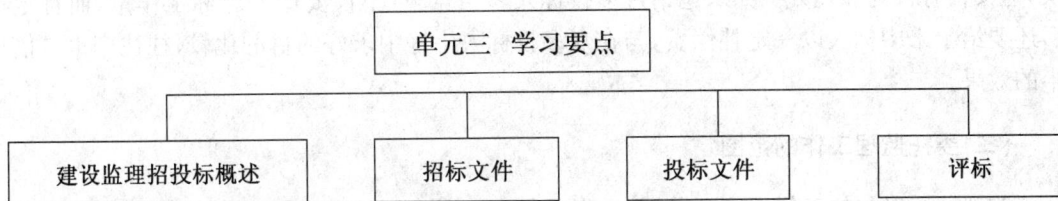

➤任务案例（贯穿课堂教学）

某建设项目监理风险较大，能担当此监理任务的监理单位较少，所以建设单位以公开招标的方式，进行监理招标。监理单位 A 考虑到风险因素，将投标报价作为其监理投标文件最核心的内容，其次重点说明了监理方案。

问题1：建设工程监理招标通常采用哪种招标方式？

问题2：监理招标的标的与施工招标的标的有何不同？

问题3：监理单位 A 编制投标文件的策略是否妥当，为什么？

一　建设监理招投标概述

(一)监理招标的特点

监理招标的标的是"监理服务"，与工程项目建设中其他各类招标的最大区别表现为监理单位不承担物质生产任务，只是受招标人委托对生产建设过程提供监督、管理、协调、咨询等服务。鉴于标的具有的特殊性，招标人选择中标人的基本原则是"基于能力的选择"。

1.招标宗旨是对监理单位能力的选择

监理服务是监理单位的高智能投入，服务工作完成的好坏不仅依赖于执行监理业务是否遵循了规范化的管理程序和方法，更多地取决于参与监理工作人员的业务专长、经验、判断能力、创新力，以及风险意识。因此招标选择监理单位时，鼓励的是能力竞争，而不是价格竞争。如果对监理单位的资质和能力不给予足够重视，只依据报价高低确定中标人，就忽视了高质量服务，报价最低的投标人不一定就是最能胜任工作者。

2.报价在选择中居于次要地位

工程项目的施工、物资供应招标选择中标人的原则是,在技术上达到要求标准的前提下,主要考虑价格的竞争性。而监理招标对能力的选择放在第一位,因为当价格过低时监理单位很难把招标人的利益放在第一位,为了维护自己的经济利益采取减少监理人员数量或多派业务水平低、工资低的人员,其后果必然导致对工程项目的损害。另外,监理单位提供高质量的服务,往往能使招标人获得节约工程投资和提前投产的实际效益,因此过多考虑报价因素得不偿失。但从另一个角度来看,服务质量与价格之间应有相应的平衡关系,所以招标人应在能力相当的投标人之间再进行价格比较。

3.邀请投标人较少

选择监理单位一般采用邀请招标,且邀请数量以 3~5 家为宜。因为监理招标是对知识、技能和经验等方面综合能力的选择,每一份标书内都会提出具有独特见解或创造性的实施建议,但又各有长处和短处。如果邀请过多投标人参与竞争,不仅要增大评标工作量,而且定标后还要给予未中标人以一定补偿费,与在众多投标人中好中求好的目的比较,往往产生事倍功半的效果。

(二)委托监理工作的范围

监理招标发包的工作内容和范围,可以是整个工程项目的全过程,也可以只监理招标人与其他人签订的一个或几个合同的履行。划分合同包的工作范围时,通常考虑的因素包括:

1.工程规模

中、小型工程项目,有条件时可将全部监理工作委托给一个单位;大型或复杂工程,则应按设计、施工等不同阶段及监理工作的专业性质分别委托给几家单位。

2.工程项目的专业特点

不同的施工内容对监理人员的素质、专业技能和管理水平的要求不同,应充分考虑专业特点的要求。如将土建和安装工程的监理工作分开招标,甚至有特殊基础处理时将该部分从土建中分离出去单独招标。

3.被监理合同的难易程度

工程项目建设期间,招标人与第三人签订的合同较多,对易于履行合同的监理工作可并入相关工作的委托监理内容之中。如将采购通用建筑材料购销合同的监理工作并入施工监理的范围之内,而设备制造合同的监理工作则需委托专门的监理单位。

二 招标文件

监理招标实际上是征询投标人实施监理工作的方案建议。为了指导投标人正确编制投标书,招标文件应包括以下几方面内容,并提供必要的资料:

1.投标须知

(1)工程项目综合说明。包括项目的主要建设内容、规模、工程等级、地点、总投资、现场条件、开竣工日期。

(2)委托的监理范围和监理业务。

（3）投标文件的格式、编制、递交。

（4）无效投标文件的规定。

（5）投标起止时间、开标、评标、定标时间和地点。

（6）招标文件、投标文件的澄清与修改。

（7）评标的原则等。

2. 合同条件

3. 业主提供的现场办公条件（包括交通、通信、住宿、办公用房等）

4. 对监理单位的要求。包括对现场监理人员、检测手段、工程技术难点等方面的要求

5. 有关技术规定

6. 必要的设计文件、图纸和有关资料

7. 其他事项

三 投标文件

在通过资格预审后，监理投标单位应向招标人购买招标文件，根据招标文件的要求，编制投标文件。

投标文件包括下列内容：

（1）投标书；

（2）监理大纲；

（3）监理企业证明资料；

（4）近三年来承担监理的主要工程；

（5）监理机构人员资料；

（6）反映监理单位自身信誉和能力的资料；

（7）监理费用报价及其依据；

（8）招标文件中要求提供的其他内容；

（9）如委托有关单位对本工程进行试验检测，须明示其单位名称和资质等级。

除以上主要内容外，还需提供下列附件资料。

（1）投标人企业营业执照副本；

（2）投标人监理资质证书；

（3）监理单位近3年内所获国家及地方政府荣誉证书复印件；

（4）投标人法定代表人委托书；

（5）监理单位综合情况一览表；

（6）监理单位近三年来已完成在监的单位工程_____万 m²（或总造价_____万元）以上工程项目的业绩表；

（7）拟派项目总监理工程师资格一览表；

（8）拟派项目监理机构中监理工程师资格一览表；

（9）拟在本项目中使用的主要仪器、检测设备一览表；

Gongcheng Jianshe Fagui yu Hetong Guanli

(10)投标人需业主提供的条件。

监理单位投标书的核心内容主要是监理大纲,如前所述,监理单位向业主提供的是技术服务,所以监理单位投标书的核心是反映提供的技术服务水平高低的监理大纲,尤其是主要的监理对策,这是业主评定投标书优劣的重要内容。其次是监理报价,虽然监理报价并不作为业主评定投标书的首要因素,但是由监理的收费是关系监理单位能否顺利地完成监理任务、获得应有报酬的关键,所以对监理单位来说,监理报价的确定就显得十分重要。

四 评标

(一)对投标文件的评审

评标委员会对各投标书进行审查评阅,主要考察以下几方面的合理性:

(1)投标人的资质:包括资质等级、批准的监理业务范围、主管部门或股东单位、人员综合情况等;

(2)监理大纲;

(3)拟派项目的主要监理人员(重点审查总监理工程师和主要专业监理工程师);

(4)人员派驻计划和监理人员的素质(通过人员的学历证书、职称证书和上岗证书反映);

(5)监理单位提供用于工程的检测设备和仪器,或委托有关单位检测的协议;

(6)近几年监理单位的业绩及奖惩情况;

(7)监理费报价和费用组成;

(8)招标文件要求的其他情况。

在审查过程中对投标书不明确之处可采用澄清问题会的方式请投标人予以说明,并可通过与总监理工程师的会谈,考察他的风险意识、对业主建设意图的理解、应变能力、管理目标的设定等素质的高低。

(二)对投标文件的比较

监理评标的量化通常采用综合评分法对各投标人的综合能力进行对比。依据招标项目的特点设置评分内容和分值的权重。招标文件中说明的评标原则和预先确定的记分标准开标后不得更改,作为评标委员的打分依据。监理招标的评标主要侧重于监理单位的资质能力、实施监理任务的计划和派驻现场监理人员的素质。

➤自主学习资料推荐

1. 中华人民共和国招标投标法. http://www.cin.gov.cn/zcfg/fl/200611/t20061101_159454.htm.

2. 全国一级建造师执业资格考试用书编写委员会. 建设工程法规及相关知识. 北京:中国建筑工业出版社,2009.

3. 全国一级建造师执业资格考试用书编写委员会. 建设工程法规及相关知识复习题集. 北京:中国建筑工业出版社,2009.

4. 中国建设监理协会. 建设工程合同管理. 北京:知识产权出版社,2008.

一、案 例 题

案例 1：某大型工程，由于技术难度大，对施工单位的施工设备和同类工程施工经验要求高，而且对工期的要求也比较紧迫。业主在对有关单位和在建工程考察的基础上，邀请了三家国有一级施工企业参加投标，并预先与咨询单位和该三家施工单位共同研究确定了施工方案。

问题：1.《招标投标法》中规定的招标方式有哪几种？

2. 该工程采用邀请招标方式且仅邀请三家施工单位投标，是否违反有关规定？为什么？

案例 2：某办公楼工程全部由政府投资兴建。该项目为该市建设规划的重点项目之一，且已列入地方年度固定投资计划，概算已经主管部门批准，征地工作尚未全部完成，施工图纸及有关技术资料齐全。现决定对该项目进行施工招标。因估计除本市施工企业参加投标外，还可能有外省市施工企业参加投标，故招标人委托咨询单位编制了两个标底，准备分别用于对本市和外省市施工企业投标价的评定。招标人于 2000 年 3 月 5 日向具备承担该项目能力的 A、B、C、D、E 五家承包商发出投标邀请书，其中说明，3 月 10 日~11 日 9~16 时在招标人总工程师室领取招标文件。4 月 5 日 14 时为投标截止时间。该五家承包商均接受邀请，并领取了招标文件。3 月 18 日招标人对投标单位就招标文件提出的所有问题统一作了书面答复，随后组织各投标单位进行了现场踏勘。在投标截止日期前 10 天，业主书面通知各投标单位，由于某种原因，决定修改某处招标文件，4 月 5 日这五家承包商均按规定的时间提交了投标文件。但承包商 A 在送出投标文件后发现报价估算有较严重的失误，就赶在投标截止时间前 10 分钟递交了一份书面声明，撤回已提交的投标文件。

开标时，由招标人委托的市公证处人员检查投标文件的密封情况，确认无误后，由工作人员当众拆封。由于承包商 A 已撤回投标文件，故招标人宣布有 B、C、D、E 四家承包商投标，并宣读该四家承包商的投标价格、工期和其他主要内容。

评标委员会委员由招标人直接确定，共由 7 人组成，其中招标人代表 2 人，技术专家 3 人，经济专家 2 人。

按照招标文件中确定的综合评标标准，4 个投标人综合得分从高到低的依次顺序为 B、C、D、E，故评标委员会确定承包商 B 为中标人。由于承包商 B 为外地企业，招标人于 4 月 8 日将中标通知书寄出，承包商 B 于 4 月 12 日收到中标通知书。最终双方于 5 月 12 日签订了书面合同。

问题：1. 从招标投标的性质看，本案例中的要约邀请、要约和承诺的具体表现是什么？

2. 招标人对投标单位进行资格预审应包括哪些内容？

3. 在该项目的招标投标程序中哪些方面不符合《招标投标法》的有关规定？

案例 3：某承包商参与某高层商用办公楼土建工程的投标。为了既不影响中标，又能在中标后取得较好的收益，决定采用不平衡报价法对原估价作了适当调整，具体数字见表 2-4：

表 2-4

	桩基围护工程	主体结构工程	装饰工程	总　价
调整前(投标估价)	1 480	6 600	7 200	15 280
调整后(正式报价)	1 600	7 200	6 480	15 280

问题:承包商所运用的不平衡报价法是否恰当? 为什么?

案例 4: 某承包商通过资格预审后,对招标文件进行了仔细分析,发现业主所提出的工期要求过于苛刻,且合同条款中规定每拖延 1 天工期支付合同价的 1‰ 作为违约金。若要保证实现该工期要求,必须采取特殊措施,从而大大增加成本;还发现原设计结构方案采用框架剪力墙体系过于保守。因此,该承包商在投标文件中说明业主的工期要求难以实现,因而按自己认为的合理工期(比业主要求的工期增加 6 个月)编制施工进度计划并据此报价;还建议将框架剪力墙体系改为框架体系,并对这两种结构体系进行了技术经济分析和比较,证明框架体系不仅能保证工程结构的可靠性和安全性、增加使用面积、提高空间利用的灵活性,而且可降低造价约 3%。该承包商将技术标和商务标分别封装,在封口处加盖本单位公章和项目经理签字后,在投标截止日期前 1 天上午将投标文件报送业主。次日(即投标截止日当天)下午,在规定的开标时间前 1h,该承包商又递交了一份补充材料,其中声明将原报价降低 4%。但是,招标单位的有关工作人员认为,根据国际上"一标一投"的惯例,一个承包商不得递交两份投标文件,因而拒收承包商的补充材料。

开标会由市招投标办的工作人员主持,市公证处有关人员到会,各投标单位代表均到场。开标前,市公证处人员对各投标单位的资质进行审查,并对所有投标文件进行审查,确认所有投标文件均有效后,正式开标。主持人宣读投标单位名称、投标价格、投标工期和有关投标文件的重要说明。

问题:1. 该承包商运用了哪几种报价技巧? 其运用是否得当? 逐一加以说明。

　　　2. 从所介绍的背景资料来看,在该项目招标程序中存在哪些问题? 请分别作简单说明。

二、客　观　题

(一)单项选择题(每题的备选项中,只有 1 个最符合题意,请选择最符合题意的答案)

1. 根据《工程建设项目招标范围和规模标准规定》的规定,属于工程建设项目招标范围的工程建设项目,施工单项合同估算价在(　　)人民币以上的,必须进行招标。

A. 50 万元　　　B. 100 万元　　　C. 150 万元　　　D. 200 万元

2. 根据《工程建设项目招标范围和规模标准规定》的规定,属于工程建设项目招标范围的工程建设项目,重要设备、材料等货物的采购,单项合同估算价在(　　)人民币以上的,必须进行招标。

A. 50 万元　　　B. 100 万元　　　C. 150 万元　　　D. 200 万元

3. 根据《工程建设项目招标范围和规模标准规定》的规定,属于工程建设项目招标范围的工程建设项目,勘察、设计、监理等服务,单项合同估算价在(　　)人民币以上的,必须进行招标。

A. 50 万元　　　B. 100 万元　　　C. 150 万元　　　D. 200 万元

4. 在招标活动的基本原则中,依法必须进行招标的项目的招标公告,必须通过国家指定的报刊、信息网络或者其他公共媒介发布,体现了(　　)。

　　A. 公开原则　　　　B. 公平原则　　　　C. 公正原则　　　　D. 诚实信用原则

5. 在招标活动的基本原则中,招标人不得以任何方式限制或者排斥本地区、本系统以外的法人或者其他组织参加投标,体现了(　　)。

　　A. 公开原则　　　　B. 公平原则　　　　C. 公正原则　　　　D. 诚实信用原则

6. 在招标活动的基本原则中,与投标人有利害关系的人员不得作为评标委员会的成员,体现了(　　)。

　　A. 公开原则　　　　B. 公平原则　　　　C. 公正原则　　　　D. 诚实信用原则

7. 下列排序符合《招标投标法》和《工程建设项目施工招标投标办法》规定的招标程序的是(　　)。

　　①发布招标公告　　　②资质审查　　　③接受投标书　　　④开标、评标

　　A. ①②③④　　　　B. ②①③④　　　　C. ①③④②　　　　D. ①③②④

8.《招标投标法》规定的招标方式是(　　)。

　　A. 公开招标、邀请招标和议标　　　　B. 公开招标和议标

　　C. 邀请招标和议标　　　　　　　　　D. 公开招标和邀请招标

9. 公开招标是指(　　)。

　　A. 招标人以投标邀请书的方式邀请特定的法人或者其他组织投标

　　B. 招标人以招标公告的方式邀请不特定的法人或者其他组织投标

　　C. 发布招标广告吸引或者直接邀请众多投标人参加投标并按照规定程序从中选择中标人的行为

　　D. 有限招标

10. 下列关于招标代理的叙述中,错误的是(　　)。

　　A. 招标人有权自行选择招标代理机构,委托其办理招标事宜

　　B. 招标人具有编制招标文件和组织评标能力的,可以自行办理招标事宜

　　C. 任何单位和个人不得以任何方式为招标人指定招标代理机构

　　D. 建设行政主管部门可以为招标人指定招标代理机构

11. 从事工程建设项目招标代理业务的招标代理机构,其资格由(　　)认定。

　　A. 县级以上人民政府的建设行政主管部门

　　B. 市级以上人民政府的建设行政主管部门

　　C. 省级以上人民政府的建设行政主管部门

　　D. 国务院或者省、自治区、直辖市人民政府的建设行政主管部门

12. 招标代理机构与行政机关和其他国家机关不得存在(　　)。

　　A. 管辖关系　　　　　　　　　B. 隶属关系或其他利益关系

　　C. 监督关系　　　　　　　　　D. 服务关系

13. 招标代理机构应当在招标人委托的范围内办理招标事宜,并遵守《招标投标法》关于(　　)的规定。

　　A. 招标人　　　　B. 投标人　　　　C. 评标人　　　　D. 招标人和投标人

14. 根据《招标投标法》,两个以上法人或者其他组织组成一个联合体,一个投标人的身份共同投标是( )。

    A. 联合投标   B. 共同投标   C. 合作投标   D. 协作投标

15. 下列选项中( )不符合《招标投标法》关于联合体各方资格的规定。

    A. 联合体各方均应当具备承担招标项目的相应能力

    B. 招标文件对投标人资格条件有规定的,联合体各方均应当具备规定的相应资格条件

    C. 有同一专业的单位组成的联合体,按照资质等级较低的单位确定资质等级

    D. 有同一专业的单位组成的联合体,按照资质等级较高的单位确定资质等级

16. 某投标人在提交投标文件时,挟带了一封修改投标报价的函件,但开标时该函件没有当众拆封宣读,只宣读了修改前的报价单上填报的投标价格,该投标人当时没有异议。这份修改投标报价的函件应视为( )。

    A. 有效   B. 无效

    C. 经澄清说明后有效   D. 在招标人同意接受的情况下有效

17. 联合体中标的,联合体各方应当( )。

    A. 共同与招标人签定合同,就中标项目向招标人承担连带责任

    B. 分别与招标人签定合同,但就中标项目向招标人承担连带责任

    C. 共同与招标人签定合同,但就中标项目各自独立向招标人承担责任

    D. 分别与招标人签定合同,就中标项目各自独立向招标人承担责任

18. 关于共同投标协议,说法错误的是( )。

    A. 共同投标协议属于合同关系

    B. 共同投标协议必需详细、明确,以免日后发生争议

    C. 共同协议不应同投标文件一并提交招标人

    D. 联合体内部各方通过共同投标协议,明确约定各方在中标后要承担的工作和责任

19. 下列关于连带责任的叙述中,说法错误的是( )。

    A. 债权人可以向任何一个或者多个债务人请求履行债务

    B. 负有连带责任债务人可以以债务人之间对债务分担比例有约定来拒绝履行债务

    C. 连带债务人中一个或多人履行了全部债务后,其他连带债务人对债权人的履行义务即行解除

    D. 对连带债务人内部关系而言,根据其内部约定,债务人清偿债务超过其应当承担份额的,有权向其他连带债务人追偿

20. 关于联合体各方在中标后承担的连带责任,下列说法错误的是( )。

    A. 联合体在接到中标通知书未与招标人签订合同前放弃中标项目的,其已提交的投标保证金应予以退还

    B. 联合体在接到中标通知书未与招标人签订合同前,除不可抗拒力外,联合体放弃中标项目的,其已提交的投标保证金不予以退还

    C. 联合体在接到中标通知书未与招标人签订合同前,除不可抗拒力外,联合体放弃中标项目的,给招标人造成的损失超过投标保证金数额的,应当对超过部分承担连带赔偿责任

D. 中标的联合体除不可抗拒例外,不履行与招标人签订的合同时,履约保证金不予退还

21. 下列选项中( )不是关于投标的禁止性规定。

A. 投标人之间串通投标　　　　　　　　B. 投标人与招标人之间串通投标

C. 招标人向投标者泄露标底　　　　　　D. 投标人以高于成本的报价竞标

22. 下列选项中( )不是关于投标的禁止性规定。

A. 投标人以行贿的手段谋取中标

B. 招标者向投标者泄露标底

C. 投标人借用其他企业的资质证书参加投标

D. 投标人以高于成本的报价竞标

23. 下列选项中( )不是关于投标的禁止性规定。

A. 投标人以低于成本的报价竞标

B. 招标者预先内定中标者,在确定中标者时以此决定取舍

C. 投标人以高于成本的报价竞标

D. 投标者之间进行内部竞价,内定中标人,然后再参加竞标

24. 在关于投标的禁止性规定中,投标者之间进行内部竞价,内定中标人,然后再参加投标属于( )。

A. 投标人之间串通投标　　　　　　　　B. 投标人与招标人之间串通投标

C. 投标人以行贿的手段谋取中标　　　　D. 投标人以非法手段骗取中标

25. 在关于投标的禁止性规定中,招标者预先内定中标者,在确定中标者时以此决定取舍属于( )。

A. 投标人之间串通投标　　　　　　　　B. 投标人与招标人之间串通投标

C. 投标人以行贿的手段谋取中标　　　　D. 投标人以非法手段骗取中标

26. 下列选项中( )不是投标人以非法手段骗取中标的表现。

A. 借用其他企业的资质证书参加投标

B. 投标时递交虚假业绩证明、资格文件

C. 以行贿方式谋取中标

D. 投标文件中故意在商务上和技术上采用模糊的语言骗取中标,中标后提供劣质货物、工程或服务

27. 投标人应当具备( )的能力。

A. 编制标底　　　　B. 组织评标　　　　C. 承担招标项目　　　　D. 融资

28. 根据《招标投标法》的有关规定,下列不符合开标程序的是( )。

A. 开标应当在招标文件确定的提交投标文件截止时间的同一时间公开进行

B. 开标地点应当为招标文件中预先确定的地点

C. 开标由招标人主持,邀请中标人参加

D. 开标过程应当记录,并存档备查

29. 根据《招标投标法》的有关规定,下列符合开标程序的是( )。

A. 开标应当在招标文件确定的提交投标文件截止时间的同一时间公开进行

B. 开标地点由招标人在开标前通知

C. 开标由建设行政主管部门主持,邀请中标人参加

D. 开标由建设行政主管部门主持,邀请所有投标人参加

30. 根据《招标投标法》的有关规定,评标委员会由(　　)依法组建。

A. 县级以上人民政府　　　　　　　B. 市级以上人民政府

C. 招标人　　　　　　　　　　　　D. 建设行政主管部门

31. 根据《招标投标法》的有关规定,评标委员会由招标人的代表和有关技术、经济等方面的专家组成,成员数为(　　)以上单数,其中技术、经济等方面的专家不得少于成员数的三分之二。

A. 3 人　　　　　　B. 5 人　　　　　　C. 7 人　　　　　　D. 9 人

32. 关于评标委员会成员的义务,下列说法中错误的是(　　)。

A. 评标委员会成员应当客观、公正地履行职务

B. 评标委员会成员可以私下接触投标人,但不得收受投标人的财物或者其他好处

C. 评标委员会成员不得透露对投标文件的评审和比较的情况

D. 评标委员会成员不得透露对中标候选人的推荐情况

33. 根据《招标投标法》的有关规定,(　　)应当采取必要的措施,保证评标在严格保密的情况下进行。

A. 招标人　　　　　　　　　　　　B. 评标委员会

C. 工程所在地建设行政主管部门　　D. 工程所在地县级以上人民政府

34. 评标委员会推荐的中标候选人应当限定在(　　),并标明排列顺序。

A. 1~2 人　　　　B. 1~3 人　　　　C. 1~4 人　　　　D. 1~5 人

35. 招标人与中标人签订合同后(　　)个工作日内,应当向中标人和未中标的投标人退还投标保证金。

A. 2　　　　　　　B. 3　　　　　　　C. 5　　　　　　　D. 6

36. 根据《招标投标法》的有关规定,评标委员会完成评标后,应当(　　)。

A. 向招标人提出口头评标报告,并推荐合格的中标候选人

B. 向招标人提出书面评标报告,并决定合格的中标候选人

C. 向招标人提出口头评标报告,并决定合格的中标候选人

D. 向招标人提出书面评标报告,并推荐合格的中标候选人

37. 根据《招标投标法》的有关规定,中标通知书对招标人和中标人具有法律效力。中标通知书发出后,招标人改变中标结果的,或者中标人放弃中项目的,应当依法承担(　　)。

A. 法律责任　　　B. 经济责任　　　C. 刑事责任　　　D. 行政责任

38. 根据《招标投标法》的有关规定,招标人和中标人应当自中标通知书发出之日起(　　)内,按照招标文件和中标人的投标文件订立书面合同。

A. 10 日　　　　　B. 15 日　　　　　C. 30 日　　　　　D. 3 个月

39. 中标人不履行与招标人订立合同的,下列表述正确的是(　　)。

A. 履约保证金不予退还,不再赔偿招标人超过部分的其他损失

B. 履约保证金不予退还,另赔偿实际损失

C. 履约保证金不予退还,另赔偿超过履约保证金部分的实际损失

D. 按实际损失赔偿

40. 下列表述正确的是( )。

A. 招标人完全可以以自己的意愿确定中标人

B. 对投标人报价进行评审时必须参考标底

C. 评标过程必须保密

D. 招标人与投标人可就投标价格以个的内容进行谈判

41. 建设工程监理招标的标的为( )。

A. 服务 B. 行为 C. 工程项目 D. 智力成果

42. 监理单位投标书的核心内容首要的是( )。

A. 监理企业证明资料 B. 监理报价

C. 监理大纲 D. 拟派项目总监理工程师

(二)多项选择题(每题的备选项中,有2个或2个以上符合题意,至少有1个错项)

1. 工程建设项目招标范围包括( )。

A. 大型基础设施、公用事业等关系社会公共利益、公众安全的项目

B. 一切工程项目

C. 全部或者部分使用国有资金投资或者国家融资的项目

D. 一切大中型工程项目

E. 使用国际组织或者外国政府贷款、援助资金的项目

2. 招标活动的基本原则有( )。

A. 公开原则 B. 公平原则

C. 平等互利原则 D. 公正原则

E. 诚实信用原则

3. 投标人以行贿手段谋取中标的法律后果是( )。

A. 中标无效

B. 有关单位和责任人应当承担相应的行政责任或刑事责任

C. 吊销营业执照

D. 重新招标

E. 如果给他人造成损失的,有关责任人和单位应当承担民事赔偿责任

4. 根据《招标投标法》的有关规定,下列不符合开标程序的是( )。

A. 开标应当在招标文件确定的提交投标文件截止时间的同一时间公开进行

B. 开标由招标人主持,邀请中标人参加

C. 在招标文件规定的开标时间前收到的所有投标文件,开标时都应当当众予以拆封、宣读

D. 开标由建设行政主管部门主持,邀请中标人参加

E. 开标过程应当记录,并存档备查

5. 根据《招标投标法》的有关规定,下列符合开标程序的是( )。

A. 开标应当在招标文件确定的提交投标文件截止时间的同一时间公开进行

B. 开标由招标人主持,邀请中标人参加

C. 在招标文件规定的开标时间前收到的所有投标文件,开标时都应当当众予以拆封、宣读

D. 开标地点应当为招标文件中预先确定的地点

E. 开标过程应当记录,并存档备查

6. 下列关于评标委员会的叙述符合《招标投标法》的有关规定的有(   )。

A. 评标由招标人依法组建的评标委员会负责

B. 评标委员会由招标人的代表和有关技术、经济等方面的专家组成,成员人数为五人以上单数

C. 评标委员会由招标人的代表和有关技术、经济等方面的专家组成,其中技术、经济等方面的专家不得少于成员总数的二分之一

D. 与投标人有利害关系的人不得进入相关项目的评标委员会

E. 评标委员会成员的名单在中标结果确定前应当保密

7. 下列关于评标的规定,符合《招标投标法》的有关规定的有(   )。

A. 招标人应当采取必要的措施,保证评标在严格保密的情况下进行

B. 评标委员会完成评标后,应当向招标人提出书面评标报告,并决定合格的中标候选人

C. 招标人可以授权评标委员会直接确定中标人

D. 评标委员会经评审,认为所有投标都不符合招标文件要求的,可以否决所有投标

E. 任何单位和个人不得非法干预、影响评标的过程和结果

8. 在确定中标人前,招标人不得与投标人就(   )等实质性内容进行谈判。

A. 投标价格　　　　B. 评标标准　　　　C. 开标方式

D. 投标方案　　　　E. 签订合同时间

9.《招标投标法》规定,投标文件有下列情形,招标人不予受理(   )。

A. 逾期送达的　　　B. 未送达指定地点的　　　C. 未按规定格式填写的

D. 无单位盖章并无法定代表人或法定代表人授权的代理人签字或盖章的

E. 未按招标文件要求密封的

10. 建设工程施工招标的必备条件有(   )。

A. 招标人已经依法成立或有相应的资金或资金来源已经落实

B. 初步设计及概算应当履行审批手续,已经批准

C. 招标范围、招标方式和招标组织形式等应当履行核准手续的,已经核准

D. 有招标所需的设计图纸及技术资料

E. 相应资金中有部分资金已经落实

11. 工程建设项目施工招标文件一般包括(   )。

A. 投标邀请书,投标人须知,合同主要条款

B. 投标文件格式,技术条款,设计图纸

C. 采用工程量清单招标的,应当提供工程量清单

D. 评标标准和方法,投标辅助材料

E. 招标人应当确定投标人编制投标文件所需要的合理时间

12. 废标的条件包括（   ）。

A. 逾期送达的或未送达指定地点的以及未按招标文件要求密封的

B. 无单位盖章并无法定代表人或法定代表人授权的代理人签字或盖章的

C. 投标人递交两份或多份内容不同的投标文件，或在一份投标文件中对同一招标项目报有两个或多个报价，且未声明哪一个有效

D. 未按规定的格式填写，内容不全或关键字迹模糊，无法辨认的以及未按招标文件要求递交投标保证金的

E. 投标人名称或组织机构与资格预审时相一致的

13. 投标文件一般包括（   ）。

A. 投标函，投标报价

B. 施工组织设计，商务和技术偏差表

C. 结合现场踏勘和投标预备会的结果，进一步分析招标文件

D. 根据工程价格构成进行工程估价，确定利润方针，计算和确定报价

E. 投标担保

考核项目二

编制建设工程施工招标、投标文件。

任 务 书

一、考核目的

根据背景资料,以《标准施工招标文件》(2007 版)为范本,编制施工招标、投标文件,使学生能明晰施工招标、投标文件的编写流程及编写方法。旨在强化学生的岗位角色意识和责任,并为工程招投标实务集中实践课程的实施及从业参与招投标工作打下坚实的基础。

二、考核项目及考核内容

序 号	考 核 项 目	考 核 内 容
1	招标文件编制:以《标准施工招标文件(2007 版)》为范本,根据给定工程的条件,编写"××工程"施工招标文件的部分章节	略去合同条款及格式、工程量清单及图纸、技术标准和要求、投标文件的格式,编写施工招标文件的招标公告、投标人须知前附表及投标人须知、评标办法前附表及评标办法
2	投标文件编制:以《标准施工招标文件(2007 版)》为范本,根据给定工程的条件,编写"××工程"施工投标文件的部分章节	略去工程量清单报价单及施工组织设计,编写施工投标文件的投标函及投标函附录、法定代表人身份证明、投标保证金、项目管理机构、资格审查资料

三、给定的工程条件

详见指导书。

四、成果与成绩评定

1. 成果:学生上交编写完成的部分章节的施工招标文件及投标文件各一份。

2. 成绩评定:按"考核项目成绩评定表"评分,作为本课程技能考核的依据,详见指导书中的"考核项目成绩评定表"。

五、实施说明

1. 全班学生分成 7 组(每组有相应的工程背景资料,详见指导书),每组视为一个投标单位,组内人员视为项目组织机构成员,设项目经理 1 人、技术负责人 1 人、其他为施工员、质检员、安全员、材料员、预算员等等(保证每人都扮演一个角色),组内人员要分工明确;

2. 教师指导学生完成考核任务;

3. 教师可根据教学实际需要,将考核内容分散安排在各单元教学过程中,也可以在其模块结束后统一安排;

4. 考核项目在课内完不成,安排在课外时间完成。

指　导　书

一、给定的工程条件

(一)工程概况

工程 1：本工程为××市疾病控制综合楼工程,招标单位为该市疾病预防控制中心,自行组织招标,备案单位为该市招投标市场管理委员会办公室,招标项目编号为"东招施工(2010)001 号",工程地点在该市吴宁西路 66 号,质量要求为合格,工期要求为 12 个月,计划开工日期 2010 年 6 月 21 日。工程造价约 1 200 万元。建设规模:框架结构,地上六层,地下一层,建筑面积 9 570.96m²。资金来源为自筹,招标方式:公开招标,无标底招标。采用施工总承包,建筑工程标段,不允许分包,并委托监理。

工程 2：本工程为××市甘东小区综合楼工程,招标单位为该市江北街道猴塘社区甘东小区,备案单位为该市招投标市场管理委员会办公室,招标项目编号为"东招施工(2010)002 号",工程地点在江北街道猴塘社区甘东小区,质量要求为合格,工期要求为 300 日历天,计划开工日期 2010 年 6 月 30 日。工程造价约 300 万元,结构类型:框架结构,地上七层,地下一层,建筑面积 2734m²。资金来源为自筹,招标方式:公开招标,无标底招标。采用施工总承包,允许基础工程进行分包,建筑工程标段,并委托监理。

工程 3：本工程为××市南马高级中学学生宿舍楼工程,招标单位为该市南马高级中学,自行招标,备案单位为该市公共资源交易管理委员会办公室。招标项目编号为"东招施工(2010)003 号",工程地点在该市南马高级中学,质量要求为合格,工期要求为 8 个月,计划开工日期 2010 年 6 月 25 日。工程造价约约 175 万元。建设规模:六层框架结构,建筑面积 2 034m²。资金来源为自筹,招标方式:公开招标,无标底招标。采用施工总承包,建筑工程标段,不允许分包,并委托监理。

工程 4：本项目为××市亭塘村发展集体经济留用地综合楼工程,招标单位为该市江北亭塘小区,备案单位为该市招投标市场管理委员会办公室,招标项目编号为"东招施工(2010)004 号",工程地点在该市江北亭塘小区,质量要求为合格,工期要求为 180 日历天,计划开工日期 2010 年 6 月 25 日。工程造价约 1 000 万元,结构类型:框架结构,地上七层,地下一层,建筑面积 3 964.6m²。资金来源为自筹,招标方式:公开招标,无标底招标。采用施工总承包,建筑工程标段,不允许分包,并委托监理。

工程 5：本工程为××市中心粮库工程,招标单位为该市粮食局,自行组织招标,备案单位为该市招投标市场管理委员会办公室,招标项目编号为"东招施工(2010)005 号",工程地点在该市歌山镇上周村,质量要求为合格,工期要求为 540 日历天,计划开工日期 2010 年 7 月 31 日。工程造价约 3 000 万元。建设规模框架结构地上 4 层(局部二层、仓库一层),建筑面积 20 670m²。资金来源为财政拨款及自筹,其中,自筹比例为 30%。招标方式:公开招标,无标底招标。采用施工总承包,建筑工程标段,不允许分包,并委托监理。

工程 6：本工程为××市横店镇米塘社区四合居民小区综合大楼工程,招标单位为该市横店镇米塘社区四合居民小区,委托××建设工程管理咨询有限公司招标,备案单位为该市招投标市场管理委员会办公室,招标项目编号为"东招施工(2010)006号",工程地点在该市横店镇米塘社区四合居民小区,质量要求为合格,工期要求为180日历天,计划开工日期2010年6月31日。工程造价约400万元。建设规模框架结构地上四层,建筑面积3 645.565m²。资金来源为自筹,招标方式:公开招标,无标底招标。采用施工总承包,建筑工程标段,不允许分包,并委托监理。

工程7:本工程为××市江北街道凤凰社区上王小区C号楼宿舍工程,招标单位为该市江北街道凤凰社区上王小区,委托××工程咨询有限公司代理招标,备案单位为该市公共资源交易管理委员会办公室,招标项目编号为"东招施工(2010)007号",工程地点在该市江北街道凤凰社区上王小区,质量要求为合格,工期要求为6个月,计划开工日期2010年6月24日。工程造价约502万元。建设规模:框架结构,地上六层,建筑面积6 342.72m²。资金来源为自筹,招标方式:公开招标,无标底招标。采用施工总承包,建筑工程标段,允许劳务分包,并委托监理。

(二)投标人资质要求

1. 投标资格审查:采用资格后审。

2. 投标人的资质类别和等级要求为:房屋建筑工程施工总承包二级(含)以上施工企业。

3. 对拟派项目经理的要求:①具有国家一级建造师资格;②持有安全生产任职资格B类证;③目前在其他工程项目中无任职。

4. 对拟派项目班子其他成员的要求:①施工员、质检员、安全员、材料员、预算员等须持有土建专业的上岗证书;②安全员还须持有安全生产任职资格C类证;③技术负责人须具有土建或相近专业的工程师以上职称,并具有国家一级建造师资格④项目班子成员(技术负责人、施工员、质检员、安全员、材料员、预算员)目前在其它工程项目中无任职。

5. 要求有一个类似工程经验。

(三)是否接受联合体投标

本次招标不接受联合体投标。

(四)招标文件索取途径

书面招标文件不记名索取:时间:2010年3月2日至3月7日,每天8:30~17:30,地点:该市招投标中心,联系人:张三,联系电话:86691216,招标文件每本另收取工本费300元,售后不退,图纸押金500元。

(五)招标文件的澄清和修改

1. 投标人在收到招标文件后,若对招标文件任何部分有任何疑问,要求澄清招标文件的,均应在投标截止日期前16日在该市招投标网站上的网上答疑区以书面形式向招标人提交。招标人都将在投标截止日期前15日以书面形式予以答复,同时将书面答复在该市招投标网站上的网上答疑区以书面形式进行公布。澄清纪要作为招标文件的组成部分,具有约束作用。

2. 招标文件发出后,在投标截止日期15日前的任何时候,无论出于何种原因,招标人可主动地或在解答投标人提出的澄清问题时对招标文件进行修改;招标文件的修改将在该市招投标网站上的网上答疑区以书面形式进行公布,招标文件的修改作为招标文件的组成部分,并具有约束作用。

（六）本次投标,招标人不组织踏勘现场及投标预备会,不允许分包

（七）投标保证金

50 万元人民币,投标人须在购领招标文件后 3 个日历天内以银行保函形式向招标人提交。

（八）投标文件的份数、有效期

投标文件副本份数三份,投标有效期 60 日。

（九）投标文件递交

1. 地址:××市人民路 222 号十楼××市招投标中心开标会议室;

2. 接收人:招标人;

3. 投标文件递交的截止时间:2010 年 3 月 31 日 9:30。

（十）开标时间、地点

同投标截止时间;开标地点:××市招投标中心十楼开标室。

（十一）评标委员会组建

本评标委员会由 7 人组成,按一般项目选择评标技术、经济方面专家。由评标委员会推荐 1～3 名中标候选人。

（十二）中标人履约担保

合同总价的 10%,形式为银行保函。

（十三）评标方法

采用综合评估法,初步评审符合要求后,进入详细评审,评标委员会按规定的量化因素进行打分,并计算出综合评估得分。其中,施工组织设计、项目管理机构、其他因素评分见下表。

1. 施工组织设计、项目管理机构、其他因素评分表

分值构成:(总分 100 分)

施工组织设计:__30__;项目管理机构:__15__;投标报价:__35__;其他因素:__20__

条　款	评分因素	评分标准
施工组织设计评分标准	内容完整性和编制水平	30×10%
	施工方案与技术措施	30×20%
	质量管理体系与措施	30×15%
	安全管理体系与措施	30×10%
	环境保护管理体系与措施	30×5%
	工程进度计划与措施	30×10%
	资源配备计划	30×10%
	提高工程质量、保证工期、降低造价的合理化建议	30×10%
	在施工中采用新技术、新材料、新工艺、新设备	30×10%

续上表

条　　款	评 分 因 素	评 分 标 准
项目管理机构评分标准	项目经理任职资格与业绩	15×30%
	技术负责人任职资格与业绩	15×20%
	项目班子配备齐全	15×50%
其他因素评分标准	投标人承诺、资信	20×50%
	投标文件的质量与答辩	20×50%

2.投标文件商务部分的评审内容和评定的分数

投标文件商务部分记入综合得分的标准分为 35 分。

1)投标总报价的评定标准

(1)原则上以有效投标总价的中间算术平均值加权确定基准标价,作为评定标准,对各有效投标总报价进行评价,评定计算各有效投标总报价的经济标得分。

(2)有效投标报价是指根据有关法律、法规和本招标文件的规定完成投标报价工作,并经评标委员会依据办法的有关规定,通过投标文件的完整性、符合性评审及满足经济标、技术标评审条件的投标人的投标报价。

(3)当有效投标报价为 4 个(含 4 个)以上时,其中的一个最高报价和一个最低报价不参加基准标价的计算(是否参加基准标价的计算并不对其有效性产生影响);当有效投标报价为 3 个(含 3 个)以下时,全部参加基准标价的计算。

(4)基准标价的计算公式:

基准标价＝参加基准标价计算的各投标总报价(或选定单价)金额之和 ÷
　　　　　参加基准标价计算的各投标报价的个数。

2)投标总报价评比打分

(1)以基准标价为基数,设定界于基准标价的 100 %(含)至 98 %(含)之间的报价金额的得分为标准分——满分 35 分(在其他条件相同的情况下,投标报价低的优先考虑);在此基准上,每增加 1 %扣减 2 分,每减少 1 %扣减 0.5 分,不计负分。

(2)各有效投标的经济标得分,根据其投标报价金额计算确定。

计算公式为:

①当投标报价金额在基准标价的 100 %(含)至 98 %(含)之间时,得分为 50 分。

②当投标报价高于基准标价时,可按下式计算:

投标总报价得分＝35－2 ×(投标报价金额/基准标价×100－100)

③当该投标报价低于基准标价 98 %时,可按下式计算:

投标总报价得分＝35－0.5 ×（ 98 － 投标报价金额/基准标价×100 ）

计算分值精确至小数点后两位。

(十四)投标函附录按下表内容列出

序 号	项 目 内 容	合同条款号	约 定 内 容	备 注
	项目经理		姓名:	
1	履约保证金银行保函金额		合同价款的 10 %	
2	施工准备时间		签订合同后( )日	
3	误期违约金额		( )元 /日	
4	误期赔偿费限额		合同价款的( )%	
5	提前工期奖		( )元 /日	
6	施工总工期		( )日历天	
7	质量标准		合格	
8	工程质量违约金最高限额		( )元	
9	预付款金额		合同价款的( )%	
10	预付款保函金额		合同价款的( )%	
11	进度款付款时间		签发月付款凭证后( )日	
12	竣工结算款付款时间		签发竣工结算付款凭证后( )日	
13	保修期		依据保修书约定的期限	

(十五)其他说明

1. 提供投标担保、履约担保的银行为中国工商银行东阳支行。

2. 误期违约金额为 2 000 元 /日,按形象进度支付进度款,签发竣工结算付款凭证后 28 日内支付竣工结算款,预付款金额为合同价款的 30%,误期赔偿费限额为合同价款的 2%,工程质量违约金最高限额为合同价款的 10%。

3. 近年完成的类似项目情况及在建或新承接的项目情况由每组学生自己编写。

二、上交的成果与成绩评定

1. 成果:学生上交编写完成的部分章节的施工招标文件及投标文件各一份。

2. 成绩评定:按"考核项目成绩评定表"评分,作为本课程应会考核的依据。详见附件一、附件二的"考核项目成绩评定表"。

三、格式要求

要求严格按规定的格式编排、打印,格式范本详见附件三。

附件一:"招标文件编制"考核项目成绩评定表

"招标文件编制"考核项目成绩评定表(分组考核)

班级_____ 学生姓名_____ 学号_____

组别_____ 教师签名_____ 教师签名_____

项 目 名 称	_____工程施工招标标文件的编制		
考核目标	学生能明晰施工招标文件的编写流程及编制方法,并完成施工招标文件部分章节的编写,为"工程招投标实务"集中实践课程的实施及从业参与招投标工作打下坚实的基础。		
考核内容	正确编写给定工程施工招标文件的招标公告、投标人须知前附表及投标人须知、评标办法前附表及评标办法。		

评 分 标 准

评价项目		评价分值	项目得分
内容完整性与针对性	招标公告	5	
	投标人须知前附表及投标人须知	15	
	评标办法前附表及评标办法	15	
规范性	招标文件的编写流程正确	5	
	格式完全符合规范化程度	5	
考核实效性	查阅文献资料的能力	5	
	综合运用招投标知识的能力	10	
	计算机应用能力	5	
	答辩的流利和准确程度	20	
态度	是否独立完成项目情况	10	
	是否按时完成	5	
合计		100	
项目成绩	自评分×10%= 互评分×20%= 师评分×70%=		
	项目成绩=自评分×10%+互评分×20%+师评分×70%=		
	项目总评成绩=项目二成绩×30%=		

附件二："投标文件编制"考核项目成绩评定表

"投标文件编制"考核项目成绩评定表(分组考核)

班级_____ 学生姓名_____ 学号_____

组别_____ 教师签名_____ 教师签名_____

项 目 名 称	工程施工投标文件的编制		
考核目标	学生能明晰施工投标文件的编写流程及编制方法,并完成施工投标文件部分章节的编写,为"工程招投标实务"集中实践课程的实施及从业参与招投标工作打下坚实的基础。		
考核内容	正确编写给定工程施工投标文件的投标函及投标函附录、法定代表人身份证明、投标保证金、项目管理机构、资格审查资料。		

评 分 标 准

评价项目		评价分值	项目得分
内容完整性与针对性	投标函及投标函附录	15	
	法定代表人身份证明	5	
	投标保证金	5	
	项目管理机构	10	
	资格审查资料	10	
规范性	投标文件的编写流程正确	5	
	格式完全符合规范化程度	5	
考核实效性	查阅文献资料的能力	5	
	综合运用招投标知识的能力	10	
	计算机应用能力	5	
	答辩的流利和准确程度	15	
态度	是否独立完成项目情况	5	
	是否按时完成	5	
合计		100	
项目成绩	自评分×10%= 互评分×20%= 师评分×70%=		
	项目成绩=自评分×10%+互评分×20%+师评分×70%=		
	项目总评成绩=项目二成绩×30%=		

附件三：格式要求1
（本页为招标文件封面）

宋体 小二号，加粗，段前
段后各0.5行

××市疾病控制综合楼工程建筑工程标段施工招标

招 标 文 件

黑体一号，加粗，段前段
后各0.5行

宋体三号，段前段后各
0.5行

招标单位：××市疾病预防控制中心（公章）

年 月 日

目　　录

宋体小二号，加粗，上、下各空1行

宋体四号

181

附件三：格式要求2

（本页为招标文件封面）

宋体 小二号，加粗，段前段后各0.5行

××市疾病控制综合楼工程建筑工程标段施工招标

投 标 文 件

黑体一号，加粗，段前段后各0.5行

182

宋体三号，段前段后各0.5行

投标人：　　　　　　　（盖单位章）

法定代表人或其委托代理人：　　　（签字）

年　　月　　日

目　　录

宋体小二号，加粗，上、下各空 1 行

宋体小四号

本页行距25

其他格式要求：

（1）一级标题用四号黑体，二级标题用小四号黑体，三级标题用五号黑体，加粗，正文用五号宋体，行距20，段前段后距0。

（2）表格：一般采用小五号宋体，行距设为最小值0，可适当调整，表格尽量在1页内显示完整。

模块三
合同法律制度

➤本模块引例(导入本模块教学)

三峡工程国际机电合同管理(摘自 http://www.ctgpc.com.cn/news/view_info.php? mNewsId=15812,"从《合同法》看三峡工程国际机电合同管理中的法律问题",作者于滨。

三峡工程是世界上最大的水电工程,装机容量大,设备数量多、供货期长,机电设备采购合同要持续十年以上,极为罕见。经三峡招标公司国际招标采购的货物和服务,涉及国内著名的设备主要制造厂家及欧洲、美洲、亚洲的十多个国家和地区;国际上的合同卖方涉及加拿大、巴西、法国、德国、瑞士、西班牙、挪威等国家。国内知名厂家涉及各行各业。在处理纷繁复杂的合同问题的过程中,公司积累了丰富的合同管理经验。

1. 联合体各方的责任界定

当合同卖方为两家以上的法人或组织组成的联合体时,对于各成员方的法律责任的界定就必须明确。为便于合同执行,合同一般规定联合体的牵头方为合同责任方。由联合体牵头方对合同负责,其他成员负有连带责任。然而,现实管理中如何区分,就是合同买方不得不审慎处理的一个问题。

比如说,三峡左岸6台套水轮发电机组(水轮机+发电机及其附属设备)的合同卖方VGS联合体,由德国伏依特、德国西门子和加拿大GE三家公司组成,加拿大GE公司为联合体的牵头方,负责合同设备的水力设计工作;德国伏依特公司负责水轮机的设计和制造,德国西门子公司负责发电机的设计制造。如果一旦水轮机或发电机交货后发生了问题,该由谁来负责?买方该如何向合同卖方进行索赔呢?我国在编写招标文件以及后续的合同谈判中,注意把握了这个问题,规定:"联合体的各成员公司对于执行合同负有连带和单独的责任和义务"。也就是说,各成员对于其应该承担的法律责任除连带责任外,还应该对自己的供货范围内的义务和责任负责到底,以避免牵头方与成员方之间出现因设计责任导致的制造问题纠缠不清而延误设备的总体交货进度。应该说,三峡的机电合同妥善处理了联合体各方的责任界定。

2. 间接损失问题

关于间接损失问题,一直是三峡工程国际采购中遇到的比较棘手的问题。多次大型合同谈判都在这个问题上花费了不少时间。

《合同法》第112条规定:"当事人一方不履行合同义务或者履行合同义务不符合约定的,

在履行义务或者采取补救措施后,对方还有其他损失的,应当赔偿损失。"第113条规定:"当事人一方不履行合同义务或者履行合同义务不符合约定,给对方造成损失的,损失赔偿额应当相当于因违约所造成的损失,包括合同履行后可以获得的利益,但不得超过违反合同一方订立合同时预见到或者应当预见到的因违反合同可能造成的损失"。也就是说,对间接损失,也要求不履行义务的一方应该给对方以赔偿。

由于三峡机电合同都是在中国境内签订的,都规定了要适用中国法律,所以德国厂家对间接损失的赔偿问题往往揪住不放。因为如果卖方履行合同义务不符合约定,给买方的损失赔偿包括合同履行后或者应当预见到的损失,而这个损失将是巨大的。三峡一台机组一天发电将达 1 680 万 kW·h(度)。按 1kW·h 电 0.30 元(假定数)考虑,1 台机一天的发电损失将达 420 万元。加上利润损失、利息损失等,很可能卖方由于同一设计导致的所有机组造成的损失会超过合同收益本身。这样国外卖方就不会轻易放过这个问题,往往要求在合同条款中明确间接损失不予赔偿;或者要求损失赔偿以货物价值为限。然而从买方的角度看,间接损失或者说可预见的损失所涵盖的内容非常广泛,不可能免除卖方所有的间接损失。比如,由于货物存在缺陷返厂修理造成工期延长,这样的损失对于业主来说是可预见的并且是不可避免的费用。如果将间接损失一概免除,则类似的赔偿责任将统统被免除,这是买方所不能接受的。如果赔偿损失以货物价值为限,那么,由于卖方质量问题导致的换货,应该包含了货物进出中国境内直至到达工地的一切费用,这已经超出了原合同价款,这也是买方所不能接受的。对于这个问题的处理,本着公平的原则,我国在合同中进行了约定,对可以预见的、卖方可以不赔偿的内容一一指明,这样,既去除了卖方的后顾之忧,又保证了买方在合同中不能一一表述的未来可能遭遇的损失可以在问题发生时得到卖方的补偿。

3. 责任限制

合同责任与违约责任不完全等同。合同责任是合同法上的民事责任,既包括违约责任,也含有缔约过失责任。合同中的责任限制条款是对合同双方履约责任的一种限定。

由于三峡工程的特殊性,所采购的机电设备是目前世界上最大的水轮发电机组,高压电气设备、辅助电气设备等均为同类产品中的"巨无霸",国际采购合同金额数字庞大。因此,厂家极为害怕由于商务上或者是法律上的概念差异或行为疏忽,导致履约过程中赔偿责任的延伸。特别是我国《合同法》对违约责任的补偿性是就其质的规定性而言的,并无量的严格要求,甚至于支付的违约金超过了受害人的实际损失,也不能否定违约责任的补偿性,故而合同卖方对此问题的处理十分谨慎。

作为合同买方,我国本着诚实信用和双赢的原则,在编写合同条款的时候,对于卖方违约时的责任做出了限制:"除非使过失犯罪或故意行为不当,卖方在违约情况下的全部责任不超过合同总价,但这一责任限制不适用于约定违约金的支付责任以及修理、更换、拒收缺陷合同设备的责任。"这个条款对卖方的有限责任做出了明确的限定,消除了卖方的忧虑,同时也保证了买方的利益。此条款被广泛应用于三峡工程的机电设备采购合同之中。

综上所述,从三峡工程国际机电合同管理中的几个关键性的法律问题的处理可以看出,在当今的市场经济中,从国内到国际,《合同法》所起到的作用是巨大的。它规范了市场行为,有效调节了市场运行的关系,保证了市场交易活动的正常进行,是社会主义市场经济的基本法律。

　　《合同法》自 1999 年 10 月 1 日起施行,分总则和分则两部分,总则的规定是共性的规定。总则部分分为八章,共 129 条,分别对合同的订立、合同的效力、合同的履行、合同的变更和转让、合同的权利义务终止、违约责任作出了规定。分则的规定是针对各类具体合同的规定。分则部分分为十五章,分别对 15 种有名合同作出了规定。

单元一 合同法概述

➤**单元教学目标**

能力目标	知识目标	素质目标
1.能运用合同法的有关知识正确分析相关案例； 2.能熟练解决本单元的单项及多项选择题； 3.能完成"能力训练项目三"施工合同文件的编写。	1.了解合同的概念、种类、形式； 2.熟悉合同效力、合同争议的解决； 3.掌握合同的订立、合同的履行、变更、转让和终止及违约责任。	通过学习，为学生从业后在工作中遵守合同法的规定及参与合同管理工作奠定法律基础。

➤**学习要点**

```
              单元一  学习要点
```

| 合同的概念、种类、形式及合同的订立 | 合同效力的法律规定 | 合同的履行、变更、转让和终止 | 违约责任 | 合同争议的解决 |

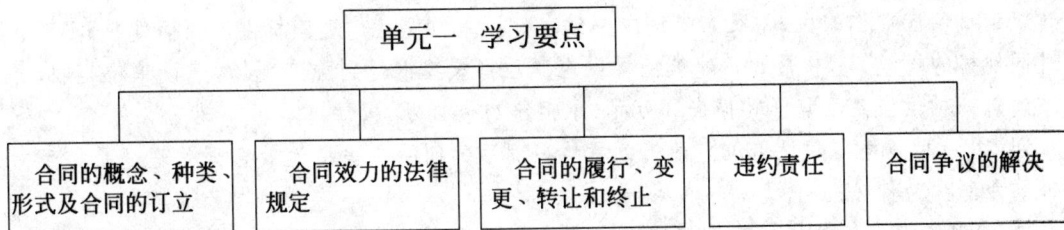

➤**任务案例(贯穿课堂教学)**

某工程项目建设单位与某设计单位达成口头协议，由设计单位在 3 个月之内提供全套施工图纸。之后又与某施工单位签订了施工合同。

半个月后，设计单位以设计费过低为由要求提高设计费，并提出，如果建设单位表示同意，双方立即签订书面合同，否则，设计单位将不能按期提供图纸。建设单位表示反对，并声称，如果设计单位到期不履行协议，将向法院起诉。

问题 1：此案中，双方当事人签订的合同有无法律效力？为什么？

施工合同规定，由建设单位提供建筑材料，于是，建设单位于 2008 年 3 月 1 日以信件的方式向上海 B 建材公司发出要约："愿意购买贵公司水泥 1 万 t，按每吨 350 元/t 的价格，你方负责运输，货到付款，30 天内答复有效。"3 月 10 日信件到达 B 建材公司，B 建材公司收发员李某签收，但由于正逢下班时间，于第二天将信交给公司办公室。恰逢 B 建材公司董事长外出，2008 年 4 月 6 日才回来，看到建设单位的要约，立即以电话的方式告知建设单位："如果价格为 380 元/t，可以卖给贵公司 1 万 t 水泥。"建设单位不予理睬。4 月 20 日上海 C 建材公司经理吴某在 B 建材公司董事长办公室看到了建设单位的要约，当天回去就向建设单位发了传真："我们愿意以 350 元/t 的价格出售 1 万 t 水泥。"建设单位第二天回电 C 建材公司："我们只需要 5 000t。"C 建材公司当天回电："明日发货"。

问题 2：(1)2008 年 4 月 6 日 B 建材公司电话告知建设单位的内容是要约还是承诺？为什么？

(2)建设单位对 2008 年 4 月 6 日 B 建材公司电话不予理睬是否构成违约？为什么？

(3)2008 年 4 月 20 日 C 建材公司的传真是要约还是承诺？为什么？

(4)2008 年 4 月 21 日建设单位对 C 建材公司的回电是要约还是承诺？为什么？

(5)2008 年 4 月 21 日 C 建材公司对建设单位的回电是要约还是承诺？

建设单位向建筑钢材供应商甲以 5 000 元/t 的价格购买一批进口螺纹钢，后经查实，该批螺纹钢为国产，市场价格只有 3 500 元/t，为此，建设单位与该建筑钢材供应商发生纠纷。之后，建设单位授权本单位采购员李某向建筑钢材供应商乙购买 60t 螺纹钢，李某与乙签订了 60t 螺纹钢的合同，之后，李某见螺纹钢质好价优，便以建设单位的名义与建筑钢材供应商乙又签订了 20t 螺纹钢的供货合同，双方约定：建筑钢材供应商乙向建设单位于 8 月 25 日前供货，先交货后付款，合同价款 28 万元，由建筑钢材供应商乙送货到施工现场，合同约定违约金为 2 万元。8 月 20 日，建筑钢材供应商乙听说（没有确切的证据证明）建设单位由于经营状况严重恶化，可能无力支付货款，于是没有按照约定交货，8 月 26 日建设单位既不见建筑钢材供应商乙送货，也无履约消息，于是建设单位当天电话催促，建筑钢材供应商乙回应还需要 10 天才能交货，而建设单位称 9 月 1 日要用于施工，要求建筑钢材供应商乙 9 月 1 日前送货，但遭到建筑钢材供应商乙的反对，双方未达成一致。建设单位便从建筑钢材供应商丙处花 31 万元购进同规格的螺纹钢。9 月 8 日建筑钢材供应商乙将螺纹钢送到施工现场，建设单位拒收，并要求建筑钢材供应商乙赔偿其损失 3 万元，承担违约金 2 万元。

问题 3：(1)本案中建设单位与建筑钢材供应商甲的纠纷应当按无效合同处理还是按可撤销合同处理？为什么？

(2)李某与建筑钢材供应商乙签订螺纹钢的供货合同是否有效？为什么？

(3)建筑钢材供应商乙行使的是何种抗辩权？是行使得是否恰当？为什么？

(4)建设单位可以解除与建筑钢材供应商乙的合同吗？为什么？建设单位要求建筑钢材供应商乙赔偿其损失 3 万元和承担违约金 2 万元合理吗？为什么？

(5)建设工程合同纠纷解决的途径有哪些？本案例建设单位与建筑钢材供应商乙纠纷的责任应由哪一方承担？应如何承担？

一 合同的概念、种类、形式及合同的订立

(一)合同的概念

合同是平等主体的自然人、法人、其他组织之间设立、变更、终止民事权利义务关系的协议。民法中的合同有广义和狭义之分，我国《合同法》中所称的合同，是指狭义上的合同。

(二)合同法的基本原则

《合同法》总则第一章对合同法的基本原则作了明确的规定。

1.平等、自愿原则

《合同法》第 3 条规定："合同当事人的法律地位平等，一方不得将自己的意志强加给另一方。"《合同法》第 4 条规定："当事人依法享有自愿订立合同的权利，任何单位和个人不得非法干预。"自愿应是在不违背法律、法规强制性规定，不违背社会公德，不扰乱社会经济秩序，不损

害社会公共利益为前提。

2.公平、诚实信用原则

《合同法》第 5 条规定："当事人应当遵循公平原则确定各方的权利和义务。"《合同法》第 6 条规定："当事人行使权利、履行义务应当遵循诚实信用原则。"公平、诚实信用是民事活动的最重要的基本原则。

3.遵守法律、维护社会公共利益的原则

《合同法》第 7 条规定："当事人订立、履行合同,应当遵守法律、行政法规,尊重社会公德,不得扰乱社会经济秩序,损害社会公共利益。"

4.依法成立的合同对当事人具有约束力的原则

《合同法》第 8 条规定："依法成立的合同,对当事人具有法律约束力。当事人应当按照约定履行自己的义务,不得擅自变更或者解除合同。依法成立的合同,受法律保护。"

(三)合同的分类

合同依据特点和形式主要有以下几种分类方式:

1.双务合同和单务合同

根据当事人双方权利和义务的分担方式,可把合同分为双务合同与单务合同。双务合同,是指当事人双方相互享有权利、承担义务的合同。如买卖、租赁、承揽、运送、保险等合同为双务合同。单务合同,是指当事人一方只享有权利,另一方只承担义务的合同。如赠予合同就是单务合同。

2.有偿合同和无偿合同

根据当事人取得权利是否以偿付为代价,可以将合同分为有偿合同和无偿合同。无偿合同是指当事人一方享有合同约定的权利而无需向对方当事人履行相应的义务的合同,如赠与合同等,双务合同都是有偿合同。

3.诺成合同和实践合同

按照合同的成立是否以递交标的物为必要条件,合同可分为诺成合同和实践合同(又称要物合同)。诺成合同是指当事人意思表示一致即可成立的合同。实践合同是指除了要求当事人双方意思表示达成一致外,还必须实际交付标的物以后才能成立的合同。如承揽合同中的来料加工合同在双方达成协议后,还需要由供料方交付原材料或者半成品,合同才能成立。

4.要式合同和不要式合同

按照法律对合同形式是否有特别要求,合同可分为要式合同和不要式合同。要式合同是指法律规定必须采取特定形式的合同。《合同法》中规定："法律、行政法规规定采用书面形式的,应当采用书面形式"。不要式合同是指法律对合同形式未作出特别规定的合同。此时,合同究竟采用何种形式,完全由双方当事人自己决定,可以采用口头形式,也可以采用书面形式或默示形式。

5.主合同和从合同

按照相互之间的从属关系,合同可以分为主合同和从合同。主合同是指不以其他合同的存在为前提而独立存在和独立发生效力的合同,如买卖合同、借贷合同等。从合同又称附属合同,是指不具备独立性,以其他合同的存在为前提而成立并发生效力的合同。如在借贷合同与担保合同之间,借贷合同属于主合同,而担保合同则属于从合同;在建筑工程承包合同中,总包合同是主合同而分包合同则是从合同。主合同和从合同的关系为:主合同和从合同并存时,两者发生互补作用;主合同无效或者被撤销时,从合同也将失去法律效力;而从合同无效或者被撤销一般并不影响主合同的法律效力。

6. 有名合同和无名合同

按照法律是否为某种合同确定了一个特定的名称,可分为有名合同和无名合同。有名合同又称为典型合同,是指法律确定了特定名称和规则的合同。如《合同法》分则中所规定的 15 种基本合同即为有名合同。无名合同又称非典型合同,是指法律没有确定一定的名称和相应规则的合同。

《合同法》分则中列出的:买卖合同;供用电、水、气、热力合同;赠与合同;借款合同;租赁合同;融资租赁合同;承揽合同;建设工程合同;运输合同;技术合同;保管合同;仓储合同;委托合同;行纪合同;居间合同等 15 种有名合同。

(四)合同形式

《合同法》第 10 条规定:"当事人订立合同,有书面形式、口头形式和其他形式。法律、行政法规规定采用书面形式的,应当采用书面形式。当事人约定采用书面形式的,应当采用书面形式。"

《合同法》第 11 条规定:"书面形式是指合同书、信件和数据电文(包括电报、电传、传真、电子数据交换和电子邮件)等可以有形地表现所载内容的形式。"

建筑工程合同所涉及的内容特别复杂,合同履行期较长,为便于明确各自的权利和义务,减少履行困难和争议,《合同法》第 270 条规定,建设工程合同应当采用书面形式。

(五)合同的订立

合同的订立是解决合同是否存在的问题,合同订立是合同生效的前提,合同订立需要如下条件:

一是订约主体需要双方或者多方当事人;二是经过要约与承诺;三是订约当事人对主要条款达成一致。其中要约与承诺在合同订立上具有决定性意义。

《合同法》第 13 条规定:"当事人订立合同,采取要约、承诺方式。"

1. 要约

(1)要约的概念

《合同法》第 14 条规定:"要约是希望和他人订立合同的意思表示,该意思表示应当符合下列规定:①内容具体确定;②表明经受要约人承诺,要约人即受该意思表示约束。"

要约是一种法律行为。它表现在规定的有效期限内,要约人要受到要约的约束。受要约人若按时和完全接受要约条款时,要约人负有与受要约人签订合同的义务。否则,要约人对由此造成受要约人的损失应承担法律责任。

(2)要约邀请

《合同法》第 15 条规定:"要约邀请是希望他人向自己发出要约的意思表示。寄送的价目表、拍卖公告、招标公告、招股说明书、商业广告等为要约邀请。商业广告的内容符合要约规定的,视为要约。"

▶**应用案例:**某水泥厂向某建筑公司发出了一份本厂所生产的各种型号水泥的性能的广告,你认为该广告是要约还是要约邀请?

分析:不一定,需要看具体的条件。如果该广告上仅写明了各种水泥的价格,而没有其他内容,则该广告属于要约邀请。而如果该广告的内容不仅包含各种型号的水泥的性能,同时还包括合同的一般条款,即只要建筑公司同意,双方就可以按照该广告上面的内容完成水泥的采购,则该广告就不再视为要约邀请了,而要视为要约。

（3）要约生效

《合同法》第16条规定:"要约到达受要约人时生效。采用数据电文形式订立合同,收件人指定特定系统接收数据电文的,该数据电文进入该特定系统的时间,视为到达时间;未指定特定系统的,该数据电文进入收件人的任何系统的首次时间,视为到达时间。"

（4）要约撤回与要约撤销

要约撤回,是指要约在发生法律效力之前,要约人欲使其不发生法律效力而取消要约的意思表示。要约的约束力一般是在要约生效之后才发生,要约未生效之前,要约人是可以撤回要约的。

要约撤回《合同法》第17条规定:"要约可以撤回。撤回要约的通知应当在要约到达受要约人之前或者与要约同时到达受要约人。"

要约撤销,是指要约在发生法律效力之后,要约人欲使其丧失法律效力而取消该项要约的意思表示。

要约撤销《合同法》第18条规定:"要约可以撤销。撤销要约的通知应当在受要约人发出承诺通知之前到达受要约人。"

要约虽然生效后对要约人有约束力,但是在特殊情况下,考虑要约人的利益,在不损害受要约人的前提下,要约是应该被允许撤销的。但是,《合同法》第19条规定:"有下列情形之一的,要约不得撤销:①要约人确定了承诺期限或者以其他形式明示要约不可撤销;②受要约人有理由认为要约是不可撤销的,并已经为履行合同作了准备工作。"要约的撤回与撤销都是否定了已经发出去的要约。其区别在于:要约的撤回发生在要约生效之前,而要约的撤销是发生在要约生效之后。

（5）要约失效

《合同法》第20条规定:"有下列情形之一的,要约失效:①拒绝要约的通知到达要约人;②要约人依法撤销要约;③承诺期限届满,受要约人未作出承诺;④受要约人对要约的内容作出实质性变更。"

2.承诺

1）承诺的概念

《合同法》第21条规定:"承诺是受要约人同意要约的意思表示。"承诺也是一种法律行为。承诺必须是要约的相对人在要约有效期限内以明示的方式作出,并送达要约人;承诺必须是承诺人作出完全同意要约的条款,方为有效。如果受要约人对要约中的某些条款提出修改、补充、部分同意,附有条件或者另行提出新的条件,以及迟到送达的承诺,都不被视为有效的承诺,而被称为新要约。

2)承诺具有法律约束力的条件

(1)承诺须由受要约人向要约人作出。非受要约人向要约人作出的意思表示不属于承诺,而是一种要约。

(2)承诺须向要约人作出。

(3)承诺的内容应与要约的内容完全一致。承诺是受要约人愿意接受要约的全部内容与要约人订立合同的意思表示。因此,承诺是对要约的完全同意,是对要约的无条件的接受。

(4)承诺人必须在要约有效期限内作出承诺。《合同法》第 28 条规定:"受要约人超过承诺期限发出承诺的,除要约人及时通知受要约人该承诺有效的以外,为新要约。"

3)承诺的方式、期限和生效

(1)承诺的方式。《合同法》第 22 条规定:"承诺应当以通知的方式作出,但根据交易习惯或者要约表明可以通过行为作出承诺的除外。"

"通知"的方式,是指承诺人以口头形式或书面形式明确告知要约人完全接受要约内容作出的意思表示。"行为"的方式,是指承诺人依照交易习惯或要约的条款能够为要约人确认承诺人接受要约内容作出的意思表示。

(2)承诺的期限。《合同法》第 23 条规定:"承诺应当在要约确定的期限内到达要约人。要约没有确定承诺期限的,承诺应当依照下列规定到达:①要约以对话方式作出的,应当即时作出承诺,但当事人另有约定的除外;②要约以非对话方式作出的,承诺应当在合理期限内到达。"

(3)承诺的生效。承诺的生效是指承诺何时产生法律效力。根据《合同法》规定,承诺在承诺通知到达要约人时生效。承诺生效时合同成立。

4)承诺撤回、超期和延误

(1)承诺撤回。《合同法》第 27 条规定:"承诺可以撤回。撤回承诺的通知应当在承诺通知到达要约人之前或者与承诺通知同时到达要约人。"注意:要约可以撤回,也可以撤销。但承诺却只可以撤回,不可以撤销。

(2)承诺超期。承诺超期,也即承诺的迟到,是指受要约人主观上超过承诺期而发出的承诺。《合同法》第 28 条规定:"受要约人超过承诺期限发出承诺的,除要约人及时通知受要约人该承诺有效的以外,为新要约。"

(3)承诺延误。承诺延误是指承诺人发出承诺后,被外界原因而延误到达。《合同法》第 29 条规定:"受要约人在承诺期限内发出承诺,按照通常情形能够及时到达要约人,但因其他原因承诺到达要约人时超过承诺期限的,除要约人及时通知受要约人因承诺超过期限不接受该承诺的以外,该承诺有效。"

➤ 应用案例

2006 年 8 月 8 日,某建筑公司向某水泥厂发出了一份购买水泥的要约,要约中明确规定承诺期限为 2006 年 8 月 12 日 12:00。为保证工作的快捷,要约中同时约定了采用电子邮件方式作出承诺并提供了电子信箱。水泥厂接到要约后经过研究,同意出售给建筑公司水泥,水泥厂2006年8月12日11:30给建筑公司发出了同意出售水泥的电子邮件。但是,由于建筑公司所在地区的网络出现故障,直到当天下午15:30才收到邮件。你认为该承诺是否有效?

分析:该承诺是否有效由建筑公司决定。根据《合同法》,采用数据电文形式订立合同的,收件人指定特定系统接收数据电文的,该数据电文进入该特定系统的时间,视为到达时间。水泥厂2006年8月12日11:30发出电子邮件,正常情况下,建筑公司即可收到承诺,但却由于外界原因而没有在承诺期限内收到承诺。此时,根据《合同法》第29条规定,建筑公司可以承认该承诺的效力,也可以不承认。如果不承认该承诺的效力,就要及时通知水泥厂,若不及时通知,就视为已经承认该承诺的效力。

(六)合同的内容

合同的内容,即合同的一般条款,是指由合同当事人约定的合同条款。

《合同法》第12条规定:"合同的内容由当事人约定,一般包括以下条款:①当事人的名称或者姓名和住所;②标的;③数量;④质量;⑤价款或者报酬;⑥履行期限、地点和方式;⑦违约责任;⑧解决争议的方法。当事人可以参照各类合同的示范文本订立合同。"

1.当事人的名称或者姓名和住所

该条款主要反映合同当事人基本情况,明确合同主体。

确定名称的方法:法人或其他组织应当以营业执照或登记册上的名称为准;自然人应当以身份证载明的姓名为准。

确定住所的办法:法人或其他组织的主要办事机构所在地或主要营业地为住所地。自然人,其户籍所在地为住所地;若经常居住地与户籍所在地不一致的,其经常居住地视为住所地。

2.标的

标的是合同权利义务所指向的对象。建设工程合同的标的就是工程项目。

3.数量

数量是计算标的的尺度。它把标的定量化,以便确立合同当事人之间的权利和义务的量化指标,从而计算价款或报酬。签订合同时,应当使用国家法定计量单位,做到计量标准化、规范化。或采用合同双方当事人共同接受的计量单位和计量方法。

4.质量

质量是标的内在质的规定性和外观形态的综合,包括标的的规格、性能、物理和化学成分、款式和质感等。当事人签订合同时,必须对标的物的质量作出明确的规定,标的物的质量,有国家标准的按国家标准签订,没有国家标准而有行业标准的按行业标准签订,或有地方标准的按地方标准签订。如果标的物是没有上述标准的新产品时,可按企业新产品鉴定的标准(如产品说明书、合格证载明的),写明相应的质量标准。国家鼓励企业采用国际质量标准。

5.价款或者报酬

价款是购买标的物所应支付的代价,报酬是获得服务应当支付的代价,这两项作为合同的主要条款应予以明确规定。在大宗买卖或对外贸易中,合同价款还应对运费、保险费、装卸费、保管费和报关费作出规定。

6.履行期限、地点和方式

履行期限,是指享有权利的一方要求义务相对方履行义务的时间范围。它是权利方要求义务方履行合同的依据,也是检验义务方是否按期履行或迟延履行的标准。

在建设工程合同中,指约定施工工期或提交成果的条款。

履行地点,是指合同当事人履行和接受履行合同义务的地点。建设工程合同的履行地点,是项目所在地。

履行方式,是指当事人采取什么办法来履行合同规定的义务。

建设工程施工合同中有关施工组织设计的条款,即为履行方式条款。

7.违约责任

违约责任是指合同当事人约定一方或双方不履行或不完全履行合同义务时,必须承担的法律责任。违约责任包括支付违约金、偿付赔偿金以及发生意外事故的处理等其他责任。法律有规定责任范围的按规定处理;法律没有规定责任范围的,由当事人双方协商议定办理。

8.解决争议的方法

解决争议的方法是指合同当事人约定在合同产生争议时,采取什么方式解决争议。解决合同争议有和解、调解、仲裁、诉讼四种,选择何种方式应在合同中加以约定。特别是仲裁方式,若没有约定,双方产生争议后又没有达成仲裁协议,只能通过诉讼方式解决争议。

(七)建设工程合同内容

《合同法》在分则中对建设工程合同(包括工程勘察、设计、施工合同)内容作了专门规定。

1.勘察、设计合同内容

包括提交基础资料和文件(包括概预算)的期限、质量要求、费用以及其他协作条件等条款。

2.施工合同的内容

包括工程范围、建设工期、中间交工工程的开工和竣工时间、工程质量、工程造价、技术资料交付时间、材料和设备供应责任、拨款和结算、竣工验收、质量保修范围和质量保证期、双方相互协作等条款。

对国家重大建设工程合同,应当按照国家规定的程序和国家批准的投资计划、可行性研究报告等文件订立。

(八)合同成立

根据《合同法》第25条规定:"承诺生效时合同成立。"《合同法》第32条规定:"当事人采用合同书形式订立合同的,自双方当事人签字或盖章时合同成立。"《合同法》第33条规定:"当事人采用信件、数据电文等形式订立合同的,可以在合同成立之前要求签订确认书。签订确认书时合同成立。"此时,确认书具有最终正式承诺的意义。

合同成立不同于合同生效。合同生效是法律认可合同效力,强调合同内容合法性。因此,合同成立体现了当事人的意志,而合同生效体现国家意志。

(一)合同生效的要件

《合同法》第 44 条规定:"依法成立的合同,自成立时生效。法律、行政法规规定应当办理批准、登记等手续生效的,依照其规定。"合同的成立只意味着当事人之间已经就合同的内容达成一致,但是合同能否产生法律效力还要看它是否符合法律规定。合同生效是指已经成立的合同因符合法律规定而受到法律保护,并能够产生当事人所预想的法律后果。合同生效应具备以下要件:

1. 合同当事人应具有相应的民事权利能力和民事行为能力

当事人必须具有相应的民事权利能力和民事行为能力,才能成为合格的合同主体。如果合同主体不合格,合同不能产生法律效力。

2. 合同当事人意思表示自愿和真实

当事人意思表示自愿是指行为人在自由状态下内心愿望的自我表述和外化;意思表示真实是指当事人的内在愿望和外在表示相一致,表示行为客观地反映内心和效果意思。当合同背离行为人的真实意图,出现欺诈、胁迫及重大误解、显失公平等情形时,合同的有效性将会受到影响。

3. 合同不违反法律或社会公共利益

合同不违反法律或社会公共利益,主要包括两层含义:一是合同的内容合法;二是合同的目的合法,不存在以合法形式达到非法目的等规避法律的事实。

4. 具备法律所要求的形式

《合同法》第 44 条规定:"依法成立的合同,自成立时生效。法律、行政法规规定应当办理批准、登记等手续生效的,依照其规定。"

(二)无效合同

1. 无效合同的概念

合同无效,是指合同虽然已经成立,但因其严重欠缺生效要件而不产生合同法律效力的合同。

2. 合同无效的法律规定

《合同法》第 52 条规定:"有下列情形之一的,合同无效:①一方以欺诈、胁迫的手段订立合同,损害国家利益;②恶意串通,损害国家、集体或者第三人利益;③以合法形式掩盖非法目的;④损害社会公共利益;⑤违反法律、行政法规的强制性规定。"

3. 合同中免责条款无效的法律规定

免责条款是指合同当事人在合同中预先约定的,旨在限制或免除其未来责任的条款。

《合同法》第 53 条规定,合同中的下列免责条款无效:①造成对方人身伤害的;②因故意或者重大过失造成对方财产损失的。

人身权和财产权是法律赋予公民的权利,如果合同中的免责条款对此权利予以了侵犯,该条款就是违法的条款,这样的免责条款自然无效了。

(三)可变更、可撤销合同

1.可变更、可撤销合同的概念

可变更、可撤销合同是指合同当事人订立的合同欠缺生效条件时，一方当事人可以按照自己的意思，请求人民法院或仲裁机构作出裁定，从而使合同的内容变更或使合同的效力归于消灭的合同。可撤销合同具有以下的特点：①可撤销合同是当事人意思表示不真实的合同；②可撤销合同在未被撤销之前，仍然是有效合同；③对可撤销合同的撤销，必须由撤销人请求人民法院或仲裁机构作出；④当事人可以撤销合同，也可以变更合同的内容，甚至可以维持原合同保持不变。

2.可变更、可撤销合同的法律规定

《合同法》第54条规定："下列合同，当事人一方有权请求人民法院或者仲裁机构变更或者撤销：①因重大误解订立的；②在订立合同时显失公平的；③一方以欺诈、胁迫的手段或者乘人之危，使对方在违背真实意思的情况下订立的合同。受损害方有权请求人民法院或者仲裁机构变更或者撤销。当事人请求变更的，人民法院或者仲裁机构不得撤销。"

3.撤销权的消灭

《合同法》第55条规定："有下列情形之一的，撤销权消灭：①具有撤销权的当事人自知道或者应当知道撤销事由之日起1年内没有行使撤销权；②具有撤销权的当事人知道撤销事由后明确表示或者以自己的行为放弃撤销权。"

4.无效合同与被撤销合同的法律后果

无效合同与被撤销合同自始没有法律约束力。合同部分无效，不影响其他部分效力的，其他部分仍然有效。合同无效、被撤销或终止的，不影响合同中独立存在的有关解决争议方法的条款的效力。

合同无效或被撤销后，合同规定的权利义务即为无效。履行中的合同应当终止履行，尚未履行的不得继续履行。对因履行无效合同和被撤销合同而产生的财产后果应当依法进行如下处理：

1)返还财产或折价补偿

返还财产是处理这类合同的主要方式。当事人依据该合同所取得的财产，应当返还给对方。不能返还或者没有必要返还的，应当折价补偿。

2)赔偿损失

合同被确认无效或者被撤销后，有过错的一方应赔偿对方因此所受到的损失。若双方都有过错，应当根据过错的大小各自承担相应的责任。

3)追缴财产，收归国有

如果是损害国家利益的，当事人一方或双方取得的财产都应当收缴归入国库。如果是损害集体或者第三人利益的，则应将取得的财产返还给集合或第三人。

5.可变更、可撤销合同与无效合同的区别

1)原因不同

无效合同是非法合同。导致合同无效的原因不仅在于损害当事人的权益，还在于损害国家、社会和他人利益。

可变更、可撤销合同虽然也具有违法性,但主要涉及当事人之间的利益。导致合同可撤销的原因在于意思表示有瑕疵。

2)原因与结果的关系不同

无效合同的原因和结果是一种必然关系。对于无效合同,原因的存在必然导致合同的无效。

可变更、可撤销合同的原因与结果之间是一种或然的关系。对于可变更、可撤销合同,原因的存在并不必然导致合同的变更或撤销。其结果取决于当事人是否行使撤销权。

(四)效力待定合同

1.效力待定合同的概念

效力待定合同是指合同虽然已经成立,但因其不完全符合合同的生效要件,因此其法律效力能否发生还不能确定,一般须经权利人确认才能生效的合同。

2.效力待定合同的类型

1)限制民事行为能力人订立的合同

限制民事行为能力人订立的合同,经法定代理人追认后,该合同有效,但纯获利益的合同或者与其年龄、智力、精神健康状况相适应而订立的合同,不必经法定代理人追认(如接受奖励、赠与、报酬等)。相对人可以催告法定代理人在1个月内予以追认。法定代理人未作表示的,视为拒绝追认。

2)无权代理人订立的合同

行为人没有代理权、超越代理权或者代理权终止后以被代理人名义订立的合同,未经被代理人追认,对被代理人不发生效力,由行为人承担责任。相对人可以催告被代理人在1个月内予以追认。被代理人未作表示的,视为拒绝追认。合同被追认之前,善意相对人有撤销的权利。撤销应当以通知的方式作出。

3)法定代表人、负责人超越权限订立的合同

法人或者其他组织的法定代表人、负责人超越权限订立的合同,除相对人知道或者应当知道其超越权限的以外,该代表行为有效。

4)无权处分财产人订立的合同

无处分权的人处分他人财产,经权利人追认或者无处分权的人订立合同后取得处分权的,该合同有效。

➤应用案例

某施工企业让采购员王某去参加某次工业口展览会,并授权其采购一批外墙面砖。在展会期间,王某出示购买墙面砖的授权委托书及确定样品后,与某建筑材料公司签订一份外墙面砖供应合同。因洽谈顺利,王某发现该公司生产的卫生洁具质量好,价格优惠,王某便以公司的名义又签订了50套洁具供应合同,之后,王某便随同建材公司送货车回到项目现场,施工企业以王某自作主张为由,不承认其所签订的洁具合同,拒收货物。

分析:王某在授权范围以公司名义所签订的墙面砖合同,具有效力;而签订洁具合同是无权代理,属于效力待定,视其公司是否追认。现公司拒绝追认,则该洁具合同对该施工企业不具效力。

三 合同的履行、变更、转让和终止

(一)合同的履行

合同得以履行是订立合同的目的。

1. 合同履行的概念

合同履行是指合同当事人双方根据合同条款的规定,实现各自享有的权利,并承担各自负有的义务。合同订立并生效后,合同便成为约束和规范合同当事人行为的法律依据。

2. 合同履行的基本原则

1)全面适当履行

全面适当履行,是指合同当事人按照合同约定全面履行自己的义务,包括履行义务的主体、标的、数量、质量、价款或者报酬以及履行的方式、地点、期限等,都应当按照合同的约定全面履行。

2)诚实信用

合同的履行应当严格遵循诚实信用原则。一方面,要求当事人除了应履行法律和合同规定的义务外,还应当履行依据诚实信用原则所产生的各种附随义务,包括相互协作和照顾义务、瑕疵的告知义务、使用方法的告知义务、重要事情的告知义务、保密义务等。另一方面,在法律和合同规定的内容不明确或者欠缺规定的情况下,当事人应当依据诚实信用原则履行义务。

3. 合同履行中约定不明情况的处置

(1)合同生效后,当事人就质量、价款或者报酬、履行地点等内容没有约定或者约定不明确的,可以协议补充;不能达成补充协议的,按照合同有关条款或者交易习惯确定。

(2)当事人就有关合同内容约定不明确,依照第一点的规定仍不能确定的,适用下列规定:

①质量要求不明确的,按照国家标准、行业标准履行;没有国家标准、行业标准的,按照通常标准或者符合合同目的的特定标准履行。

②价款或者报酬不明确的,按照订立合同时履行地的市场价格履行;依法应当执行政府定价或者政府指导价的,按照规定履行。

③履行地点不明确,给付货币的,在接受货币一方所在地履行;交付不动产的,在不动产所在地履行;其他标的,在履行义务一方所在地履行。

④履行期限不明确的,债务人可以随时履行,债权人也可以随时要求履行,但应当给对方必要的准备时间。

⑤履行方式不明确的,按照有利于实现合同目的的方式履行。

⑥履行费用的负担不明确的,由履行义务一方负担。

(3)合同中执行政府定价或者政府指导价的法律规定。《合同法》第 63 条规定:"执行政府定价或者政府指导价的,在合同约定的交付期限内政府价格调整时,按照交付时的价格计价。逾期交付标的物的,遇价格上涨时,按照原价格执行;价格下降时,按照新价格执行。逾期提取标的物或者逾期付款的,遇价格上涨时,按照新价格执行;价格下降时,按照原价格执行。"

4. 合同履行中的抗辩权

抗辩权是指在双务合同的履行中,双方都应履行自己的债务,一方不履行或有可能不履行时,另一方可以据此拒绝对方的履行要求。包括同时履行抗辩权、后履行抗辩权、先履行抗辩权。

注意:抗辩权的行使只能暂时拒绝对方的履行请求,即中止履行,而不能消灭对方的履行请求权。一旦抗辩权事由消失,原抗辩权人仍应履行其债务。

1)同时履行抗辩权

当事人互负债务,没有先后履行顺序,应当同时履行。当对方当事人未履行合同义务时,一方当事人有拒绝履行合同义务的权利。同时履行抗辩权包括:一方在对方履行之前有权拒绝其履行要求;一方在对方履行不符合约定时,有权拒绝其相应的履行要求。

2)后履行抗辩权

当事人互负债务,有先后履行顺序,当先履行债务的一方未按约定履行债务时,后履行的一方有拒绝履行合同义务的权利。包括两种情形:一是当事人互负债务,有先后履行顺序,先履行一方未履行的,后履行一方有权拒绝其履行要求;二是先履行一方履行债务不符合约定的,后履行一方有权拒绝其相应的履行要求。

3)先履行抗辩权(不安抗辩权)

当事人双方在合同中约定了履行的先后顺序,先履行债务的当事人掌握了后履行债务的当事人丧失或可能丧失履行债务能力的确切证据时,有暂时停止履行其到期债务的权利。

应当先履行合同的一方有确切证据证明对方有下列情形之一的,可以中止履行:

(1)经营状况严重恶化;

(2)转移财产、抽逃资金,以逃避债务的;

(3)丧失商业信誉;

(4)有丧失或可能丧失履行债务能力的其他情形。

先履行抗辩权一方的权利及义务。中止履行的,及时通知对方;对方提供适当担保时,应恢复履行;中止履行后,对方在合理期限内未恢复履行能力且未提供适当担保的,中止履行的一方可以解除合同;当事人没有确切证据中止履行,应承担违约责任。

5.合同履行中债权人的代位权和撤销权

1)债权人代位权

债权人代位权是指债权人为了保障其债权不受损害,而以自己的名义代替债务人行使债权的权利。《合同法》第73条规定:"因债务人怠于行使其到期债权,对债权人造成损害的,债权人可以向人民法院请求以自己的名义代位行使债务人的债权,但该债权专属于债务人自身的除外。代位权的行使范围以债权人的债权为限。债权人行使代位权的必要费用,由债务人负担。"

2)债权人撤销权

债权人撤销权是指债权人对债务人所做的危害其债权的民事行为,有请求法院予以撤销的权利。

《合同法》第74条规定:"因债务人放弃其到期债权或者无偿转让财产,对债权人造成损害的,债权人可以请求人民法院撤销债务人的行为。债务人以明显不合理的低价转让财产,对债权人造成损害,并且受让人知道该情形的,债权人也可以请求人民法院撤销债务人的行为。撤销权的行使范围以债权人的债权为限。债权人行使撤销权的必要费用,由债务人负担。"

撤销权自债权人知道或者应当知道撤销事由之日起 1 年内行使,5 年内没有行使撤销权的,该撤销权消灭。

(二)合同的变更

合同的变更是指对已经依法成立的合同,在承认其法律效力的前提下,对其进行修改或补充达成的协议。

注意:这里讲的合同变更是狭义的,仅指合同内容的变更,不包括合同主体的变更。

《合同法》第 77 条规定:"当事人协商一致,可以变更合同。法律、行政法规规定变更合同应当办理批准、登记等手续的,依照其规定。"《合同法》第 78 条规定:"当事人对合同变更的内容约定不明确的,推定为未变更。"

合同变更后,当事人不得再按原合同履行,而须按变更后的合同履行。

(三)合同的转让

合同的转让是当事人一方取得另一方同意后将合同的权利义务全部或部分转让给第三方的法律行为。

1. 债权转让

《合同法》第 79 条规定:"债权人可以将合同的权利全部或者部分转让给第三人,但有下列情形之一的除外:①根据合同性质不得转让;②按照当事人约定不得转让;③依照法律规定不得转让。"

债权人转让权利的,应当通知债务人。未经通知,该转让对债务人不发生效力。债权人转让权利的通知不得撤销,但经受让人同意的除外。

债权人转让权利的,受让人取得与债权有关的从权利,但该从权利专属于债权人自身的除外。

债务人接到债权转让通知后,债务人对让与人的抗辩,可以向受让人主张。

2. 债务转让

《合同法》第 84 条规定:"债务人将合同的义务全部或者部分转移给第三人的,应当经债权人同意。"

债务人转移义务的,新债务人可以主张原债务人对债权人的抗辩。

债务人转移义务的,新债务人应当承担与主债务有关的从债务,但该从债务专属于原债务人自身的除外。

3. 债权债务一并转让

《合同法》第 88 条规定:"当事人一方经对方同意,可以将自己在合同中的权利和义务一并转让给第三人。"

权利和义务一并转让的,适用上述有关债权人和债务人转让的有关规定。

当事人订立合同后合并的,由合并后的法人或者其他组织行使合同权利,履行合同义务。当事人订立合同后分立的,除债权人和债务人另有约定以外,由分立的法人或者其他组织对合同的权利和义务享有连带债权,承担连带债务。

(四)合同的终止

1.合同终止的条件

合同终止是指合同当事人双方依法使相互间的权利义务关系终止,即合同关系消灭。《合同法》第 91 条规定:"有下列情形之一的,合同的权利义务终止:①债务已经按照约定履行;②合同解除;③债务相互抵销;④债务人依法将标的物提存;⑤债权人免除债务;⑥债权债务同归于一人;⑦法律规定或者当事人约定终止的其他情形。"

提存是指由于债权人的原因致使债务人难以履行债务时,债务人可以将标的物交给有关机关保存,以此消灭合同的制度。

《合同法》第 101 条规定:"有下列情形之一,难以履行债务的,债务人可以将标的物提存:①债权人无正当理由拒绝受领;②债权人下落不明;③债权人死亡未确定继承人或者丧失民事行为能力未确定监护人;④法律规定的其他情形。"

《合同法》规定,标的物提存后,除债权人下落不明的以外,债务人应当及时通知债权人或者债权人的继承人、监护人。

标的物提存后,毁损、灭失的风险由债权人承担。提存期间,标的物的孳息归债权人所有。提存费用由债权人负担。

债权人可以随时领取提存物,但债权人对债务人负有到期债务的,在债权人未履行债务或者提供担保之前,提存部门根据债务人的要求应当拒绝其领取提存物。债权人领取提存物的权利,自提存之日起 5 年内不行使而消灭,提存物扣除提存费用后归国家所有。

2.合同解除

1)合同解除的概念

合同解除是指合同的一方当事人按照法律规定或者双方当事人约定的解除条件使合同不再对双方当事人具有法律约束力的行为或者合同各方当事人经协商消灭合同的行为。

2)合同解除的条件

合同解除的条件可分为约定解除条件和法定解除条件。

(1)约定解除条件。按照达成协议的时间的不同,约定解除可以分为两种形式:

①约定解除权的解除。即在合同订立时,当事人在合同中约定合同解除的条件,在合同生效后履行完毕之前,一旦这些条件成就,当事人则享有合同解除权,从而可以以自己的意思表示通知对方而终止合同关系。

②协商解除。即在合同订立以后,且在合同未履行或者尚未完全履行之前,合同双方当事人协商一致,可以解除合同。

(2)法定解除。《合同法》第 94 条规定:"有下列情形之一的,当事人可以解除合同:①因不可抗力致使不能实现合同目的;②在履行期限届满之前,当事人一方明确表示或者以自己的行为表明不履行主要债务;③当事人一方迟延履行主要债务,经催告后在合理期限内仍未履行;④当事人一方迟延履行债务或者有其他违约行为致使不能实现合同目的;⑤法律规定的其他情形。"

3)合同解除的法律后果

当事人解除合同时,应当通知对方,并且自通知到达对方时合同解除。若对方对解除合同持有异议,可以请求人民法院或者仲裁机构确认解除合同的效力。法律、行政法规规定解除合同应当办理批准、登记等手续的,在解除时应依照其规定办理手续。

合同解除后,尚未履行的,终止履行;已经履行的,根据履行情况和合同性质,当事人可以要求恢复原状、采取其他补救措施,并有权要求赔偿损失。

合同的权利义务终止,不影响合同中结算和清理条款的效力。

四 违约责任

(一)违约责任的概念

违约责任是指合同当事人任何一方不履行合同义务或履行合同义务不符合约定而应当承担的法律责任。违约行为的表现形式包括不履行和不适当履行。

(二)承担违约责任的原则

《合同法》规定的承担违约责任是以补偿性为原则。补偿性是指违约责任旨在弥补或补偿因违约行为造成的损失。对于财产损失的赔偿范围,《合同法》规定,赔偿损失额应相当于因违约行为所造成的损失,包括合同履行后可获得的利益。约定的违约金不足以弥补对方造成的损失,还要偿付赔偿金以补偿不足部分。

(三)违约责任承担的形式

1. 继续履行

继续履行是指违反合同的当事人不论是否承担了赔偿金或者违约金责任,根据另一方的要求,在自己能够履行的条件下,继续履行合同义务。如施工合同中约定了延期竣工的违约金,承包人没有按约定期限完成施工任务,承包人应支付延期竣工的违约金,但发包人仍然有权要求承包人继续施工。但下列情形除外:

(1)法律上或事实上不能履行;

(2)标的物不适于强制履行或者履行费用过高;

(3)债权人在合理期限内未要求履行。

2. 采取补救措施

补救措施是指在发生违约行为后,为防止损失的发生或者进一步扩大,违约方按照法律规定或者约定以及双方当事人的协商,采取修理、更换、重作、退货、减少价款或者报酬、补充数量、物资处置等手段,弥补或者减少非违约方的损失的责任形式。

采取补救措施的责任形式,主要发生在质量不符合约定的情况下。建设工程合同中,采取补救措施是施工单位承担违约责任常用的方法。

3. 赔偿损失

《合同法》第113条规定:"当事人一方不履行合同义务或者履行合同义务不符合约定,给对方造成损失的,损失额应当相当于因违约所造成的损失,包括合同履行后可以获得的利益,但不得超过违反合同一方订立合同时预见或者应当预见到的因违反合同可能造成的损失。"当事人一方违约后,对方应当采取适当措施防止损失的扩大;没有采取适当措施致使损失扩大的,不得就扩大的部分要求赔偿。当事人因防止损失扩大而支出的合理费用,由违约方承担。

4.支付违约金

违约金是指当事人在合同中或订立合同后约定的,或法律直接规定的,违约方发生违约行为时向另一方当事人支付一定数额的货币。违约金具有约定性、预定性、赔偿性和惩罚性等特点。

《合同法》第114条规定:"当事人可以约定一方违约时应当根据违约情况向对方支付一定数额的违约金,也可以约定因违约产生的损失赔偿额的计算方法。约定的违约金低于造成的损失的,当事人可以请求人民法院或者仲裁机构予以增加;约定的违约金过分高于造成的损失的,当事人可以请求人民法院或者仲裁机构予以适当减少。当事人就迟延履行约定违约金的,违约方支付违约金后,还应当履行债务。"

违约金与赔偿损失不能同时采用。如果当事人约定了违约金,则应当按支付违约金承担违约责任。

5.定金罚则

定金是指合同双方当事人约定的,为担保合同的顺利履行,在订立合同时,或者订立后履行前,按照合同标的的一定比例,由一方当事人向对方给付一定数额的货币或者其他替代物。定金具有双重作用:首先定金是合同的一种担保形式,如果给付定金的一方不履行合同义务,则无权要求对方返还定金;同时,定金也是一种违约责任,接受定金一方在对方违约时可以没收定金,相反,如果接受定金一方违约,则应当双倍返还定金。

《合同法》第116条规定:"当事人既约定违约金,又约定定金的,一方违约时,对方可以选择适用违约金或者定金条款。"即两种违约责任不能合并使用。

(四)违约的免责规定

1.违约责任的免除

违约责任的免除,是指合同生效后,当事人之间因不可抗力事件的发生,造成合同不能履行时,依法可以免除责任。

2.不可抗力及其责任规定

不可抗力,是指当事人在订立合同时不能预见、对其发生和后果不能避免并不能克服的客观情况。不可抗力事件一般包括两大类:一类是自然事件,如水灾、火灾、地震、飓风等;另一类是社会事件,如战争、动乱、暴乱、罢工等。

《合同法》第117条规定:"因不可抗力不能履行合同的,根据不可抗力的影响,部分或者全部免除责任,但法律另有规定的除外。当事人迟延履行后发生不可抗力的,不能免除责任。本法所称不可抗力,是指不能预见、不能避免并不能克服的客观情况。"

不可抗力事件发生后,当事人一方应及时通知对方,以减轻可能给对方造成的损失,并且应当在合理的期限内提供证明。及时通知对方,是当事人的首要义务,目的在于避免给对方造成更大的损失,如果当事人通知不及时,而给对方造成损失的扩大,则对扩大的损失不能免除责任。

五 合同争议的解决

(一)解决合同争议的方法

合同争议也称合同纠纷,是指合同当事人对合同规定的权利和义务产生了不同的理解。合同争议的解决方式有和解、调解、仲裁、诉讼四种。《合同法》第128条规定,当事人可以通过和解或者调解解决合同争议。当事人不愿和解、调解或者和解、调解不成的,可以根据仲裁协议向仲裁机构申请仲裁。当事人没有订立仲裁协议或者仲裁协议无效的,可以向人民法院起诉。当事人应当履行发生法律效力的判决、仲裁裁决、调解书;拒不履行的,对方可以请求人民法院执行。

在这四种解决争议的方式中,和解和调解的结果没有强制执行的法律效力,要靠当事人的自觉履行。当然,这里所说的和解和调解是狭义的,不包括仲裁和诉讼程序中在仲裁庭和法院的主持下的和解和调解。这两种情况下的和解和调解属于法定程序,其解决方法仍有强制执行的法律效力。

(二)和解

1.和解的概念

和解是指当事人在自愿互谅的基础上,就已经发生的争议进行协商并达成协议,从而解决争议的一种方式。

合同发生纠纷时,当事人应首先考虑通过和解解决纠纷。事实上,在合同的履行过程中,绝大多数纠纷都可以通过和解解决。

2.和解的特点

(1)简便易行,能经济、及时地解决纠纷。

(2)有利于维护合同双方的友好合作关系,使合同能更好地得到履行。

(3)有利于和解决议的执行。

> **应用案例**

2006年8月2日,某建筑公司与某采沙场签订了一个购买沙子的合同,合同中约定沙子的细度模数为2.4。但是在交货的时候,经试验确认所运来的沙子的细度模数是2.2。于是建筑公司要求采沙场承担违约责任。2006年8月3日,经协商,达成了一致意见,建筑公司同意接收这批沙子,但是只需要支付98%的价款就可以了。2006年8月20日,建筑公司反悔,要求按照原合同履行并要求采砂场承担违约责任。

你认为建筑公司的要求是否应予支持?

<u>分析</u>:不予支持。双方和解后达成的协议不具有强制约束力,指的是不能成为人民法院强制执行的直接根据。但是,并不意味着达成的和解协议是没有法律效力的。该和解协议是对原合同的补充,不仅是有效的,而且其效力要高于原合同。因此,建筑公司提出的按照原合同履行的要求不应予以支持。

(三)调解

1.调解的概念

调解,是指第三人(即调解人)应纠纷当事人的请求,依法或依合同约定,对双方当事人进行说服教育,居中调停,使其在互相谅解、互相让步的基础上解决其纠纷的一种途径。调解人可以是经济合同管理机关或有关机关、团体等。

2.调解的行政特点

合同纠纷的调解往往是当事人经过和解仍不能解决纠纷后采取的方式,因此与和解相比,它面临的纠纷要大一些。与诉讼、仲裁相比,仍具有与和解相似的优点:它能够较经济、较及时地解决纠纷;有利于消除合同当事人的对立情绪,维护双方的长期合作关系。

(四)仲裁

1.仲裁的概念和适用范围

仲裁是指发生争议的当事人,根据其达成的仲裁协议,自愿将该争议提交中立的第三者(仲裁机构)进行裁判的争议解决制度。

在我国,《仲裁法》的调整范围仅限于民商事仲裁,即平等主体的公民、法人和其他组织之间发生的合同纠纷和其他财产权益纠纷,可以仲裁。劳动争议仲裁和农业承包合同纠纷仲裁不受《仲裁法》的调整。此外,根据《仲裁法》第3条规定,下列纠纷不能仲裁:①婚姻、收养、监护、扶养、继承纠纷;②依法应当由行政机关处理的行政争议。

2.仲裁的基本特点

(1)自愿性:这是仲裁最突出的特点,充分体现了当事人的意思自治。

(2)专业性:仲裁由具有一定专业水平的专家担任仲裁员,是确保仲裁结果准确、公正的重要保障。

(3)独立性:仲裁委员会独立于行政机关,与行政机关没有隶属关系。仲裁委员会之间也没有隶属关系。在仲裁过程中,仲裁庭独立进行仲裁,不受任何行政机关、社会团体和个人的干涉,不受其他仲裁机构的干涉,具有独立性。

(4)保密性:仲裁以不公开审理为原则。当事人及有关人员也要遵守保密义务。

(5)快捷性:仲裁实行一裁终局制度,仲裁裁决一经作出即发生法律效力。使纠纷能迅速得以解决。

3.仲裁法律基本制度

1)协议仲裁制度

根据《仲裁法》第4条规定,当事人采用仲裁方式解决纠纷,应当双方自愿,达成仲裁协议。没有仲裁协议,一方申请仲裁的,仲裁委员会不予受理。

2)或裁或审制度

仲裁和诉讼是两种不同的争议解决方式,当事人只能选择其中一种加以采用。《仲裁法》第5条规定,当事人达成仲裁协议,一方向人民法院起诉,人民法院不予受理,但仲裁协议无效的除外。

3)一裁终局制度

《仲裁法》第9条第1款规定,仲裁实行一裁终局的制度。裁决作出后,当事人就同一纠纷再申请仲裁或者向人民法院起诉的,仲裁委员会或者人民法院不予受理。当事人应履行仲裁裁决。一方当事人不履行的,另一方当事人可以依照民事诉讼法的有关规定向人民法院申请强制执行。

▷**应用案例**

某建筑公司与某开发公司签订的施工承包合同中约定了解决纠纷的方法,双方同意采取仲裁的方式来解决纠纷。2006年7月4日,开发公司以建筑公司不具备资质为由,到法院起诉请求确认该合同无效。你认为法院是否会受理?

分析:法院会裁定不予受理。《民事诉讼法》第111条规定:"依照法律规定,双方当事人对合同纠纷自愿达成书面仲裁协议向仲裁机构申请仲裁、不得向人民法院起诉,告知原告向仲裁机构申请仲裁。"

4.仲裁委员会

仲裁委员会可以在直辖市和省、自治区人民政府所在地的市设立,也可以根据需要在其他设区的市设立,不按行政区划层层设立。

仲裁委员会由主任1人,副主任2~4人和委员7~11人组成。

5.仲裁协议

1)仲裁协议的内容

(1)请求仲裁的意思表示;

(2)仲裁事项;

(3)选定的仲裁委员会。

2.仲裁协议的作用

(1)合同当事人均受仲裁协议的约束;

(2)是仲裁机构对纠纷进行仲裁的先决条件;

(3)排除了法院对纠纷的管辖权;

(4)仲裁机构应按仲裁协议进行仲裁。

6.仲裁的程序

1)提出申请

当事人申请仲裁,应当符合下列条件:

(1)有仲裁协议;

(2)有具体的仲裁请求和事实、理由;

(3)属于仲裁委员会的受理范围。

2)受理仲裁申请

仲裁委员会收到仲裁申请书之日起5日内,认为符合受理条件的,应当受理,并通知当事人;认为不符合受理条件的,应当书面通知当事人不予受理,并说明理由。

3)组成仲裁庭

(1)当事人约定由3名仲裁员组成的仲裁庭。由3名仲裁员组成的,设首席仲裁员。当事人约定由3名仲裁员组成仲裁庭的,应当各自选定或者各自委托仲裁委员会主任指定1名仲裁员,第三名仲裁员由当事人共同选定或者共同委托仲裁委员会主任指定。第三名仲裁员是首席仲裁员。

(2)当事人约定由1名仲裁员组成的仲裁庭。当事人约定由1名仲裁员成立仲裁庭的,应当由当事人共同选定或者共同委托仲裁委员会主任指定仲裁员。

4)开庭

仲裁应当开庭进行。当事人协议不开庭的,仲裁庭可以根据仲裁申请书、答辩书以及其他材料作出裁决。

仲裁不公开进行。当事人协议公开的,可以公开进行,但涉及国家秘密的除外。

申请人经书面通知,无正当理由不到庭或者未经仲裁庭许可中途退庭的,可以视为撤回仲裁申请。

被申请人经书面通知,无正当理由不到庭或者未经仲裁庭许可中途退庭的,可以缺席裁决。仲裁庭应当将开庭情况记入笔录。

5)仲裁中的和解、调解

(1)仲裁中的和解。当事人申请仲裁后,可以自行和解。达成和解协议的,可以请求仲裁庭根据和解协议作出裁决书,也可以撤回仲裁申请。当事人达成和解协议,撤回仲裁申请后反悔的,可以根据仲裁协议申请仲裁。

(2)仲裁中的调解。仲裁庭在作出裁决前,可以先行调解。当事人自愿调解的,仲裁庭应当调解。调解不成的,应当及时作出裁决。

调解达成协议的,仲裁庭应当制作调解书或者根据协议的结果制作裁决书。调解书与裁决书具有同等法律效力。调解书经双方当事人签收后,即发生法律效力。在调解书签收前当事人反悔的,仲裁庭应当及时作出裁决。

6)裁决

裁决应当按照多数仲裁员的意见作出,少数仲裁员的不同意见可以记入笔录。仲裁庭不能形成多数意见时,裁决应当按照首席仲裁员的意见作出。裁决书自作出之日起发生法律效力。具体体现在:

(1)当事人不得就已经裁决的事项再申请仲裁,也不得就此提起诉讼;

(2)仲裁裁决具有强制执行力。

当事人应当履行裁决。一方当事人不履行的,另一方当事人可以依照民事诉讼法的有关规定向人民法院申请执行。受申请的人民法院应当执行。

(五)民事诉讼

1.民事诉讼的概念及诉讼管辖

1)民事诉讼的概念

民事诉讼,是指人民法院在当事人和其他诉讼参与人的参加下,以审理、裁判、执行等方式解决民事纠纷的活动,以及由此产生的各种诉讼关系的总和。诉讼参与人包括原告、被告、第三人、证人、鉴定人、勘验人等。当事人在合同中未约定仲裁条款,事后又未达成书面仲裁协议或仲裁协议无效的,可以向法院起诉。

2)诉讼管辖

民事诉讼中的管辖,是指各级法院之间和同级法院之间受理第一审民事案件的分工和权限。

(1)级别管辖。级别管辖是指不同级别人民法院受理第一审建设工程合同纠纷的权限分工。我国法院有四级,分别是基层人民法院、中级人民法院、高级人民法院和最高人民法院。一般情况下基层人民法院管辖第一审民事案件。中级人民法院管辖以下案件:重大涉外案件、在本辖区有重大影响的案件、最高人民法院确定由中级人民法院管辖的案件。在建设工程合同纠纷中,判断是否在本辖区有重大影响的依据主要是合同争议的标的额。由于建设工程合同纠纷争议的标的额往往较大,因此往往由中级人民法院受理一审诉讼,有时甚至由高级人民法院受理一审诉讼。

(2)地域管辖。地域管辖是指同级人民法院在受理第一审建设工程合同纠纷的权限分工。对于一般的合同争议,由被告住所地或合同履行地人民法院管辖,或按合同约定。对于建设工程合同的纠纷一般都适用不动产所在地的专属管辖,由工程所在地人民法院管辖。

2.民事诉讼的基本特征

(1)公权性:民事诉讼是由人民法院代表国家意志行使司法审判权,通过司法手段解决平等民事主体间的纠纷。

(2)强制性:民事诉讼的公权性,决定了其在案件的受理和执行等方面具有强制性。

(3)程序性:民事诉讼是依照法定程序进行的诉讼活动。

3.民事诉讼法律基本制度

《民事诉讼法》第10条规定:"人民法院审理民事案件,依照法律规定实行合议、回避、公开审判和两审终审制度。"

1)合议制度

合议制度是指由3人以上单数的审判人员组成合议庭,对民事案件进行审理的制度,合议庭评议案件,实行少数服从多数的原则。

2)回避制度

回避制度是指为了保证案件的公正审判,而要求与案件有一定利害关系的审判人员或其他有关人员,不得参与本案的审理活动或诉讼活动的审判制度。

3)公开审判制度

公开审判制度是指人民法院审理民事案件,除法律规定的情况外,审判过程及结果应向社会公开。

4)两审终审制度

两审终审制度是指一个民事诉讼案件经过两级法院审判后即告终结的制度。根据两审终审制度,对于一般民事诉讼案件,当事人不服一审法院的判决或裁定,可上诉至二审法院。二审法院所作的判决、裁定为生效判决、裁定,当事人不得再上诉。最高人民法院所做的一审判决、裁定,为终审判决、裁定,当事人不得上诉。

4.诉讼中的证据

证据有以下几种:

(1)书证;

(2)物证;

(3)视听资料；

(4)证人证言；

(5)当事人的陈述；

(6)鉴定结论；

(7)勘验笔录。

当事人对自己提出的主张,有责任提供证据。当事人及其诉讼代理人因客观原因不能自行收集的证据,或者人民法院认为审理案件需要的证据,人民法院应当调查收集。书证应当提交原件,物证应当提交原物。提交原件、原物有困难的,可以提交复制品、照片、副本、节录本。提交外文书证,必须附有中文译本。人民法院对专门性问题认为需要鉴定的,应当交由法定鉴定部门鉴定;没有法定鉴定部门的,由人民法院指定的鉴定部门鉴定。建设工程合同纠纷往往涉及工程质量、工程造价等专门性的问题,在诉讼中一般也需要进行鉴定。

➤自主学习资料推荐

1. 中华人民共和国合同法. http://www.cin.gov.cn/zcfg/fl/200611/t20061101_159466.htm.

2. 全国一级建造师执业资格考试用书编写委员会. 建设工程法规及相关知识. 北京:中国建筑工业出版社,2009.

3. 全国一级建造师执业资格考试用书编写委员会. 建设工程法规及相关知识复习题集. 北京:中国建筑工业出版社,2009.

4. 中国建设监理协会. 建设工程合同管理. 北京:知识产权出版社,2008.

单元二　建设工程施工合同

➤ **单元教学目标**

能力目标	知识目标	素质目标
1. 能运用建设工程施工合同的有关知识正确分析相关案例； 2. 能熟练解决本单元的单项及多项选择题； 3. 能完成"能力训练项目三"施工合同的编写。	1. 了解建设工程施工合同类型； 2. 熟悉建设工程施工不同合同类型风险的承担； 3. 掌握建设工程施工合同文本的主要条款。	通过学习，为学生从业后在工作中遵守施工合同的规定及参与施工合同管理工作奠定基础。

➤ **学习要点**

```
                  ┌──────────────────────┐
                  │  单元二　学习要点       │
                  └──────────────────────┘
         ┌───────────────┼───────────────┐
┌────────────────┐ ┌──────────────────┐ ┌──────────────────┐
│ 建设工程施工合同类型 │ │ 建设工程施工合同文本的主要条款 │ │ 建设工程施工合同编写示例 │
└────────────────┘ └──────────────────┘ └──────────────────┘
```

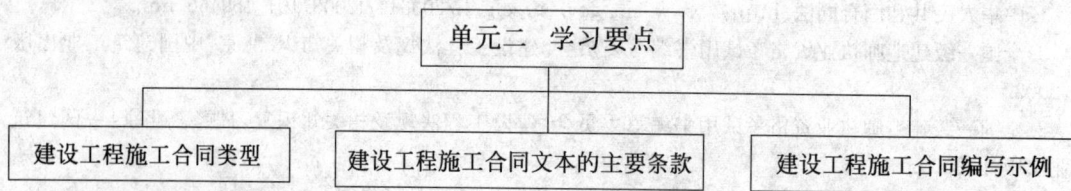

➤ **任务案例（贯穿课堂教学）**

某建设项目建设单位与某施工单位签订了施工合同，合同中有以下一些条款：

1. 施工单位按监理工程师批准的施工组织设计（或施工方案）组织施工，施工单位不承担因此引起的工期延误和费用增加的责任。

2. 施工单位按专用条款约定，为监理工程师提供施工场地办公和生活设施，费用由建设单位承担。

3. 隐蔽工程重新检验的费用由施工单位承担。

4. 建设单位供应的材料设备进入施工现场后需要重新检验或者试验的，由施工单位负责，费用由施工单位承担。

5. 可调整价格合同，一周内非承包人原因停水、停电、停气造成停工累计超过 3 日的才允许调整价格。

6. 施工单位为提高施工质量采取的超出图纸范围的工程量监理工程师要给予计量。

7. 施工中发现文物，施工单位应立即保护好现场并于 8h 内以书面形式通知工程师。

8. 建设单位为施工场地内的施工单位人员办理工伤保险，支付保险费。

问题 1：以上各条款中有无不妥之处？怎样才是正确的？

工程按期进入安装调试阶段后，由于雷电引发了一场火灾。火灾结束后 48h 内，施工单位向项目监理机构通报了火灾损失情况：工程本身损失 150 万元；总价值 100 万元的待安装设备彻底报废；施工单位人员烧伤所需医疗费及补偿费预计 15 万元，租赁的施工设备损坏赔偿 10 万元；其他单位临时停放在现场的一辆价值 25 万元的汽车被烧毁。另外，大火扑灭后施工单位停工 5 日，造成其他施工机械闲置损失 2 万元，并预计工程所需清理、修复费用 200 万元。

损失情况经项目监理机构审核属实。

问题2：安装调试阶段发生的这场火灾是否属于不可抗力？指出建设单位和施工单位应各自承担哪些损失或费用(不考虑保险因素)？

一 建设工程施工合同文本的主要条款

(一)建设工程施工合同类型

以付款方式进行划分,建设工程施工合同可分为以下几种：

1.总价合同

总价合同是指在合同中确定一个完成项目的总价,承包单位据此完成项目全部内容的合同。总价合同一般适用于工程量不太大且能够比较精确地计算、工期较短、技术较简单、风险比较小的项目。这种合同类型能够使建设单位在评标时易于确定报价最低的承包人、易于进行支付计算。这种合同类型要求建设单位必须准备详细而全面的设计图纸(一般要求施工详图)和各项说明,使承包单位能准确计算工程量。此种合同的风险全部由承包人承担。

2.单价合同

单价合同是承包人在投标时,按招标文件就分部分项工程所列出的工程量表确定各分部分项工程费用的合同类型。这类合同的适用范围比较广,此种合同由发包人承担"量"的风险,由承包人承担"价"的风险,从而使风险可以得到合理的分摊,在应用中主要要注意的问题是双方对实际工程量计量的确认。

3.成本加酬金合同

成本加酬金是由业主向承包人支付工程项目的实际成本,并按事先约定的方式支付酬金的一种合同类型。这种合同类型业主需承担项目实际发生的一切费用,因此也就承担了项目的全部风险。此类合同的适用范围主要有：需要立即开展工作的项目；新型的工程项目；工程内容及技术经济指标不明确的项目；风险很大的项目。此种合同的风险全部由业主承担。

(二)建设工程施工合同文本的主要条款

1.概述

1)施工合同的概念

施工合同即建筑安装工程承包合同,是建设工程合同的一种,是发包人和承包人为完成商定的建筑安装工程,明确相互权利、义务关系的合同。依照施工合同,承包人应完成一定的建筑、安装工程任务,发包人应提供必要的施工条件并支付工程价款。

2)《建设工程施工合同(示范文本)》简介

(1)《建设工程施工合同(示范文本)》的作用。鉴于施工合同的内容复杂、涉及面宽,为了避免施工合同的编制者遗漏某些方面的重要条款,或条款约定责任不够公平合理,原建设部、国家工商行政管理局1999年12月24日发布了《建设工程施工合同(示范文本)》,是各类公用建筑、民用住宅、工业厂房、交通设施及线路管理的施工和设备安装合同的样本。

示范文本中的条款属于推荐使用,应结合具体工程的特点加以取舍、补充,最终形成责任明确、操作性强的合同。

(2)《建设工程施工合同(示范文本)》的组成。《建设工程施工合同(示范文本)》由协议书、通用条款、专用条款三部分组成,并附有三个附件:附件一是《承包人承揽工程项目一鉴表》、附件二是《发包人供应材料设备一鉴表》、附件三是《工程质量保修书》。

"协议书"是《建设工程施工合同(示范文本)》中总纲性的文件。虽然其文字量并不大,但它规定了合同当事人双方最主要的权利义务,规定了组成合同的文件及合同当事人对履行合同义务的承诺,并且合同当事人在这份文件上签字盖章,因此具有很高的法律效力。

"通用条款"是根据将建设工程施工合同中共性的一些内容抽象出来编写的一份完整的合同文件,规范了承发包双方履行合同义务的标准化条款。具有很强的通用性,所列条款的约定不区分具体工程的行业、地域、规模等特点,只要属于建筑安装工程均可适用,共有 11 部分 47 条。通用条款在使用时不作任何改动,原文照搬。

"专用条款"、"通用条款"不能完全适用于各个具体工程,因此,配之以"专用条款"对其作必要的修改和补充,具体工程项目编制专用条款的原则是:结合项目特点,针对通用条款的内容进行补充或修正,达到相同序号的通用条款和专用条款共同组成对某一方面总的内容完备的约定。

3)施工合同文件的组成及解释顺序

组成建设工程施工合同的文件包括签订合同时已形成的文件和履行过程中构成对双方有约束力的文件两大部分。

订立合同时已形成的文件:

(1)本合同协议书;

(2)中标通知书;

(3)投标书及其附件;

(4)本合同专用条款;

(5)本合同通用条款;

(6)标准、规范及有关技术文件;

(7)图纸;

(8)工程量清单;

(9)工程报价单或预算书;

(10)合同履行过程中形成的文件。

双方有关工程的洽商、变更等书面协议或文件视为协议书的组成部分。

对合同文件中矛盾或歧义的解释顺序:

合同文件应能够互相解释、互相说明。当合同文件中出现不一致时,上面的顺序就是合同的优先解释顺序。当合同文件出现含糊不清或当事人有不同理解时,按照合同争议的解决方式处理。

2.施工合同双方的一般权利和义务

1)发包人的工作

根据专用条款约定的内容和时间,发包人应分阶段或一次完成以下工作:

(1)办理土地征用、拆迁补偿、平整施工场地等工作,使施工场地具备施工条件,在开工后

继续负责解决以上事项遗留问题;

(2)将施工所需水、电、电讯线路从施工场地外部接至专用条款约定地点,保证施工期间的需要;

(3)开通施工场地与城乡公共道路的通道,以及专用条款约定的施工场地内的主要道路,满足施工运输的需要,保证施工期间的畅通;

(4)向承包人提供施工场地的工程地质和地下管线资料,对资料的真实准确性负责;

(5)办理施工许可证及其他施工所需证件、批件和临时用地、停水、停电、中断道路交通、爆破作业等的申请批准手续(证明承包人自身资质的证件除外);

(6)确定水准点与坐标控制点,以书面形式交给承包人,进行现场交验;

(7)组织承包人和设计单位进行图纸会审和设计交底;

(8)协调处理施工场地周围地下管线和邻近建筑物、构筑物(包括文物保护建筑)、古树名木的保护工作、承担有关费用;

(9)发包人应做的其他工作,双方在专用条款内约定。

发包人可以将上述部分工作委托承包人办理,具体内容双方在专用条款约定,其费用由发包人承担。

发包人不按合同约定完成以上义务,导致工期延误或给承包人造成损失,赔偿承包人有关损失,延误工期相应顺延。

2)承包人的工作

承包人按专用条款约定的内容和时间完成以下工作:

(1)根据发包人委托,在其设计资质等级和业务允许的范围内,完成施工图设计或与工程配套的设计,经工程师确认后使用,发包人承担由此发生的费用;

(2)向工程师提供年、季、月度工程进度计划及相应进度统计报表;

(3)根据工程需要,提供和维修非夜间施工使用的照明、围栏设施,并负责安全保卫;

(4)按专用条款约定的数量和要求,向发包人提供施工场地办公和生活的房屋及设施,发包人承担由此发生的费用;

(5)遵守政府有关主管部门对施工场地交通、施工噪音以及环境保护和安全生产等的管理规定,按规定办理有关手续,并以书面形式通知发包人,发包人承担由此发生的费用,因承包人责任造成的罚款除外;

(6)已竣工工程未交付发包人之前,承包人按专用条款约定负责已完工程的保护工作,保护期间发生损坏,承包人自费予以修复;发包人要求承包人采取特殊措施保护的工程部位和相应的追加合同价款,双方在专用条款内约定;

(7)按专用条款约定做好施工场地地下管线和邻近建筑物、构筑物(包括文物保护建筑)、古树名木的保护工作;

(8)保证施工场地清洁符合环境卫生管理的有关规定,交工前清理现场达到专用条款约定的要求,承担因自身原因违反有关规定造成的损失和罚款;

(9)承包人应做的其他工作,双方在专用条款内约定。

承包人不履行以上义务,造成发包人损失,应对发包人的损失给予赔偿。

3)工程师的产生和职权

工程师包括监理单位委派的总监理工程师或发包人指定的履行合同的负责人两种情况。

(1)发包人委托监理。发包人可以委托监理单位,全部或部分负责合同的履行。发包人应将委托的监理单位名称、监理内容及监理权限以书面形式通知承包人。监理单位委派的总监理工程师在施工合同中称为工程师。总监理工程师经监理单位法定代表人授权,派驻施工现场监理组织总负责人,全面负责受委托工程的建设监理工作。监理单位委派总监理工程师的姓名、职务、职责应向发包人报送,在施工合同专用条款中写明总监理工程师的姓名、职务、职责。

(2)发包人派驻代表。发包人代表是经发包人单位法定代表人授权,派驻施工现场的负责人,其姓名、职务、职责应在专用条款内约定,但职责不得与监理单位的总监理工程师职责相互交叉。发生交叉或不明确时,由发包人法定代表人明确双方职责,并以书面形式通知承包人。

(3)发包人代表更换。发包人代表更换,发包人应至少 7 日以书面形式通知承包人,后任继续履行合同文件约定的前任的权利和义务,不得更改前任作出的书面承诺。

(4)工程师的职责。

①工程师委派具体管理人员。工程师可委派工程师代表等具体管理人员,行使自己的部分权利和职责,并可在认为必要时撤回委派,撤回和委派均应提前 7 日以书面形式通知承包人,负责监理的工程师还应将撤回和委派通知发包人。委派书和撤回通知作为合同附件。工程师代表在工程师授权范围内向承包人发出的任何书面形式的函件,与工程师发出的函件效力相同。

②工程师发布指令、通知。工程师发布指令、通知由其本人签字后,以书面形式交给项目经理,项目经理在回执上签署姓名和收到时间后生效。确有必要时,工程师可发出口头指令,并在48h内给予书面确认,承包人对工程师的指令应予执行。工程师不能及时给予书面确认,承包人应在工程师发出口头指令 7 天内提出书面确认要求。工程师在承包人提出书面确认要求后48h 内不予答复的,应视为承包人要求已被确认。承包人认为工程师的指令不合理,应在收到指令后 24h 内提出书面申告,工程师在收到承包人申告后 24h 内做出修改指令或继续执行原指令的决定,并以书面形式通知承包人。紧急情况下,工程师要求承包人立即执行的指令或承包人虽有异议,但工程师决定仍继续执行的指令,承包人应予执行。因指令错误发生的费用和给承包人造成的损失由发包人承担,延误工期相应顺延。除工程师和工程师代表外,发包人驻工地的其他人员无权向承包人发出任何指令。

③工程师应及时完成自己的职责。工程师应按合同约定,及时向承包人提供所需指令、批准、图纸并履行其他约定的义务,否则承包人在约定时间后 24h 内将具体要求、需要的理由和延误的后果通知工程师,工程师收到通知 48 小时内不予答复,应承担延误造成的追加合同价款,赔偿承包人有关损失,延误工期相应顺延。

④工程师做出处理决定。在合同履行中,发生影响承发包双方权利或义务的事件时,负责监理的工程师应依据合同在其职权范围内客观、公正地进行处理。承发包双方应尊重工程师的决定,承包人对工程师的处理有异议时,按合同约定争议处理办法解决。

4)项目经理的产生和职责

项目经理是由承包人单位法定代表人授权,派驻施工现场承包人的总负责人,他代表承包人负责工程施工的组织和实施。

(1)项目经理的产生。承包人施工质量、进度的好坏与项目经理的水平、能力、工作热情有很大关系,一般在投标书中明确,并作为评标中的一项内容。最后,项目经理的姓名、职务在专用条款内约定。项目经理一旦确定后,承包人不能随意更换。项目经理更换,承包人应至少7日内以书面形式通知发包人,后任继续履行合同文件约定的前任的权利和义务,不得更改前任作出的书面承诺。

发包人可以与承包人协商,建议调换其认为不称职的项目经理。

(2)项目经理的职责。

①代表承包人向发包人提出要求和通知。项目经理代表承包人向发包人提出要求和通知,以书面形式由项目经理签字后送交工程师,工程师在回执上签署姓名和收到时间后生效。

②组织施工。项目经理按工程师认可的施工组织设计(或施工方案)和依据合同发出的指令、要求组织施工。在情况紧急且无法与工程师联系时,应采取保证人员生命和工程财产安全的紧急措施,并在采取措施48h内向工程师送交报告。责任在发包人和第三方,由发包人承担由此发生的追加合同价款,相应顺延工期;责任在承包人,由承包人承担费用,不顺延工期。

3. 施工组织设计和工期

1)进度计划

承包人应按专用条款约定的日期,将施工组织设计和工程进度计划提交工程师。群体工程采取分阶段进行施工的单项工程,承包人则应按照发包人提供图纸及有关资料的时间,按单项工程编制进度计划,分别向工程师提交。工程师接到承包人提交的进度计划,应予以确认或提出修改意见。如果工程师逾期不确认也不提出书面意见,则视为已经同意。但是,工程师对进度计划予以确认或提出修改意见,并不免除承包人施工组织设计和工程进度计划本身的缺陷所应承担的责任。

2)开工及延期开工

承包人应当按协议书约定的开工日期开始施工。承包人不能按时开工,应在不迟于协议书约定的开工日期前7日,以书面形式向工程师提出延期开工的理由和要求。工程师在接到延期开工申请后的48h内以书面形式答复承包人。工程师在接到延期开工申请后的48h内不答复,视为同意承包人的地要求,工期相应顺延。因发包人原因不能按照协议书约定的开工日期开工,工程师应以书面形式通知承包人,推迟开工日期。发包人赔偿承包人因延期开工造成的损失,并相应顺延工期。

3)工期延误

因承包人原因不能按照协议书约定的竣工日期,承包人承担违约责任。但是,在有些情况下工期延误后,竣工日期可以相应顺延。因以下原因造成工期延误,经工程师确认,工期相应顺延:

(1)发包人未能按专用条款的约定提供图纸及开工条件;

(2)发包人未能按约定日期支付工程预付款、进度款,致使施工不能正常进行;

(3)工程师未按合同约定提供所需指令、批准等,致使施工不能正常进行;

(4)设计变更和工程量增加;

(5)一周内非承包人原因停水、停电、停气造成停工累计超过8h;

(6)不可抗力;

（7）专用条款中约定或工程师同意工期顺延的其他情况。

承包人在工期可以顺延的情况发生后 14 日内，就延误的工期以书面形式向工程师提出报告。工程师在收到报告后 14 日内予以确认，逾期不予确认也不提出修改意见，视为同意顺延工期。

4. 施工质量和检验

1）工程质量标准

工程质量应当达到协议书约定的质量标准，质量标准的评定以国家或行业的质量检验评定标准为依据。发包人要求部分或者全部工程质量达到优良标准，应支付由此增加的追加合同价款，对工期有影响的应给予相应顺延。这是"优质优价"原则的具体体现。达不到约定标准的工程部分，工程师一经发现，可要求承包人返工，承包人应按工程师的要求返工，直到符合约定标准。因承包人原因工程质量达不到约定的质量标准，承包人承担返工费用，工期不予顺延。因发包人原因达不到约定标准，由发包人承担返工的追加合同价款，工期相应顺延。因双方原因达不到约定标准，责任由双方分别承担。按《建设工程质量管理条例》的规定，施工单位对施工中出现质量问题的应承担返修责任。

2）施工过程中的检查和返工

承包人应认真按照标准、规范和设计图纸要求以及工程师依据合同发出的指令施工，随时接受工程师的检查检验，为检查检验提供便利条件。并按工程师及其委派人员的要求返工、修改，承担由于自身原因导致返工、修改的费用。检查、检验合格后，又发现因承包人引起的质量问题，由承包人承担责任，赔偿发包人的直接损失，工期不予顺延。

工程师的检查检验不应影响施工正常进行。如影响施工正常进行，检查检验不合格时，影响正常施工的费用由承包人承担。除此之外影响正常施工的追加合同价款由发包人承担，相应顺延工期。

3）隐蔽工程和中间验收

工程具备隐蔽条件或达到专用条款约定的中间验收部位，承包人进行自检，并在隐蔽或中间验收前 48h 以书面形式通知工程师验收。通知包括隐蔽和中间验收的内容、验收时间和地点。承包人准备验收记录，验收合格，工程师在验收记录上签字后，承包人可进行隐蔽和继续施工。验收不合格，承包人在工程师限定的时间内修改后重新验收。工程师不能按时进行验收，应在验收前 24h 以书面形式向承包人提出延期要求，延期不能超过 48h。工程师未能按以上时间提出延期要求，不进行验收，承包人可自行组织验收，工程师应承认验收记录。

经工程师验收，工程质量符合标准、规范和设计图纸等要求，验收 24h 后，工程师不在验收记录上签字，视为工程师已经认可验收记录，承包人可进行隐蔽或继续施工。

4）重新检验

无论工程师是否进行验收，当其要求对已经隐蔽的工程重新检验时，承包人应按要求进行剥离或开孔，并在检验后重新覆盖或修复。检验合格，发包人承担由此发生的全部追加合同价款，赔偿承包人损失，并相应顺延工期。检验不合格，承包人承担发生的全部费用，工期不予顺延。

5）试车

对于设备安装工程，应组织试车。试车内容应与承包人承包的安装范围相一致。

（1）单机无负荷试车。设备安装工程具备单机无负荷试车条件，承包人组织试车，并在试车前 48h 以书面形式通知工程师。通知包括试车内容、时间、地点。承包人准备试车记录，发包人根据承包人要求为试车提供必要条件。试车合格，工程师在试车记录上签字。

工程师不能按时参加试车，须在开始试车前 24h 以书面形式向承包人提出延期要求，不参加试车，应承认试车记录。

（2）联动无负荷试车。设备安装工程具备无负荷联动试车条件，发包人组织试车，并在试车内容、时间、地点和对承包人的要求，承包人按要求做好准备工作。试车合格，双方在试车记录上签字。

（3）投料试车。投料试车应在工程竣工验收后由发包人负责，如发包人要求在工程竣工验收前进行或需要承包人配合时，应征得承包人同意，另行签订补充协议。

6）材料设备供应

（1）发包人供应材料设备的验收。实行发包人供应材料设备的，双方应当约定发包人供应材料设备的一览表，作为本合同附件，一览表包括发包人供应材料设备的品种、规格、型号、数量、单价、质量等级、提供时间和地点。发包人按一览表约定的内容提供材料设备，并向承包人提供产品合格证明，对其质量负责。发包人在所供材料设备到货前 24h，以书面形式通知承包人，由承包人派人与发包人共同验收。

发包人供应的材料设备，承包人派人参加清点后由承包人妥善保管，发包人支付相应保管费用。因承包人原因发生丢失损坏，由承包人负责赔偿。

发包人未通知承包人验收，承包人不负责材料设备的保管，丢失损坏由发包人负责。

发包人供应的材料设备进入施工现场后需要重新检验或者试验的，由承包人负责，费用由发包人负责。即使在承包人检验通过之后，如果又发现材料设备有质量问题的，发包人仍应承担重新采购及拆除重建的追加合同价款，并相应顺延由此延误的工期。

（2）承包人采购材料设备的验收。承包人负责采购材料设备的，应按照专用条款约定及设计和有关标准要求采购，并提供产品合格证明，对材料设备质量负责。承包人在材料设备到货前 24h 通知工程师验收。

承包人需要使用代用材料时，应经工程师认可后才能使用，由此增减的合同价款双方以书面形式议定。

5. 合同价款与支付

1）施工合同价款及调整

施工合同价款，是按有关规定和协议条款约定的各种取费标准计算，用以支付承包人按照合同要求完成工程内容的价款总额。这是合同双方关心的核心问题之一，招标工程的合同价款由发包人承包人依据中标通知书中的中标价格在协议书内约定。非招标工程的合同价款由发包人承包人依据工程预算书在协议书内约定。合同价款在协议书内约定后，任何一方不得擅自改变。合同价款可以按固定价格合同、可调整价格合同、成本加酬金合同三种方式约定。可调整价格合同中价款调整的范围包括：

（1）法律、行政法规和国家有关政策变化影响合同价款；

（2）工程造价管理部门公布的价格调整；

（3）一周内非承包人原因停水、停电、停气造成停工累计超过 8h；

（4）双方约定的其他因素。

承包人应当在价款可以调整情况发生后 14 日内，将调整原因、金额以书面形式通知工程师，工程师确认调整金额后作为追加合同价款，与工程款同期支付。工程师收到承包人通知后 14 日内不予确认也不提出修改意见，视为已经同意该项调整。

2）工程预付款

工程预付款主要是用于采购建筑材料。预付额度，建筑工程一般不得超过当年建筑（包括水、电、暖、卫等）工程工作量的 30%，大量采用预制构件以及工期在 6 个月以内的工程，可以适当增加；安装工程一般不得超过当年安装工程量的 10%，安装材料用量较大的工程，可以适当增加。

实行工程预付款的，双方应当在专用条款内约定发包人向承包人预付工程款的时间和数额，开工后按约定的时间和比例逐次扣回。预付时间应不迟于约定的开工日期前 7 日。发包人不按约定预付，承包人在约定预付时间 7 日后向发包人发出要求预付的通知，发包人收到通知后仍不能按要求预付，承包人可在发出通知后 7 日停止施工，发包人应从约定应付之日起向承包人支付应付款的贷款利息，并承担违约责任。

3）工程量的确认

对承包人已完工程量的核实确认，是发包人支付工程款的前提，其具体的确认程序如下：

承包人应按专用条款约定的时间，向工程师提交已完工程量的报告。工程师接到报告后 7 天内按设计图纸核实已完工程量（以下称计量），并在计量前 24h 通知承包人，承包人为计量提供便利条件并派人参加。承包人收到通知后不参加计量，计量结果有效，作为工程价款支付的依据。

工程师收到承包人报告后 7 天内未进行计量，从第 8 日起，承包人报告中开列的工程量即视为被确认，作为工程价款支付的依据。工程师不按约定时间通知承包人，致使承包人未能参加计量，计量结果无效。

对承包人超出设计图纸范围和因承包人原因造成返工的工程量，工程师不予计量。

4）工程款（进度款）支付

在确认计量结果后 14 日内，发包人应向承包人支付工程款（进度款）。按约定时间发包人应扣回的预付款，与工程款（进度款）同期结算。调整的合同价款、工程变更调整的合同价款及其他条款中约定的追加合同价款，应与工程款（进度款）同期调整支付。

发包人超过约定的支付时间不支付工程款（进度款），承包人可向发包人发出要求付款的通知，发包人收到承包人通知后仍不能按要求付款，可与承包人协商签订延期付款协议，经承包人同意后可延期支付。协议应明确延期支付的时间和从计量结果确认后第 15 日起应付的贷款利息。

发包人不按合同约定支付工程款（进度款），双方又未达成延期付款协议，导致施工无法进行，承包人可停止施工，由发包人承担违约责任。

工程变更具体的内容详见单元三。

6. 竣工验收与结算

1）竣工验收中承发包人双方的具体工作程序和责任

工程具备竣工验收条件，承包人按国家工程竣工验收有关规定，向发包人提供完整竣工资料及竣工验收报告。双方约定由承包人提供竣工图的，应当在专用条款内约定提供的日期和份数。

　　发包人收到竣工验收报告后 28 日内组织有关单位验收,并在验收后 14 日内给予认可或提出修改意见。承包人按要求修改,并承担由自身原因造成修改的费用。因特殊原因,发包人要求部分单位工程或工程部位甩项竣工的,双方另行签订甩项竣工协议,明确双方责任和工程价款的支付方法。工程未经竣工验收或竣工验收未通过的,发包人不得使用。发包人强行使用时,由此发生的质量问题及其他问题,由发包人承担责任。

　　2)竣工结算

　　工程竣工验收报告经发包人认可后 28 日内,承包人向发包人递交竣工结算报告及完整的结算资料,双方按照协议书约定的合同价款及专用条款约定的合同价款调整内容,进行工程竣工结算。发包人收到承包人递交的竣工结算报告及结算资料后 28 日内进行核实,给予确认或者提出修改意见。发包人确认竣工结算报告通知经办银行向承包人支付工程竣工结算价款。承包人收到竣工结算价款后 14 日内将竣工工程交付发包人。

　　发包人收到竣工结算报告及结算资料后 28 日内无正当理由不支付工程竣工结算价款,从第 29 日起按承包人同期向银行贷款利率支付拖欠工程价款的利息,并承担违约责任。

　　发包人收到竣工结算报告及结算资料后 28 日内不支付工程竣工结算价款,承包人可以催告发包人支付结算价款。发包人在收到竣工结算报告及结算资料后 56 日内仍不支付的,承包人可以与发包人协议将该工程折价,也可以由承包人申请人民法院将该工程依法拍卖,承包人就该工程折价或者拍卖的价款优先受偿。

　　工程竣工验收报告经发包人认可后 28 日内,承包人未能向发包人递交竣工结算报告及完整的结算资料,造成工程竣工结算不能正常进行或工程竣工结算价款不能及时支付,发包人要求交付工程的,承包人应当交付;发包人不要求交付工程的,承包人承担保管责任。

　　发包人承包人对工程竣工结算价款发生争议时,按本通用条款第 37 条关于争议的约定处理。

　　3)质量保修

　　承包人应按法律、行政法规或国家关于工程质量保修的有关规定,对交付发包人使用的工程在质量保修期内承担质量保修责任。

　　质量保修工作的实施。承包人应在工程竣工验收之前,与发包人签订质量保修书,作为合同附件。质量保修书的主要内容包括:

　　(1)质量保修项目内容及范围;

　　(2)质量保修期;

　　(3)质量保修责任;

　　(4)质量保修金的支付方法。

　　为保证保修任务的完成,承包人应当向发包人支付保修金,也可由发包人从应付承包人工程款内预留。质量保修金的比例及金额由双方约定。工程的质量保证期满后,发包人应及时结算和返还(如有剩余)质量保修金。发包人应在质量保证期满后 14 天内,将剩余保修金和按约定利率计算的利息返还承包人。

　　7.其他内容

　　1)安全施工

承包人应遵守工程建设安全生产有关管理规定，严格按安全标准组织施工，并随时接受行业安全检查人员依法实施的监督检查，采取必要的安全防护措施，消除事故隐患。由于承包人安全措施不力造成事故的责任和因此发生的费用，由承包人承担。非承包人责任造成安全事故，由责任方承担责任和发生的费用。

发生重大伤亡及其他安全事故，承包人应按有关规定立即上报有关部门并通知工程师，同时按政府有关部门要求处理，发生的费用由事故责任方承担。

承包人在动力设备、输电线路、地下管道、密封防震车间、易燃易爆地段以及临街交通要道附近施工时，施工开始前应向工程师提出安全防护措施，经工程师认可后实施，防护措施费用由发包人承担。

实施爆破作业，在放射、毒害性环境中施工（含储存、运输、使用）及使用毒害性、腐蚀性物品施工时，承包人应在施工前14日以书面通知工程师，并提出相应的安全防护措施，经工程师认可后实施，由发包人承担安全防护措施费用。

2）专利技术及特殊工艺

发包人要求使用专利技术或特殊工艺，就负责办理相应的申请手续，承担申报、试验、使用等费用；承包人提出使用专利技术或特殊工艺，应取得工程师认可，承包人负责办理申报手续并承担有关费用。擅自使用专利技术侵犯他人专利权的，责任者依法承担相应责任。

3）文物和地下障碍物

在施工中发现古墓、古建筑遗址等文物及化石或其他有考古、地质研究等价值的物品时，承包人应立即保护好现场并于4h内以书面形式通知工程师，工程师应于收到书面通知后24h内报告当地文物管理部门，发包人承包人按文物管理部门的要求采取妥善保护措施。发包人承担由此发生的费用，顺延延误的工期。

施工中出现影响施工的地下障碍物时，承包人应于8h内以书面形式通知工程师，同时提出处置方案，工程师收到处置方案后24h内予以认可或提出修正方案。发包人承担由此发生的费用，顺延延误的工期。

4）不可抗力事件

不可抗力包括因战争、动乱、空中飞行物体坠落或其他非发包人承包人责任造成的爆炸、火灾，以及专用条款约定的风雨、雪、洪水、地震等自然灾害，是合同当事人不能预见、不能避免并不能克服的客观情况，在合同订立时应明确不可抗力的范围。

不可抗力事件发生后，承包人应立即通知工程师，并在力所能及的条件下迅速采取措施，尽力减少损失，发包人应协助承包人采取措施。不可抗力事件结束后48h内承包人向工程师通报受害情况和损失情况，及预计清理和修复的费用。不可抗事件持续发生，承包人应每隔7天向工程师报告一次受害情况。不可抗力事件结束后14日内，承包人向工程师提交清理和修复费用的正式报告及有关资料。

因不可抗力事件导致的费用及延误的工期由双方按以下方法分别承担：

（1）工程本身的损害、因工程损害导致第三人人员伤亡和财产损失以及运至施工场地用于施工的材料和待安装的设备的损害，由发包人承担；

（2）发包人承包人人员伤亡由其所在单位负责，并承担相应费用；

（3）承包人机械设备损坏及停工损失，由承包人承担；

（4）停工期间，承包人应工程师要求留在施工场地的必要的管理人员及保卫人员的费用由发包人承担；

（5）工程所需清理、修复费用，由发包人承担；

（6）延误的工期相应顺延。因合同一方迟延履行合同后发生不可抗力的，不能免除迟延履行方的相应责任。

5）保险

双方的保险义务分担如下：

（1）工程开工前，发包人为建设工程和施工场地内的发包方人员及第三方人员生命财产办理保险，支付保险费用。发包人可以将有关保险事项委托承包人办理，费用由发包人承担。

（2）运至施工场地内用于工程的材料和待安装设备，由发包人办理保险，并支付保险费用。

（3）承包人必须为从事危险作业的职工办理意外伤害保险，并为施工场地内人员、财产和施工机械设备办理保险，支付保险费用。

（4）保险事故发生时，发包人承包人有责任尽力采取必要的措施，防止或者减少损失。

（5）具体投保内容和相关责任，发包人承包人在专用条款中约定。

6）担保

发包人承包人为了全面履行合同，应互相提供以下担保：

（1）发包人向承包人提供履约担保，按合同约定支付工程价款及履行合同约定的其他义务。

（2）承包人向发包人提供履约担保，按合同约定履行自己的各项义务。

7）工程分包

工程分包是指经合同约定和发包单位认可，从工程承包人承包的工程中承包部分工程的行为。

（1）分包合同的签订。承包人必须自行完成建设项目（单项工程或单位工程）的主要部分，其非主要部分或专业性较强的工程可分包给营业条件符合该工程技术要求的建筑安装单位。机构和技术要求相同的群体工程，承包人应自行完成半数以上的单位工程。承包人按专用条款的约定分包所承包的部分工程，并与分包单位签订分包合同。非经发包人同意，承包人不得将承包工程的任何部分分包。分包合同签订后，发包人与分包单位之间不存在直接的合同关系。分包单位应对承包人负责，承包人对发包人负责。

（2）分包合同的履行。工程分包不能解除承包人任何责任与义务。承包人应在分包场地派驻相应管理人员，保证本合同的履行。分包单位的任何违约行为或疏忽导致工程损害或给发包人造成其他损失，承包人承担连带责任。分包工程价款由承包人与分包单位结算。发包人未经承包人同意不得以任何形式向分包单位支付各种工程款项。

8. 合同解除

1）可以解除合同的情形

出现下列情况之一的，施工合同可以解除

（1）合同的协商解除。施工合同当事人协商一致，可以解除。这是在合同成立以后、履行完毕之前，双方当事人通过协商而同意终止合同关系的解除。

（2）发生不可抗力时合同的解除。因不可抗力或非合同当事人的原因，造成工程停建或缓建，致使合同无法履行，合同双方可以解除合同。

（3）当事人违约时合同的解除。合同当事人出现以下违约时，可以解除合同：①当事人不按合同约定支付工程款（进度款），双方又未达成延期付款协议，导致施工无法进行，承包人停止施工超过 56 日，发包人仍不支付工程款（进度款），承包人有权解除合同；②承包人将其承包的全部工程转包给他人，发包人有权解除合同；③合同当事人一方的其他违约致使合同无法履行，合同双方可以解除合同。

2）一方主张解除合同的程序

一方主张解除合同的，应向对方发出解除合同的书面通知，并在发出通知前 7 天告知对方。通知到达对方时合同解除。对解除合同有异议的，按照解决合同争议程序处理。

3）合同解除后的善后处理

合同解除后，当事人双方约定的结算和清理条款仍然有效。承包人应当按照发包人要求妥善做好已完工程和已购材料、设备的保护和移交工作。

9.施工合同的违约责任

1）发包人的违约责任

发包人不按合同约定支付各项价款或工程师不能及时给出必要的指令、确认等，致使合同无法履行，发包人承担违约责任，赔偿因其违约给承包人造成的直接损失，延误的工期相应顺延。

（1）发包人不按时支付工程预付款的违约责任。实行工程预付款的，发包人不按约定预付，承包人有权在约定预付时间 7 日后向发包人发出要求预付的通知，发包人收到通知后仍不能按要求预付的，承包人可以在发出通知后 7 日停止施工，发包人应从约定应付之日起向承包人支付应付款的贷款利息，并承担违约责任。

（2）发包人不按时支付工程款（进度款）的违约责任。发包人超过约定的支付时间不支付工程款（进度款），承包人可向发包人发出要求付款的通知，发包人在收到承包人通知后仍不能按要求支付，可与承包人协商签订延期付款协议，经承包人同意后可以延期支付。协议须明确延期支付时间和从发包人代表计量签字后第 15 日起计算应付款的贷款利息。发包人不按合同约定支付工程款（进度款），双方又未达成延期付款协议，导致施工无法进行，承包人可停止施工，由发包人承担违约责任。

（3）发包人不按时支付结算价款的违约责任。发包人收到竣工结算报告及结算资料后 28 日内无正当理由不支付工程竣工结算价款，从第 29 日起按承包人同期向银行贷款利率支付拖欠工程价款的利息，并承担违约责任。发包人收到竣工结算报告及结算资料后 28 日内不支付工程竣工结算价款，承包人可以催告发包人支付结算价款。发包人在收到竣工结算报告及结算资料后 56 日内仍不支付的，承包人可以与发包人协议将该工程折价，也可以由承包人申请人民法院将该工程依法拍卖，承包人就该工程折价或拍卖的价款优先受偿。

（4）发包人的其他违约责任。发包人不履行合同义务或者不按合同约定履行其他义务，发包人承担违约责任，赔偿因其违约给给承包人造成的直接损失，延误的工期相应顺延。双方应当在专用条款内约定发包人赔偿承包人损失的计算方法或发包人应支付违约金的数额和计算方法。

2)承包人施工违约的违约责任

承包人不能按合同工期竣工,工程质量达不到约定的质量标准,或由于承包人原因致使合同无法履行,承包人承担违约责任,赔偿因其违约给发包人造成的损失。双方应当在专用条款内约定承包人赔偿发包人损失的计算方法或承包人应支付违约金的数额和计算方法。

索赔具体内容详见本模块单元三。

10. 争议的解决

合同当事人在履行施工合同时发生争议,可以和解或要求合同管理及其他有关主管部门调解。和解或调解不成的,双方可以在专用条款内约定按以下一种方式解决争议:第一种解决方式,即双方达成仲裁协议,向约定的仲裁委员会申请仲裁;第二种解决方式,即向有管辖权的人民法院起诉。

发生争议后,在一般情况下,双方都应继续履行合同,保持施工连续,保护好已完工程。只有出现下列情况时,当事人方可停止履行施工合同:

(1)单方违约导致合同确已无法履行,双方协议停止施工;

(2)调解要求停止施工,且为双方接受;

(3)仲裁机关要求停止施工;

(4)法院要求停止施工。

二 建设工程施工合同编写示例

以《建设工程施工合同(示范文本)》(GF-1999—0201)(2003 版)为范本,根据给定的背景资料,略去通用条款,编写合同协议书及专用条款。供学习和编写施工合同文件时参考。

工程概况:本工程为×××市疾病控制综合楼工程,工程立项批准文号:东计发〔2007〕144 号、东发改〔2010〕7,50 号,建设单位为该市疾病预防控制中心,中标人为××建设集团股份有限公司,中标价为 12 462 846 元。该工程地点在该市友谊西路 66 号,质量要求为合格,工期要求为 12 个月,计划开工日期 2010 年 3 月 21 日。工程建设规模:建筑面积约 9 579.96m^2,框架结构,地上 6 层,地下 1 层,承包方式为包工包料,中标工程范围为建筑工程施工设计图纸施工范围。资金来源为自筹。委托监理。

(一)建设工程施工合同封面及目录(略)

(二)建设工程施工招标文件正文

第一部分 协 议 书

发包人(全称):×××市疾病预防控制中心(简称"甲方")

承包人(全称):××建设集团股份有限公司(简称"乙方")

依照《中华人民共和国合同法》、《中华人民共和国建筑法》及其有关法律、行政法规,遵循平等、自愿、公平和诚实信用的原则,双方就本建设工程施工事项协商一致订立本合同。

一、工程概况

工程名称:<u>×××市疾病控制综合楼工程</u>

工程地点:<u>×××市友谊西路 66 号</u>

工程内容:<u>建筑工程</u>

工程立项批准文号:东计发〔2004〕144 号、东发改〔2007〕7,50 号

资金来源:<u>自筹</u>

二、工程承包范围

承包范围:<u>土建工程(不列入本次招标范围的设备及材料,具体内容以工程量清单为准)总承包、包工包料、无分包。</u>

三、合同工期

<u>2011 年 3 月 20 日前竣工</u>

四、质量标准

工程质量标准:<u>验收合格</u>

五、合同价款

金额(大写):<u>壹仟贰佰肆拾陆万贰仟捌佰肆拾陆圆(人民币)</u>

¥: <u>12 462 846</u> 元

六、组成合同的文件

组成本合同的文件包括:

1. 本合同协议书

2. 中标通知书

3. 投标书及其附件

4. 本合同专用条款

5. 本合同通用条款

6. 标准、规范及有关技术文件

7. 图纸

8. 工程量清单

9. 工程报价单或预算书

10. 《×××市疾病控制综合楼工程招标文件》(以下简称《招标文件》)

双方有关工程的洽商、变更等书面协议或文件视为本合同的组成部分。

七、本协议书中有关词语含义与本合同第二部分《通用条款》中分别赋予它们的定义相同。

八、承包人向发包人承诺按照合同约定进行施工、竣工并在质量保修期内承担工程质量保修责任。

九、发包人向承包人承诺按照合同约定的期限和方式支付合同价款及其他应当支付的款项。

十、合同生效

合同订立时间:_____年_____月_____日

合同订立地点:_____

本合同双方约定<u>提交履约担保</u>,双方签字盖章后生效。

发包人:(公章)	承包人:(公章)
住　　所:	住　　所:
法定代表人:	法定代表人:
委托代表人:	委托代表人:
电　　话:	电　　话:
传　　真:	传　　真:
开户银行:	开户银行:
账　　号:	账　　号:
邮政编码:	邮政编码:

第二部分　通　用　条　款

此部分采用《建设工程施工合同》范本(GF-1999—0201)中"第二部分　通用条款"(略)。

第三部分 专 用 条 款

一、词语定义及合同文件

2. 合同文件及解释顺序

合同文件组成及解释顺序：合同补充协议、发、承包方两方召开并签署的有关工程的会议纪要；施工合同协议书、中标通知书、招标文件、投标书及其附件、施工合同专用条款、施工合同通用条款、标准、规范及有关技术文件、图纸、设计变更联系单、工程量清单、工程报价单或预算书，以上述文件的顺序为解释顺序。

3. 语言文字和适用法律、标准及规范

3.1 本合同除使用汉语外，还使用_____/_____语言文字。

3.2 适用法律和法规

需要明示的法律、行政法规：《中华人民共和国合同法》、《建筑法》、《中华人民共和国招标投标法》、《建筑安装工程承包合同条例》等。

3.3 适用标准、规范

适用标准、规范的名称：按国家建筑标准规范，并补充当地相关的标准规范的名称。

发包人提供标准、规范的时间：在承包人书面申请后 3 个工作日内，发包人提供承包人所申请的标准、规范一式二份。承包人未申请的，由承包人自行负责。

国内没有相应标准、规范时的约定：现场发生此项，需在施工前 10 天，承包人提出施工技术要求，承包人在施工前 3 天提出施工工艺，经监理工程师认可后执行。

4. 图纸

4.1 发包人向承包人提供图纸日期和套数：合同生效后，提供 6 套。

发包人对图纸的保密要求：承包人在任何时候不得将图纸转让给第三方，并免收保密费用。

二、双方一般权利和义务

5. 工程师

5.1 监理单位委派的工程师

姓名：××× 职务：总监理工程师。

发包人委托的职权：施工阶段控制质量、协调进度、安全生产、文明施工。

需要取得发包人批准才能行使的职权：详见本工程《建设工程委托监理合同》。

5.2 发包人派驻的工程师

姓名：××× 职务：副总经理。

职权：代表发包方监督协调各方的关系，其他职权由发包人书面通知承包方。

7. 项目经理

姓名：××× 职务：项目经理。

8. 发包人工作

8.1 发包人应按约定的时间和要求完成以下工作：

(1)施工场地具备施工条件的要求及完成的时间：已完成。

(2)将施工所需的水、电、电信线路接至施工场地的时间、地点和供应要求：已完成。

(3)施工场地与公共道路的通道开通时间和要求：已完成。

(4)工程地质和地下管线资料的提供时间：不迟于进场时间。

(5)由发包人办理的施工所需证件、批件的名称和完成时间：开工前完成。

(6)水准点与坐标控制点交验要求：执行《通用条款》第8.1第(6)项，并在开工前完成。

（7）图纸会审和设计交底时间：__双方商定__。

（8）协调处理施工场地周围地下管线和邻近建筑物、构筑物（含文物保护建筑）、古树名木的保护工作：__执行《通用条款》第8.1第（8）项，如需承包人做上述工作时，发包人应以书面形式向承包人提供有关保护要求，承包人据以执行__。

（9）双方约定发包人应做的其他工作：__无约定__。

8.2 发包人委托承包人办理的工作：__无约定__。

9.承包人工作

9.1 承包人应按约定时间和要求，完成以下工作：

（1）需由设计资质等级和业务范围允许的承包人完成的设计文件提交时间：__不采用此条__。

（2）应提供计划、报表的名称及完成时间：__承包人每月30日前向工程师提交当月实际完成工程进度统计报表及次月生产计划安排报表各一份__。

（3）承担施工安全保卫工作及非夜间施工照明的责任和要求：__执行《通用条款》第9.1第（3）项__。

（4）向发包人提供的办公和生活房屋及设施的要求：__向发包人提供60m²的临时办公室一间。要求装有空调，配备有电脑等必备的办公设施，所需费用以包含在投标报价中__。

（5）需承包人办理的有关施工场地交通、环卫和施工噪音管理等手续：__执行《通用条款》第9.1第（5）项，有关手续费用由承包人承担__。

（6）完工工程成品保护的特殊要求及费用承担：__由承包人承担__。

（7）施工场地周围地下管线和邻近建筑物、构筑物（含文物保护建筑）、古树名木的保护要求及费用承担：__工程量清单中未考虑列出沿线地下管线和临近建筑物、构筑物、高压线、古树名木等的保护工作费用，如实际发生，由监理现场签证，报业主认可__。

（8）施工现场清洁卫生的要求：__达到××省、××市有关文明工地的规定，保护工地周围自然环境和公共设施__。

（9）双方约定承包人应做的其他工作：__无约定__。

三、施工组织设计和工期

10.进度计划

10.1 承包人提供施工组织设计（施工方案）和进度计划的时间：__开工前10日__。

工程师确认的时间：__收到施工组织设计和进度计划后5日内__。

10.2 群体工程中有关进度计划的要求：__不采用此条__。

13.工期延误

13.1 双方约定工期顺延的其他情况：__按招标文件条款执行__。

四、质量与验收

17.隐蔽工程和中间验收

17.1 双方约定中间验收部位：__地下工程、主体工作（每层验收）__。

19.工程试车

试车费用的承担：__不采用此条__。

五、安全施工

中标单位在施工期间发生人身安全和交通安全等大小事故，一切责任和经济补偿均由中标方负责。

六、合同价款与支付

23.合同价款及调整

23.2 本合同价款采用__固定总价合同__方式确定。

（1）采用固定价格合同，合同价款中包括的风险范围：__本工程采用固定总价合同（中标价即为合同__

价)____。

23.3 双方约定合同价款的其他调整因素:<u>不执行《通用条款》第 23.3 款第(1)～(4)项</u>。

24.工程预付款:<u>不采用此条</u>。

25.工程量确认

承包人向工程师提交已完工程量报告的时间:<u>按通用条款执行</u>。

26.工程款(进度款)支付

双方约定的工程款(进度款)支付的方式和时间:

第一次付款:<u>基础及地上一层完成付合同价款的 10%</u>;

第二次付款:<u>地上三层做平付合同价款的 10%</u>;

第三次付款:<u>地上五层做平付合同价款的 10%</u>;

第四次付款:<u>主体结构封顶后付合同价示的 10%</u>;

第五次付款:<u>主体装饰完成工程量 10%时,付合同价款的 10%</u>;

第六次付款:<u>主体装饰完成工程量 80%时,付合同价款的 15%</u>;

第七次付款:<u>在竣工验收合格交付使用后付合同价款的 10%</u>。

其余的工程合同价款的支付:发包人收到承包人送审的结算书后 30 天内,提出初审意见,再送审计单位审结后 3 个月内付清合同总价的 95%。5%的合同价款作为工程质量保修金,在竣工验收合格 2 年,并按规定履行了保修责任后付清。

七、材料设备供应

27.发包人供应材料设备

27.4 发包人供应的材料设备与一览表不符时,双方约定发包人承担责任如下:

(1)材料设备单价与一览表不符:<u>不采用此条</u>。

(2)材料设备的品种、规格、型号、质量等级与一览表不符:<u>不采用此条</u>。

(3)承包人可代为调剂串换的材料:<u>不采用此条</u>。

(4)到货地点与一览表不符:<u>不采用此条</u>。

(5)供应数量与一览表不符:<u>不采用此条</u>。

(6)到货时间与一览表不符:<u>不采用此条</u>。

27.6 发包人供应材料设备的结算方法:<u>不采用此条</u>。

28.承包人采购材料设备

28.1 承包人采购材料设备的约定:

<u>任何材料设备的进场都需监理工程师和甲方代表验收合格后方能使用,并提交质保单和检验报告,按规定支付的材料监测费用由承包方自行支付</u>。

八、工程变更

<u>承包人在工程变更后 7 日内,提出变更工程价款的报告,须工程师确认调整合同价款;承包人在双方确定变更 14 日内不向工程师提出变更工程价款报告时,视为该项变更不涉及合同款的变更(但减少价款的,仍将在工程结算中扣减)。再者按通用条款执行</u>。

九、竣工验收与结算

32.竣工验收

32.1 承包人提供竣工图的约定:

<u>具备竣工验收条件时,承包人及时向发包人提交竣工图、竣工报告及竣工资料一式四份。当出现因承包人资源投入不足或借故拖延或不办理竣工图、竣工资料时,发包人有权按合同价格的 0.5%金额扣缴承包人违约金,并安排人员整理竣工图、竣工资料,为完成该竣工图、竣工资料所增加的一切费用由承包人承担</u>。

32.2　中间交工工程的范围和竣工时间：　<u>不采用此条</u>　。

34. 质量保修：<u>全部合同工程竣工后,仍由承包方对工程质量实施保修,保修责任和办法按建设部《建设工程质量管理条例》执行</u>。

十、违约、索赔和争议

35. 违约

35.1　本合同中关于发包人违约的具体责任如下,

本合同通用条款第 24 条约定发包人违约应承担的违约责任：　<u>不采用此条</u>　。

本合同通用条款第 26.4 款约定发包人违约应承担的违约责任：　<u>按通用条款 26.4 执行</u>　。

本合同通用条款第 33.3 款约定发包人违约应承担的违约责任：　<u>按通用条款 33.3 执行</u>　。

双方约定的发包人其他违约责任：　<u>不采用此条</u>　。

35.2　本合同中关于承包人违约的具体责任如下:

本合同通用条款第 14.2 款约定承包人违约承担的违约责任：

<u>以中标单位的中标工期为考核标准按期或提前不奖不罚。按自报工期,2010 年 3 月 20 日前完成。每延迟一天,罚款 2000 元/天,最高罚至合同总价的 2%</u>。

本合同通用条款第 15.1 款约定承包人违约应承担的违约责任：

(1)<u>工程施工质量不能通过竣工验收达到合格的,由中标单位返工整改达到合格,同时返工整改时间列入总工期考核</u>　；

双方约定的承包人其他违约责任：

<u>如发现转包、分包或偷工减料、以次充好的行为,甲方有权单方终止合同,并对乙方处以本合同总价款 10%的罚款,同时由乙方承担全部直接和间接经济损失,其余按通用条款执行</u>　。

37. 争议

37.1　双方约定,在履行合同过程中产生争议时：

(1)请　<u>行业主管部门</u>　调解；

(2)采取第　<u>二</u>　种方式解决,并约定向＿＿＿＿仲裁委员会提请仲裁或向　<u>本市</u>　人民法院提起诉讼。

十一、其他

38. 工程分包：　<u>不采用此条</u>　。

39. 不可抗力

39.1　双方关于不可抗力的约定：　<u>风力 9 级(含 9 级)以上台风持续 24h(以气象台发布的公告为准)；24h 连续雨量达 100mm 以上的暴雨(以气象台发布的公告为准)；战争、动乱、洪水、空中飞行物坠落或其他非发包人、承包人责任造成的爆炸火灾；6 级以上(含 6 级)地震</u>　。

40. 保险

40.6　本工程双方约定投保内容如下：

(1)发包人投保内容：　<u>发包人办理建筑工程一切险</u>　。

发包人委托承包人办理的保险事项：　<u>无约定</u>　。

(2)承包人投保内容：　<u>执行《通用条款》第 40.4 款</u>　。

41. 担保

本工程双方约定担保事项如下：

(1)发包人向承包人提供履约担保,担保方式为：　<u>银行保函</u>　担保合同作为本合同附件。

(2)承包人向发包人提供履约担保,担保方式为：　<u>银行保函,履约保函的担保金额为合同价的 10%</u>　。担保合同作为本合同附件。

(3)双方约定的其他担保事项：　<u>合同协议书签署后 7 日内投标保证金转为履约保证金,不足部分在合同</u>

<u>书签署后 7 日内交至招标人指定帐户</u> 。

46. 合同份数

双方约定合同份数： <u>正本 6 份, 副本 8 份</u> 。

47. 补充条款

(1)本合同以《招标文件》为依据, 招标文件中有规定的按《招标文件》办, 《招标文件》没有规定的按本合同办。

(2)人员到岗考核：混凝土、钢筋、电焊、架子工、电工、木工等主要工程负责人必须持有相应上岗证, 并作为合同的有效附件；除项目经理、施工员、技术员、质量员、安全员无特殊情况不允许更换外, 其余工程负责人如达不到业主要求的, 须无条件更换, 如施工单位自行需更换人员的, 必须经业主核准；要求项目经理到岗率每月 15 天以上, 技术和施工负责人、质量员、安全员主要管理人员到岗率不得少于 100%。实行每日签到制；业主组织不定期抽查, 经抽查不在岗者, 每人次罚款 500 元, 3 次以上者作为不良行为记录报招标办备案；人员到岗具体考核：建设单位会同监理单位实施定期不定期抽查, 事先未经监理单位及建设单位同意擅自离岗者, 每人次罚款 1 000 元, 罚款金额在工程款中扣除, 当月累计超过 3 次以上的, 同时报送建设主管部门处理。

(3)履约保证金在竣工验收合格后 1 个月内返回乙方。

➤自主学习资料推荐

1. GF-1999—0201 建设施工合同(示范文本). http://wenku. baidu. com/view/49cb8bc7aa00b52acfc7ca01. html.

2. 全国一级建造师执业资格考试用书编写委员会. 建设工程法规及相关知识. 北京：中国建筑工业出版社, 2009.

3. 全国一级建造师执业资格考试用书编写委员会. 建设工程法规及相关知识复习题集. 北京：中国建筑工业出版社, 2009.

4. 中国建设监理协会. 建设工程合同管理. 北京：知识产权出版社, 2008.

229

单元三　工程变更与工程索赔

➤单元教学目标

能 力 目 标	知 识 目 标	素 质 目 标
1.能运用本单元知识正确分析相关案例； 2.能熟练解决本单元的单项及多项选择题； 3.能完成"能力训练项目三"施工合同文件的编写	1.了解工程变更、工程索赔的概念、种类； 2.熟悉工程变更、工程索赔的程序； 3.掌握变更价款的确定方法、工程索赔成立与否的判定及计算	通过学习，为学生从业后做好工程变更及索赔工作奠定基础

➤学习要点

```
        单元三　学习要点

    工程变更              工程索赔
```

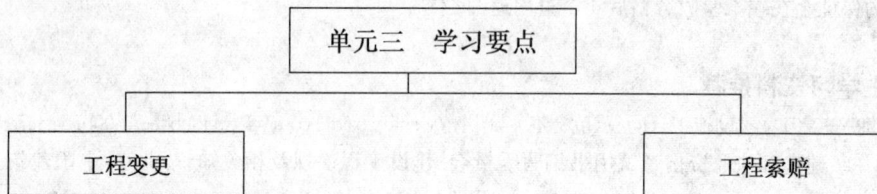

➤任务案例（贯穿课堂教学）

某工程项目建设单位与某施工单位签订了施工合同，在施工过程中，发生如下几项事件：

事件1：在基础开挖过程中，个别部位实际土质与建设单位提供的地质资料不符，造成工作A推迟2天(该工作总时差为0)，施工单位人员配合用工5个工日，窝工6个工日。

事件2：8月7日至8月8日，因大雨工地全面停电，造成人员窝工16个工日；施工机械窝工2个台班。

事件3：因设计变更，工作E(位于关键线路上)工程量由招标文件中的300m³(已知招标文件中工作E需6天完成)增至350m³。需用机械1个台班，人工10个工日。

事件4：8月12日至8月14日因施工图设计有误，使工作D停工(该工作总时差为4天)，造成人员窝工10个工日；施工机械窝工3个台班。

事件5：为保证施工质量，施工单位在施工中将工作B原设计尺寸扩大，增加工程量15m³，该工作综合单价为78元/m³。

问题：(1)上述哪些事件施工单位可以向业主要求索赔工期、费用，哪些事件不可以要求索赔，并说明原因。

(2)每个事件合理的工期索赔是多少天？总计合理的工期索赔是多少天？

(3)假设人工工日单价为25元/工日，合同规定窝工人工费补偿标准为12元/工日，因增加用工所需的管理费为增加人工费的20%，施工机械为施工单位自有机械，台班费为400/台班，其中台班折旧费为50/台班，试计算合理的索赔总额。

(4)事件三工程变更价款确定的原则是什么？

一 工程变更

(一)工程变更的概念

工程变更一般是指在工程施工过程中,根据合同的约定对施工程序、工程数量、质量要求及标准等作出的变更。工程变更是一种特殊的合同变更。

(二)工程变更对工程正常实施的影响

在工程实施过程中所出现的工程变更对工程的正常实施影响较大,这些影响主要表现在以下几个方面:

(1)导致设计图纸、成本计划和支付计划、工期计划、施工方案、技术说明和适用的规范等定义工程目标和工程实施情况的各种文件作相应的修改和变更。相关的其他计划,如材料采购订货计划、劳动力安排、机械使用计划等也应作相应调整。所以,工程变更不仅会引起与承包合同平行的其他合同的变化,而且会引起所属的各个分合同,如供应合同、租赁合同、分包合同的变更。有些重大的变更会打乱整个施工部署。

(2)引起合同双方、承包人的工程小组之间、总承包人和分包商之间合同责任的变化。如工程量增加,则增加了承包人的工程责任,增加了费用开支和延长了工期。

(3)有些工程变更还会引起已完工程的返工、现场工程施工的停滞、施工秩序被打乱及已购材料出现损失。

(三)工程变更的范围

根据我国现行建设工程施工合同示范文本,属于合同变更范畴的工程变更包括设计变更和工程质量标准等其他实质性内容的变更,即设计变更和其他变更。其中设计变更包括:

(1)更改工程有关部分的标高、基线、位置和尺寸;

(2)增减合同中约定的工程量;

(3)改变有关工程的施工时间和顺序;

(4)其他有关工程变更需要的附加工作。

(四)《建设工程施工合同(示范文本)》条件下的工程变更

1. 工程变更的程序

1)设计变更的程序

(1)发包人对原设计进行变更。施工中发包人如果需要对原工程设计进行变更,应不迟于变更前14日以书面形式向承包人发出变更通知。承包人对于发包人的变更通知没有拒绝的权利,但是,变更超过原设计标准或批准的建设规模时,须经原规划管理部门和其他有关部门审查批准,并由原设计单位提供变更的相应的图纸和说明,由工程师签发工程变更单,承包人按规定进行变更。

(2)承包人原因对原设计进行变更。承包人应严格按照图纸施工,不得随意变更设计。施工中承包人提出的合理化建议涉及对设计图纸或施工组织设计的更改及对原材料、设备的更换,须经工程师同意。工程师同意变更后,也须经原规划管理部门和其他有关部门审查批准,并由原设计单位提供变更的相应的图纸和说明。承包人未经工程师同意不得擅自更改或换用,否则承包人承担由此发生的费用,赔偿发包人的有关损失,延误的工期不予顺延。

2)其他变更的程序

先由一方提出,与对方协商一致签署补充协议后,方可进行变更。

2.工程变更审批的一般原则

第一,考虑工程变更对工程进展是否有利;第二,要考虑工程变更是否可以节约工程成本;第三,应考虑工程变更是否兼顾业主、承包人或工程项目之外其他第三方的利益,不能因工程变更而损害任何一方的正当权益;第四,必须保证变更工程符合本工程的技术标准;最后一种情况为工程受阻,如遇到特殊风险、人为阻碍、合同一方当事人违约等不得不变更工程。

3.变更后合同价款的确定

1)变更后合同价款的确定程序

设计变更发生后,承包人在工程设计变更确定后 14 日内,提出变更工程价款的报告,经工程师确认后,调整合同价款。承包人在确定变更后 14 日内不向工程师提出变更工程价款报告时,视为该项设计变更不涉及合同价款的变更。工程师收到变更工程价款报告之日起 7 日内,予以确认。工程师无正当理由不确认时,自变更价款报告送达之日起 14 日后变更工程价款报告自行生效。其他变更也应参照这一程序进行。

2)变更后合同价款的确定方法

(1)合同中已有适用于变更工程的价格,按合同已有的价格计算、变更合同价款;

(2)合同中只有类似于变更工程的价格,可以参照此价格确定变更价格,变更合同价款;

(3)合同中没有适用或类似于变更工程的价格,由承包人提出适当的变更价格,经工程师确认后执行。

(4)如果工程师不确认,则应提出新的价格,由双方协商,按照协商一致的价格执行。如果无法协商一致,可以由工程造价部门调解,如果双方或一方无法接受,则应当按照合同纠纷的解决方法解决。

二 工程索赔

(一)工程索赔的概念、产生的原因和分类

1.工程索赔的概念

工程索赔是在工程承包合同履行中,当事人一方由于另一方未履行合同所规定的义务或出现了应由对方承担的风险而遭受损失时,向另一方提出赔偿要求的行为。在实际工作中,"索赔"是双向的,既包括承包人向发包人的索赔,也包括发包人向承包人的索赔。但在工程实践中,发包人索赔数量较小,而且处理方便,可以通过冲账、扣拨工程款、扣保证金等实现对承包人的索赔;而承包人对发包人的索赔则比较困难一些。通常情况下,索赔是指承包人在合同实施过程中,对非自身原因造成的工程延期、费用增加而要求发包人给予补偿损失的一种权利要求。

2.**工程索赔产生的原因**

1)**当事人违约**

当事人违约常常表现为没有按照合同约定履行自己的义务。发包人违约常常表现为没有为承包人提供合同约定的施工条件、未按照合同约定的期限和数额付款等。工程师未能按照合同约定完成工作,如未能及时发出图纸、指令等也视为发包人违约。承包人违约的情况则主要是没有按照合同约定的质量、期限完成施工,或由于不当行为给发包人造成其他损害。

2)**不可抗力事件**

不可抗力又可分为自然事件和社会事件。自然事件主要是不利的自然条件和客观障碍,如在施工过程中遇到了经现场调查无法发现、业主提供的资料中也未提到的、无法预料的情况,如地下水、地质断层等。社会事件则包括国家政策、法律、法令的变更,战争及罢工等。

3)**合同缺陷**

合同缺陷表现为合同文件规定不严谨甚至矛盾,合同中的遗漏或错误。在这种情况下,工程师应给予解释,如果这种解释将导致成本增加或工期延长,发包人应给予补偿。

4)**合同变更**

合同变更表现为设计变更、施工方法变更、追加或取消某些工作、合同其他规定的变更等。

5)**工程师指令**

工程师指令有时也会产生索赔,如工程师指令承包人加速施工、进行某项工作、更换某些材料、采取某些措施等。

6)**其他第三方原因**

其他第三方原因常常表现为与工程有关的第三方的问题而引起的对本工程的不利影响。

3.**工程索赔的分类**

工程索赔依据不同的标准可以进行不同的分类。

1)**按索赔当事人分类**

(1)承包人与业主间的索赔。这类索赔大多是有关工程量计算、变更、工期、质量和价格方面的争议,也有中断或终止合同等其他违约行为的索赔。这是施工过程中最常见的索赔形式。

(2)总承包人与分包人间的索赔。这类索赔的内容与第一项大致相似,但大多数是分包人向总承包人索要付款或赔偿及总承包人向分包人罚款或扣留支付款等。

(3)承包人与供货人间的索赔。这类索赔多系商贸方面的争议,如货品、建筑材料等质量不符合技术要求、数量短缺、交货拖延、运输损坏等。

(4)承包人与保险人间的索赔。这类索赔多系被保险人受到灾害、事故或其他损害或损失,按保险单向其投保的保险人索赔。

前两种涉及工程项目建设过程中施工条件或施工技术、施工范围等变化引起的索赔,一般发生频率高,索赔费用大,有时也称为施工索赔。后两种涉及工程项目实施过程中的物资采购、运输、保管、工程保险等方面活动引起的索赔事项,又称商务索赔。

2)**按索赔的合同依据分类**

可分为合同中的明示索赔和合同中的默示索赔。明示索赔是指索赔所涉及的内容可以在合同文件中找到依据,并可根据合同规定明确划分责任。一般情况下,此类索赔的处理和解决要顺利一些。默示索赔合同外索赔是指索赔所涉及的内容和权利难以在合同文件中找到依据,但可从合同条文隐含含义和合同适用法律或政府颁发的有关法规中找到索赔的依据。

3)按索赔目的分类

按索赔目的可以将工程索赔分为工期索赔和费用索赔。工期索赔是由于非承包人自身原因造成拖期的,承包人向业主要求延长工期,合理顺延合同工期,以避免承担误期罚款等。费用索赔是承包人要求业主补偿不应由自己承担的费用损失,调整合同价格,弥补经济损失。

4)按索赔事件的性质分类

(1)工程延期索赔。因业主未按合同要求提供施工条件,如未及时交付设计图纸、施工现场、道路等,或因业主指令工程暂停或不可抗力事件等原因造成工期拖延的,承包人对此提出索赔。

(2)工程变更索赔。由于业主或工程师指令增加或减少工程量或增加附加工程、修改设计、变更施工顺序等,造成工期延长和费用增加,承包人对此提出索赔。

(3)工程终止索赔。由于业主违约或发生了不可抗力事件等造成工程非正常终止,承包人因蒙受经济损失而提出索赔。

(4)工程加速索赔。由于业主或工程师指令承包人加快施工速度,缩短工期,引起承包人的人、财、物的额外开支而提出的索赔。

(5)意外风险和不可预见因素索赔。在工程实施过程中,因人力不可抗拒的自然灾害、特殊风险以及一个有经验的承包人通常不能合理预见的不利施工条件或客观障碍,如地下水、地质断层、溶洞、地下障碍物等引起的索赔。

(6)其他索赔。如因货币贬值、汇率变化、物价、工资上涨、政策法令变化等原因引起的索赔。

(二)工程索赔的处理原则及索赔的依据

1. 工程索赔的处理原则

1)索赔必须以合同为依据

不论是风险事件的发生,还是当事人不完成合同工作,都必须在合同中找到相应的依据。包括有些依据可能是合同中隐含的。

2)及时、合理地处理索赔

索赔事件发生后,索赔的提出应及时,索赔的处理也应及时。索赔处理得不及时,对双方都会产生不利的影响。处理索赔还必须坚持合理性原则,既考虑到国家的有关规定,也应考虑到工程的实际情况。

3)加强主动控制,减少工程索赔

这就要求在工程管理过程中,应尽量将工作做在前面,减少索赔事件的发生。

2. 索赔的依据

索赔依据包括两个方面,其一指索赔的法律依据,即由发包方与承包方订立的工程承包合同和法律法规。其二指能证明索赔正当性和具体数额的事实。

在工程过程中常见的索赔依据有:

(1)招标文件,合同文本及附件,其他的各种签约(备忘录、修正案等),发包方认可的原工程实施计划,各种工程图纸(包括图纸修改指令),技术规范等。

（2）来往信件。如发包方的变更指令、各种认可信、通知、对承包方问题的答复信等。这些信件内容常常包括某一时期工程进展情况的总结，以及与工程有关的当事人及具体事项。这些信件的签发日期对计算工程延误时间很有参考价值。

（3）承包方与监理工程师及工程师代表的谈话资料。

（4）各种施工进度表。工期的延误时往往可以从计划进度表中反映出来。开工前和施工中编制的进度表都应妥善保存。

（5）施工现场的工程文件，如施工记录、施工备忘录、施工日报、工长或检查员的工作日记、监理工程师填写的施工记录等。

（6）会议记录。建设单位（发包方）与承包方、总承包方与分包方之间召开现场会议讨论工程情况的记录。

（7）工程照片。照片作为依据最清楚和直观。照片上应注明日期。索赔中常用的有，表示工程进度的照片，隐蔽工程覆盖前的照片，发包方责任造成返工的照片，发包方责任造成工程损坏的照片等。

（8）各种财务记录。施工进度款支付申请单；工人工资单；工人分布记录；材料、设备、配件等的采购单；付款收据；收款单据；工地开支报告；会计日报表；会计总账；批准的财务报告；会计往来信函及文件；通用货币汇率变化表等。

（9）工程检查和验收报告。由监理工程师签字的工程检查和验收报告，反映出某一单项工程在某一特定阶段竣工的进度，并汇录了该单项工程竣工和验收的时间。

（10）国家法律、法令、政策文件。在索赔报告中只需引用文号、条款号即可，而在索赔报告后附上复印件。

（三）工程索赔程序

1. 承包人索赔成立的条件

承包人的索赔要求成立必须同时具备以下四个条件：

（1）与合同相比较，已造成了实际的额外费用或工期损失；

（2）造成费用增加或工期损失的原因不属于承包人的行为责任；

（3）造成的费用增加或工期损失不是应由承包人承担的风险；

（4）承包人在事件发生后的规定时间内提交了索赔的书面意向通知和索赔报告。

2. 工程索赔的程序

《建设工程施工合同》规定的工程索赔程序：

（1）承包人提出索赔申请。索赔事件发生28日内，向工程师发出索赔意向通知。合同实施过程中，凡不属于承包人责任导致项目拖期和成本增加事件发生后的28日内，必须以正式函件通知工程师，声明对此事项要求索赔，同时仍须遵照工程师的指令继续施工。逾期申报时，工程师有权拒绝承包人的索赔要求。

（2）提出索赔报告。发出索赔意向通知后28日内，向工程师提出补偿经济损失和（或）延长工期的索赔报告及有关资料；正式提出索赔申请后，承包人应抓紧准备索赔的证据资料，包括事件的原因、对其权益影响的证据资料、索赔的依据，以及其他计算出的该事件影响所要求的索赔额和申请展延工期天数，并在索赔申请发出的28日内报出。

（3）工程师审核承包人的索赔申请。工程师在收到承包人送交的索赔报告和有关资料后，于 28 日内给予答复，或要求承包人进一步补充索赔理由和证据。接到承包人的索赔信件后，工程师应立即研究承包人的索赔资料，在不确认责任属谁的情况下，依据自己的同期记录资料客观分析事故发生的原因，依据有关合同条款，研究承包人提出的索赔证据。必要时还可以要求承包人进一步提交补充资料，包括索赔的更详细说明材料或索赔计算的依据。工程师在 28 日内未予答复或未对承包人作进一步要求，视为该项索赔已经认可。

（4）当该索赔事件持续进行时，承包人应阶段性向工程师发出索赔意向，在索赔事件终了后 28 天内，向工程师提供索赔的有关资料和最终的索赔报告。

（5）工程师与承包人谈判。双方各自依据对这一事件的处理方案进行友好协商，若能通过谈判达成一致意见，则该事件较容易解决。如果双方对该事件的责任、索赔款额或工期展延天数分歧较大，通过谈判达不成共识的话，按照条款规定工程师有权确定一个他认为合理的单价或价格作为最终的处理意见报送业主并相应通知承包人。

（6）发包人审批工程师的索赔处理证明。发包人首先根据事件发生的原因、责任范围、合同条款审核承包人的索赔申请和工程师的处理报告，再根据项目的目的、投资控制、竣工验收要求，以及针对承包人在实施合同过程中的缺陷或不符合合同要求的地方提出反索赔方面的考虑，决定是否批准工程师的索赔报告。

（7）承包人是否接受最终的索赔决定。承包人同意了最终的索赔决定，这一索赔事件即告结束。若承包人不接受工程师的单方面决定或业主删减的索赔或工期展延天数，就会导致合同纠纷。通过谈判和协调双方达成互让的解决方案是处理纠纷的理想方式。如果双方不能达成谅解就只能诉诸仲裁或诉讼。

承包人未能按合同约定履行自己的各项义务和发生错误给发包人造成损失的，发包人也可按上述时限向承包人提出索赔。

➤**知识链接 1**：索赔意向通知格式

索赔意向通知仅仅是向业主或工程师表明索赔愿望，所以要简单扼要。索赔意向通知一般格式如下：

索赔通知书　第×××号

致甲方代表（或监理工程师）：

根据合同第×条第×款规定：<u>（具体条款规定的内容）</u>，我特此向您通知，我方对×年×月×日实施的×××工程所发生的额外费用及展延工期，保留取得补偿的权利，具体额外费用的数额与展延工期的天数及索赔依据在随后的索赔报告中。

承包人：×××

报送日期：×年×月×日

➤**知识链接 2**：索赔报告的内容

一个完整的索赔报告应包括以下四个部分。

1.总论部分

一般包括以下内容：序言；索赔事项概述；具体索赔要求；索赔报告编写及审核人员名单。

2.根据部分

本部分主要是说明自己具有的索赔权利,这是索赔能否成立的关键。根据部分的内容主要来自该工程项目的合同文件,并参照有关法律规定。该部分中施工单位应引用合同中的具体条款,说明自己理应获得经济补偿或工期延长。

一般地说,根据部分应包括以下内容:索赔事件的发生情况;已递交索赔意向书的情况;索赔事件的处理过程;索赔要求的合同根据;所附的证据资料。

3. 计算部分

计算部分的任务就是决定应得到多少索赔款额和工期。在款额计算部分,施工单位必须阐明下列问题:索赔款的要求总额;各项索赔款的计算,如额外开支的人工费、材料费、管理费和所失利润;指明各项开支的计算依据及证据资料,施工单位应注意采用合适的计价方法。

4. 证据部分

证据部分包括该索赔事件所涉及的一切证据资料,以及对这些证据的说明,证据是索赔报告的重要组成部分,在引用证据时,要注意该证据的效力或可信程度,为此,对重要的证据资料最好附以文字证明或确认件。

(四)索赔费用的计算

1. 索赔费用构成

索赔费用构成的内容与建筑安装工程造价的组成内容基本一致,即包括直接费、间接费、利润与税金。但不同原因引起的索赔,索赔费用内容是不相同的,因此承包人应根据索赔事件的性质、条件以及各项费用的特点,分析其索赔的费用项目。对于索赔事件的费用计算,一般是先计算与索赔事件有关的直接费用,如人工费、材料费、机械费、分包费等,然后计算应分摊在此事件上的管理费、利润等。

2. 费用索赔的计算方法

1)实际费用法

实际费用法是以某索赔事件为对象,按其所引起的损失的费用项目分别计算索赔值再汇总的方法。该方法是在明确责任的前提下,将需索赔的费用分别列出,并提供相应的工程记录、收据、发票等证据资料。这样可以在较短时间内给以分析、核实,确定索赔费用,顺利解决索赔事宜。由于该方法较合理、清晰,能反映实际情况,且可为索赔文件的分析、评价及其最终索赔谈判和解决提供方便,是承包人广泛采用的方法。

计算通常分三步:

(1)分析每个或每类索赔事件所影响的费用项目,不得有遗漏。这些费用项目通常应与合同报价中的费用项目一致。

(2)计算每个费用项目受索赔事件影响后的数值,通过与合同价中的费用值进行比较得出该项费用的索赔值。

(3)将各费用项目的索赔值汇总,得到总费用索赔值。

分项计算法中索赔费用主要包括该项工程施工过程中所发生的额外人工费、材料费、施工机械使用费、管理费,以及应得利润。

2)总费用法

总费用法就是当发生多次索赔事件以后,重新计算出该工程项目的实际总费用,再从这个

237

实际总费用中减去合同价中的估算总费用,即得出要求补偿的索赔金额,即:

$$索赔金额＝实际总费用－合同价中的总费用$$

采用总费用法时应注意以下几点:

①在合同实施过程中所发生的总费用是准确的,工程成本核算符合普遍认可的会计原则,实际总成本与合同价中的总成本的内容是一致的;

②承包人对工程项目的报价是合理的,符合实际情况,不能是采取低价中标策略后过低的标价;

③费用损失或者索赔事件的责任不属于承包人的行为责任,也不属于承包人承担的风险;

④由于该项索赔事件或者是几项索赔事件在施工时的特殊性质,不可能逐项精确计算出承包人损失的款额。

在应用总费用法时要注意,管理费的计算一般要考虑实际损失,所以理论上应该按照实际的管理费率进行计算与核实。但是鉴于具体计算的困难,通常都采用合同价中的管理费率或者双方商定的费率。由于实际工程成本的增加导致承包人支出的增加,必然增加承包人的融资成本,所以承包人可以在索赔中计算利息支出。

需要指出的是,只有在难以采用分项法时才应用总费用法。

3)修正的总费用法

修正的总费用法是对总费用法的改进,即在总费用计算的原则上,去掉一些不合理的因素,使其更合理。修正的内容如下:

(1)将计算索赔款的时段局限于受到外界影响的时间,而不是整个施工期;

(2)只计算受影响时段内的某项工作所受影响的损失,而不是计算该时段内所有施工工作所受的损失;

(3)与该项工作无关的费用不列入总费用中;

(4)对承包人投标报价费用重新进行核算。按受影响时段内该项工作的实际单价进行核算,乘以实际完成的该项工作的工程量,得出调整后的报价费用。

按修正后的总费用计算索赔金额的公式如下:

$$索赔金额＝某项工作调整后的实际总费用－该项工作调整后的报价费用(含变更款)$$

修正的总费用法与总费用法相比,有了实质性的改进,已相当准确地反映出实际增加的费用。

3.可索赔费用的计算方法

1)人工费

人工费索赔包括增加工作内容的人工费、停工损失费和工作效率降低的损失费、人工单价上涨引起的增加费用等累计,其中增加工作内容的人工费可按计日工费计算。

可以提出人工费索赔的主要情况有:一是因业主增加额外工程,或因业主或工程师原因造成工程延误,导致承包人人工单价的上涨和工作时间的延长。二是工程所在国法律、法规、政策等变化而导致承包人的人工费的额外增加,如提高当地工人的工资标准、福利待遇或增加保险费用等。三是由于业主或工程师原因造成的延误或对工程不合理干预打乱了承包人的施工计划,致使承包人劳动生产率降低,导致人工工时增加的损失,承包人有权向业主提出生产率降低损失的赔偿。

2）材料费

材料费索赔包括材料耗用量增加和材料单位成本上涨两个方面的累计。

可以提出材料费索赔的情况有：一是由于业主或工程师要求追加额外工作、变更工作性质、改变施工方法等，造成承包人的材料耗用量增加，包括使用数量的增加和材料品种或种类的改变。二是在工程变更或业主延误时，可能会造成承包人材料库存时间延长、材料采购滞后或采用现代材料等，从而引起材料单位成本的增加。三是由于客观原因造成材料价格大幅度上涨（在可调价格合同下）。

3）施工机械使用费

施工机械使用费索赔包括承包人自有施工机械工作时间额外增加费、自有施工机械台班费率上涨费、外来施工机械租赁费（包括必要的施工机械进出场费）、施工机械设备闲置损失费用等累计。

可以提出施工机械使用费索赔的情况有：一是由于完成工程师指示的，超出合同范围的工作所增加的施工机械使用费，可按机械台班费计算。二是非承包人的责任导致的施工效率降低增加的施工机械使用费，可用机械台班费乘以折算系数计算。三是由于业主或工程师原因导致的机械停工的窝工费，若是自有机械，一般按折旧费计算；若是租赁的机械，按租赁费（包括必要的施工机械进出场费）计算。

4）分包费

业主或工程师原因造成分包人的额外损失，分包人首先应向承包人提出索赔要求和索赔报告，然后以承包人的名义向业主提出分包工程增加费及相应管理费用索赔。

5）利息

又称融资成本或资金成本，是企业取得和使用资金所付出的代价。融资成本有两种：一是额外贷款的利息支出；二是使用自有资金引起的机会损失。只要因业主违约或其他合法索赔事项直接引起了额外贷款，承包人有权向业主就相关的利息支出提出索赔。利息索赔额的计算方法可按复利计算，利率可采用不同标准，主要有以下三种情况：按承包人在正常情况下的当时银行贷款利率；按当时的银行透支利率或按合同双方协议的利率。

6）利润

索赔利润的款额计算通常是与原报价单中的利润百分率保持一致。即在索赔款直接费的基础上，乘以原报价单中的利润率，即作为该项索赔款中的利润额。

可以提出利润索赔的情况有：一是因设计变更引起的工程量增加；二是施工条件变化导致的索赔；三是施工范围变更导致的索赔；四是合同延期导致机会利润损失；五是合同终止带来预期利润损失等。

7）管理费

管理费索赔一般包括现场管理费和总部管理费。

（1）现场管理费。现场管理费的索赔计算方法一般有两种情况：

①直接成本的现场管理费索赔。对于发生直接成本的索赔事件，其现场管理费索赔额一般可按下式计算：

现场管理费索赔额＝索赔事件直接费×现场管理费费率

现场管理费费率＝（合同工程现场管理费总额/合同工程直接成本总额）×100%

②工程延期的现场管理费索赔。如果某项工程延误索赔不涉及直接费的增加,或由于工期延误时间较长,按直接成本的现场管理费索赔方法计算的金额不足以补偿工期延误所造成的实际现场管理费支出,则可按下列公式法计算:

$$现场管理费索赔额=单位时间现场管理费费率×索赔的延期时间$$

$$单位时间现场管理费费率=(实际(或合同)现场管理费总额/实际(或合同)工期)×100\%$$

对于在可索赔延误时间内发生的变更令或其他索赔中已支付的现场管理费,应从中扣除。

(2)总部管理费。总部管理费是企业总部发生的、为整个企业的经营运作提供支持和服务所发生的管理费用,一般包括总部管理人员费用、企业经营活动费用、差旅交通费、办公费、固定资产折旧费、修理费、职工教育培训费、保险费、税金等。一般约占企业总营业额的3%~10%。总部管理费索赔的方法主要采用分摊方法。分摊方法主要有两种:

①总直接工程费(人工、材料、机械费)分摊法。总部管理费一般首先在企业的所有合同工程之间分摊,然后再在每一个合同工程的各个具体项目之间分摊。即可以将总部管理费总额除以企业全部工程的直接成本(或合同价)之和,据此比例即可确定每项直接工程费索赔中应包括的总部管理费。其计算公式为:

$$单位直接工程费的总部管理费费率=(总部管理费总额/合同期承包人完成的总直接工程费)×100\%$$

$$总部管理费索赔额=单位直接工程费的总部管理费率×争议合同直接工程费$$

②日费率分摊法。其基本思路是按合同额分配总部管理费,再用日费率法计算应分摊的总部管理费索赔值。其公式为:

$$争议合同应分摊的总部管理费=(争议合同额/合同期承包人完成的合同总额)×同期总部管理费总额$$

$$日总部管理费费率=争议合同应分摊的总部管理费/合同履行天数$$

$$总部管理费索赔额=日总部管理费费率×合同延误天数$$

除上述7种可索赔费用外,还包括保函手续费、保险费等,可以是工程延期引起的保函手续费、保险费的增加。

在不同的索赔事件中可以索赔的费用是不同的。如在FIDIC合同条件中,不同的索赔事件导致的索赔内容不同,大致有以下区别,见表3-1。

可以合理补偿承包人索赔的条款 表3-1

序号	款条号	主 要 内 容	可补偿内容		
			工期	费用	利润
1	1.9	延误发放图纸	√	√	√
2	2.1	延误移交施工现场	√	√	√
3	4.7	承包人依据工程师提供的错误数据导致放线错误	√	√	√
4	4.12	不可预见的外界条件	√	√	
5	4.24	施工中遇到文物和古迹	√	√	
6	7.4	非承包人原因检验导致施工的延误	√	√	√
7	8.4(a)	变更导致竣工时间的延长	√		

序号	款条号	主 要 内 容	可补偿内容		
			工期	费用	利润
8	(c)	异常不利的气候条件	√		
9	(d)	由于传染病或其他政府行为导致工期的延误	√		
10	(e)	业主或其他承包人的干扰	√		
11	8.5	公共当局引起的延误	√		
12	10.2	业主提前占用工程		√	√
13	10.3	对竣工检验的干扰		√	√
14	13.7	后续法规引起的调整	√	√	
15	18.1	业主办理的保险未能从保险公司获得补偿部分		√	
16	19.4	不可抗力事件造成的损害	√	√	

(五)工期索赔的计算

工期索赔的计算方法主要有网络图分析法和比例计算法两种。

1. 网络图分析法

工期索赔的计算依据施工进度计划中的网络图,落实要求索赔工期的工作是否为关键工作,是否影响工期。

(1)如果延误的工作为关键工作,则总延误的时间为批准顺延的工期;

(2)如果延误的工作为非关键工作,当该工作由于延误超过时差限制而成为关键工作时,延顺的工期应为延误时间与时差的差值;

(3)若该工作延误后仍为非关键工作,则不存在工期索赔问题。

2. 比例计算法

比例计算法简单方便,但有时不尽符合实际情况,比例计算法不适用于变更施工顺序、加速施工、删减工程量等事件的索赔。

(1)已知部分工程的延期的时间:

　工期索赔值＝(受干扰部分工程的合同价×受干扰部分工期拖延时间)/原合同总价

(2)已知额外增加工程量的价格:

　工期索赔值＝(额外增加工程量的价格×原合同总工期)/原合同总价

➤自主学习资料推荐

1. GF-1999—0201　建设施工合同(示范文本). http://wenku. baidu. com/view/49cb8bc7aa00b52acfc7ca01. html.

2. 全国一级建造师执业资格考试用书编写委员会. 建设工程法规及相关知识. 北京:中国建筑工业出版社,2009.

3. 全国一级建造师执业资格考试用书编写委员会. 建设工程法规及相关知识复习题集. 北京:中国建筑工业出版社,2009.

4. 中国建设监理协会. 建设工程合同管理. 北京:知识产权出版社,2008.

单元四　建设工程委托监理合同

➤单元教学目标

能 力 目 标	知 识 目 标	素 质 目 标
1.能运用本单元的有关知识正确分析相关案例； 2.能熟练解决本单元的单项及多项选择题	1.了解建设工程监理合同概念； 2.熟悉《建设工程委托监理合同(示范文本)》(GF-2000—0202)示范文本的内容； 3.掌握建设工程监理合同当事人的权利义务；建设工程监理合同的履行	通过学习,为学生从业后在工作中遵守监理合同的规定及参与建设工程合同管理工作奠定基础

➤学习要点

```
                    单元四　学习要点

建设工程监理    《建设工程委托监理个同（示范文    建设工程监理合同    建设工程监理合同
合同概念        本)》(GF-2000—0202)实力文本简介    当事人的权利义务    的履行
```

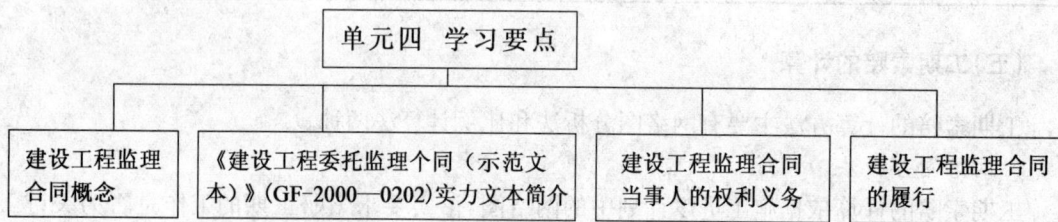

➤任务案例(贯穿课堂教学)

某监理单位承担了一项大型工程项目实施阶段的监理任务,在监理合同中,有如下规定:

1.在施工期间,任何工程设计变更均须经过监理方审查、认可,并发布变更指令方为有效,实施变更。

2.监理方应在建设单位的授权范围内对委托的工程建设项目实施施工监理。

3.监理方发现工程设计中的错误或不符合建筑工程质量标准的要求时,有权要求设计单位改正。

4.监理方仅对本工程的施工阶段实施监理任务。

5.监理方对工程进度款支付有审核签认权,业主方有独立于监理方之上的自主支付权。

6.在施工期间,因监理单位的过失发生重大质量事故,监理单位应付给建设单位相当于质量事故损失的20%的罚款。

7.监理单位有自主发布开工令、停工令、复工令等指令的权利。

8.监理方在监理工作中应维护业主的利益。

9.由于监理单位的努力,使合同工期提前的,监理单位与业主分享利益

10.监理投标书或中标通知书不是监理合同的组成部分。

11.监理单位应完成监理工作包括正常监理工作、附加监理工作、额外监理工作

问题:以上各条中有无不妥之处? 怎样才是正确的?

工程监理是建筑市场三大主体之一,只有熟悉建设工程监理合同的内容,才能正确从事建设工程监理活动。

一 建设工程监理合同概念

建设监理合同是业主与监理单位签订,为了委托监理单位承担监理业务而明确双方权利、义务关系的协议。

二 《建设工程委托监理合同(示范文本)》(GF-2000—0202)简介

《建设工程委托监理合同(示范文本)》由工程建设委托监理合同(下称"合同")、建设工程委托监理合同标准条件(下称"标准条件")、建设工程委托监理合同专用条件(下称"专用条件")组成。

1. 合同

"合同"是一个总的协议,是纲领性的法律文件。其中明确了当事人双方确定的委托监理工程的概况(工程名称、地点、工程规模、总投资);委托人向监理人支付报酬的期限和方式;合同签订、生效、完成时间;双方愿意履行约定的各项义务的表示。"合同"是一份标准的格式文件,经当事人双方在有限的空格内填写具体规定的内容并签字盖章后,即发生法律效力。

对委托人和监理人有约束力的合同,除双方签署的"合同"协议外,还包括以下文件:

(1)监理投标书或中标通知书;

(2)本合同标准条件;

(3)本合同专用条件;

(4)在实施过程中双方共同签署的补充与修正文件。

2. 标准条件

建设工程委托监理合同标准条件,其内容涵盖了合同中所用词语定义、适用范围和法规、签约双方的责任、权利和义务、合同生效变更与终止、监理报酬、争议的解决以及其他一些情况。它是委托监理合同的通用文件,适用于各类建设工程项目监理。各个委托人、监理人都应遵守。

3. 专用条件

由于标准条件适用于各种行业和专业项目的建设工程监理,因此其中的某些条款规定得比较笼统,需要在签订具体工程项目监理合同时,结合地域特点、专业特点和委托监理项目的工程特点,对标准条件中的某些条款进行补充、修正。

所谓"补充"是指标准条件中的条款明确规定,在该条款确定的原则下,专用条件的条款中进一步明确具体内容,使两个条件中相同序号的条款共同组成一条内容完备的条款。如标准条件中规定"建设工程委托监理合同适用的法律是国家法律、行政法规,以及专用条件中议定的部门规章或工程所在地的地方法规、地方章程。"就具体工程监理项目来说,则要求在专用条件的相同序号条款内写入履行本合同必须遵循的部门规章和地方法规的名称,作为双方都必须遵守的条件。

所谓"修改"是指标准条件中规定的程序方面的内容,如果双方认为不合适,可以协议修改。如标准条件中规定"委托人对监理人提交的支付通知书中酬金或部分酬金项目提出异议,应在收到支付通知书 24h 内向监理人发出异议的通知。"如果委托人认为这个时间太短,在与

243

监理人协商达成一致意见后,可在专用条件的相同序号条款内另行写明具体的延长时间,如改为48h。

三 建设工程监理合同当事人的权利义务

(一)监理人的义务

监理单位应承担以下义务:

(1)向业主报送委派的总监理工程师及其监理机构主要成员名单、监理规划,完成监理合同专用条件中约定的监理工程范围内的监理业务。在履行合同义务期间,应按合同约定定期向委托人报告监理工作。

(2)监理人在履行本合同的义务期间,应认真、勤奋地工作,为委托人提供与其水平相适应的咨询意见,公正维护各方面的合法权益。

(3)监理人使用委托人提供的设施和物品属委托人的财产。在监理工作完成或中止时,应将其设施和剩余的物品按合同约定的时间和方式移交给委托人。

(4)在合同期内或合同终止后,未征得有关方同意,不得泄露与本工程、本合同业务有关的保密资料。

(二)委托人义务

(1)委托人在监理人开展监理业务之前应向监理人支付预付款。

(2)委托人应当负责工程建设的所有外部关系的协调,为监理工作提供外部条件。根据需要,如将部分或全部协调工作委托监理人承担,则应在专用条件中明确委托的工作和相应的报酬。

(3)委托人应当在双方约定的时间内免费向监理人提供与工程有关的为监理工作所需的工程资料。

(4)委托人应当在专用条款约定的时间内就监理人书面提交并要求作出决定的一切事宜作出书面决定。

(5)委托人应当授权一名熟悉工程情况、能在规定时间内作出决定的常驻代表(在专用条款中约定),负责与监理人联系。更换常驻代表,要提前通知监理人。

(6)委托人应当将授予监理人的监理权利,以及监理人主要成员的职能分工、监理权限及时书面通知已选定的承包合同的承包人,并在与第三人签订的合同中予以明确。

(7)委托人应在不影响监理人开展监理工作的时间内提供如下资料:

①与本工程合作的原材料、构配件、机械设备等生产厂家名录。

②提供与本工程有关的协作单位、配合单位的名录。

(8)委托人应免费向监理人提供办公用房、通讯设施、监理人员工地住房及合同专用条件约定的设施,对监理人自备的设施给予合理的经济补偿。

(9)根据情况需要,如果双方约定,由委托人免费向监理人提供其他人员,应在监理合同专用条件中予以明确。

(三)监理人权利

监理人在委托人委托的工程范围内,享有以下权利:

(1)选择工程总承包人的建议权。

(2)选择工程分包人的认可权。

(3)对工程建设有关事项包括工程规模、设计标准、规划设计、生产工艺设计和使用功能要求,向委托人的建议权。

(4)对工程设计中的技术问题,按照安全和优化的原则,向设计人提出建议;如果拟提出的建议可能会提高工程造价,或延长工期,应当事先征得委托人的同意。

(5)审批工程施工组织设计和技术方案,按照保质量、保工期和降低成本的原则,向承包人提出建议,并向委托人提出书面报告。

(6)主持工程建设有关协作单位的组织协调,重要协调事项应当事先向委托人报告。

(7)征得委托人同意,监理人有权发布开工令、停工令、复工令,但应当事先向委托人报告。如在紧急情况下未能事先报告时,则应在24h内向委托人作出书面报告。

(8)工程上使用的材料和施工质量的检验权。对于不符合设计要求和合同约定及国家质量标准的材料、构配件、设备,有权通知承包人停止使用;对于不符合规范和质量标准的工序、分部分项工程和不安全施工作业,有权通知承包人停工整改、返工。承包人得到监理机构复工令后才能复工。

(9)工程施工进度的检查、监督权,以及工程实际竣工日期提前或超过工程施工合同规定的竣工期限的签认权。

(10)在工程施工合同约定的工程价格范围内,工程款支付的审核和签认权,以及工程结算的复核确认权与否决权。未经总监理工程师签字确认,委托人不支付工程款。

(11)监理人在委托人授权下,可对任何承包人合同规定的义务提出变更。如果由此严重影响了工程费用或质量或进度,则这种变更须经委托人事先批准。在紧急情况下未能事先报委托人批准时,监理人所做的变更也应尽快通知委托人。在监理过程中如发现工程承包人人员工作不力,监理机构可要求承包人调换有关人员。

(12)在委托的工程范围内,委托人或承包人对对方的任何意见和要求(包括索赔要求),均必须首先向监理机构提出,由监理机构研究处置意见,再同双方协商确定。当委托人和承包人发生争议时,监理机构应根据自己的职能,以独立的身份判断,公正地进行调解。当双方的争议由政府建设行政主管部门调解或仲裁机关仲裁时,应当提供作证的事实材料。

(四)委托人权利

(1)委托人有选定工程总承包人,以及与其订立合同的权利。

(2)委托人有对工程规模、设计标准、规划设计、生产工艺设计和设计使用功能要求的认定权,以及对工程设计变更的审批权。

(3)监理人调换总监理工程师须事先经委托人同意。

(4)委托人有权要求监理人提交监理工作月报及监理业务范围内的专项报告。

(5)委托人有权要求监理人更换不称职的监理人员,直到终止合同。

四 建设工程监理合同的履行

建设监理合同的当事人应当严格按照合同的约定履行各自的义务。当然,最主要的是,监理单位应当完成监理工作,业主应当按照约定支付监理酬金。

(一)监理单位完成监理工作

工程建设监理工作包括正常的监理工作、附加的工作和额外的工作,后两类工作属于订立合同时未能或不能合理预见,而合同履行过程中发生需要监理人完成的工作。

正常的监理工作是合同约定的投资、质量、工期、安全四大控制以及合同、信息两项管理和组织协调工作。

附加的服务是指与完成正常工作相关,在委托正常监理工作范围以外监理人应完成的工作。可能包括:

(1)由于委托人、第三方原因,使监理工作受到阻碍或延误,以致增加了工作量或延续时间;

(2)增加监理工作的范围和内容等。如由于委托人或承包人的原因,承包合同不能按期竣工而必须延长的监理工作时间。又如委托人要求监理人就施工中采用新工艺施工部分编制质量检测合格标准等都属于附加监理工作。

额外工作是指正常工作和附加工作以外的工作,即非监理人自己的原因而暂停或终止监理业务,其善后工作及恢复监理业务前不超过 42 日的准备工作时间。如合同履行过程中发生不可抗力,承包人的施工被迫中断,监理工程师应完成的确认灾害发生前承包人已完成工程的合格和不合格部分、指示承包人采取应急措施等,以及灾害消失后恢复施工前必要的监理准备工作。

(二)监理酬金的支付

合同双方当事人可以在专用条件中约定以下内容:①监理酬金的计取方法;②支付监理酬金的时间和数额;③支付监理酬金所采用的货币币种、汇率。委托人应按约定支付监理酬金。

如果业主在规定的支付期限内未支付监理酬金,自规定支付之日起,应当向监理单位偿付酬金利息。利息额按规定支付期限最后一日银行贷款利息率乘以拖欠酬金时间计算。

如果业主对监理单位提交的支付通知书中酬金或部分酬金项目提出异议,应当在收到支付通知书 24h 内向监理单位发出异议通知,但业主不得拖延其他无异议酬金项目的支付。

(三)违约责任

1. 违约赔偿

(1)在合同责任期内,如果监理人未按合同中要求的职责勤恳认真地服务;或委托人违背了他对监理人的责任时,均应向对方承担赔偿责任。

(2)任何一方对另一方负有责任时的赔偿原则是:

①委托人违约应承担违约责任,赔偿监理人的经济损失。

②因监理人过失造成经济损失,应向委托人进行赔偿,累计赔偿额不应超出监理酬金总额(除去税金)。

③当一方向另一方的索赔要求不成立时,提出索赔的一方应补偿由此所导致的对方各种费用支出。

2.监理人的责任限度

由于建设工程监理,是以监理人向委托人提供技术服务为特性,在服务过程中,监理人主要凭借自身知识、技术和管理经验,向委托人提供咨询、服务,替委托人管理工程。

同时,在工程项目的建设过程中,会受到多方面因素限制,鉴于上述情况,在责任方面作了如下规定:监理人在责任期内,如果因过失而造成经济损失,要负监理失职的责任;监理人不对责任期以外发生的任何事情所引起的损失或损害负责,也不对第三方违反合同规定的质量要求和完工(交图、交货)时限承担责任。

▶自主学习资料推荐

1. GF-2000—0202 建设工程委托监理合同(示范文本). http://china. findlaw. cn/fangdichan/gongchengjianshe/gongchengjianli/1589_2. html.

2.全国一级建造师执业资格考试用书编写委员会.建设工程法规及相关知识.北京:中国建筑工业出版社,2009.

3.全国一级建造师执业资格考试用书编写委员会.建设工程法规及相关知识复习题集.北京:中国建筑工业出版社,2009.

4.中国建设监理协会.建设工程合同管理.北京:知识产权出版社,2008.

◀ 习 题 ▶

一、案 例 题

案例1:某施工单位根据领取的某 2 000m² 两层厂房工程项目招标文件和全套施工图纸,采用低报价策略编制了投标文件,并获得中标。该施工单位于 2000 年 3 月 10 日与建设单位签订了该工程项目的固定价格施工合同。合同期为 8 个月。工程招标文件参考资料中提供的使用沙地点距工地 4km,但是开工后,检查该沙质量不符合要求,承包人只得从另一距工地 20km 的供沙地点采购。由于供沙距离的增大,必然引起费用的增加,承包人经过仔细认真计算后,在业主指令下达的第 3 天,向业主提交了将原用沙单价每吨提高 5 元人民币的索赔要求。工程进行了一个月后,业主因资金紧缺,无法如期支付工程款,口头要求承包人暂停施工一个月。承包人也口头答应。恢复施工后不久,在一个关键工作面上又发生了几种原因造成的临时停工:5 月 20 日~5 月 24 日承包人的施工设备出现了从未有过的故障;6 月 8 日~6 月 12 日施工现场下了罕见的特大暴雨,造成了 6 月 13 日~6 月 14 日该地区的供电全面中断。针对上述两次停工,承包人向业主提出要求顺延工期共 42 天。

问题:1.该工程采用固定价格合同是否合适?

2.该合同的变更形式是否妥当? 为什么?

3.承包人的索赔要求成立的条件是什么?

4.上述事件中承包人提出的索赔要求是否合适? 说明其原因。

案例2:某施工单位与某建设单位签订了某汽车制造厂的土方工程与基础工程合同,承包人在合同标明有松软石的地方没有遇到松软石,因而工期提前1个月。但在合同中另一未标明有坚硬岩石的地方遇到了一些工程地质勘察没有探明的孤石。由于排除孤石拖延了一定的时间,使得部分施工任务不得不赶在雨季进行。施工过程中遇到数天季节性大雨后又转为特大暴雨引起山洪暴发,造成现场临时道路、管网和施工用房等设施以及已施工的部分基础被冲坏,施工设备损坏,运进现场的部分材料被冲走,施工单位数名施工人员受伤,雨后施工单位用了很多工时清理现场和恢复施工条件。为此施工单位按照索赔程序提出了延长工期和费用补偿要求。

问题:1. 简述施工索赔的程序。

2. 你认为施工单位提出的索赔要求能否成立? 为什么?

案例3:某建筑公司(乙方)于某年4月20日与某厂(甲方)签订了修建建筑面积为3 000m²工业厂房(带地下室)的施工合同,乙方编制的施工方案和进度计划已获监理工程师批准。该工程的基坑开挖土方量为4 500m³,甲乙双方合同约定5月11日开工,5月20日完工。在实际施工中发生了如下几项事件:

1. 因租赁的挖掘机大修,晚开工2天,造成人员窝工10个工日。

2. 施工过程中,因遇到软土层,接到监理工程师5月15日停工的指令,进行地质复查,配合用工15个工日,施工机械窝工2个台班。

3. 5月19日接到监理工程师于5月20日复工令,同时提出基坑开挖深度加深2m的设计变更通知单,由此增加土方开挖量900m³,需用机械1个台班,人工10个工日。

4. 5月20日~5月22日,因下大雨迫使基坑开挖暂停,造成人员窝工10个工日。

5. 5月23日用30个工日修复冲坏的永久道路,机械2个台班,5月24日恢复挖掘工作,最终基坑于5月30日挖坑完毕。

问题:1. 上述哪些事件建筑公司可以向厂方要求索赔,哪些事件不可以要求索赔,并说明原因。

2. 每项事件工期索赔各是多少天? 总计工期索赔是多少天?

3. 假设人工工日单价为60元/工日,合同规定窝工人工费补偿标准为25元/工日,因增加用工所需的管理费为增加人工费的20%,施工机械为施工单位自有机械,台班费为500元/台班,其中台班折旧费为60元/台班,试计算合理的索赔总额。

案例4:某建筑公司与某学校签订一建设工程施工合同,明确承包方(建筑公司)保质、保量、保工期完成发包方(学校)的教学楼施工任务。工程竣工后,承包方向发包方提交了竣工报告,发包方认为双方合作愉快,为不影响学生上课,还没有组织验收,便直接使用了。使用中,校方发现教学楼存在质量问题,要求承包方修理。承包方则认为工程未经验收,发包方提前使用,出现质量问题,承包人不再承担责任。

问题:1. 依据有关法律、法规,该质量问题的责任由( )承担。

A. 承包方　　　　B. 业主　　　　C. 承包方与业主共担　　　　D. 现场监理工程师

2. 工程未经验收,业主提前使用,可否视为工程已交付,承包方不再承担责任?

3. 上述纠纷,业主和承包方可以通过何种方式解决?

案例5:1995年8月10日,某钢铁厂与某市政工程公司签订了钢铁厂地下大排水工程总承包合同,总长5 000m,市政工程公司将任务下达给该公司的第四施工队。事后,第四施工队又于某乡建筑工程队签订分包合同,由乡建筑工程队分包 3 000m 的任务,合同金额 35 万元,9 月 10 日正式施工。1995 年 9 月 20 日市建委主管部门在检查该项目工程施工中,发现某乡建筑工程队承包手续不符合有关规定,责令停工。某乡建筑工程队不予理睬。10 月 3 日市政工程公司下达停工文件,某乡建筑工程队不服,以合同双方自愿签订,并有营业执照为由,于 10 月 10 日诉至法院,要求第四施工队继续履行合同或承担违约责任并赔偿经济损失。此案应如何处理?

  问题:1. 依法确认总、分包合同的法律效力。

    2. 该合同的法律效力应由哪个机关(机构)确认?

    3. 某乡建筑工程队提供的承包工程法定文书完备吗?

    4. 某市建委主管部门是否有权责令停工?

    5. 本纠纷的法律责任如何裁决?

  案例 6:某机电专业承包企业(下称买方)与某机电供应商(下称卖方)是长期的机电产品供应合作伙伴。2001 年 10 月,买卖双方签订了一份机电设备买卖合同,约定由卖方向买方供应风机 10 台,但未明确约定是高压风机还是低压风机。但是,根据双方长期交易以及合同价格可以确定买方希望购买高压风机。买方强调因工程需要,应在 15 日内交付,为此双方约定了逾期交货违约金为 2 万元。合同签订后,卖方在约定期限内并未认真组织货源。在买方提货时,便准备了等数量的库存低压风机交付给买方。因双方是长期合作关系,在接货时买方未仔细检验。买方将货物运至现场,发现卖方所供风机与合同约定不符,即向卖方提出异议,并要求卖方支付违约金并立即支付 10 台高压风机。在双方争议期间,卖方又组织货源,更换了低压风机。但是拒绝承担逾期交付违约责任,理由是合同内并未约定高压风机还是低压风机,容易使人误解,应由买方自行承担损失。其理由成立吗?

  案例 7:某监理单位承担了一项大型工程项目施工阶段的监理任务,在监理合同中,有如下规定:

  1. 因监理方是建设单位委托的,所以在监理工作中只应维护业主的利益。

  2. 监理方发现工程施工不符合建筑工程质量标准的要求时,有权要求施工单位改正。

  3. 监理方应对该工程建设项目进行实施阶段的监理。

  4. 由于监理单位的努力,使合同工期提前的,可按委托监理合同规定,给予监理单位奖金。

  5. 协助业主确定合理的设计工期要求。

  问题:以上各条中有无不妥之处?请说明不妥的理由?

二、客观题

(一)单项选择题(每题的备选项中,只有 1 个最符合题意,请选择最符合题意的答案)

1. 下列对于要约生效的表述,正确的是( )。

  A. 要约自要约到达受要约人时生效 B. 要约自要约人发出要约时生效

  C. 要约自承诺到达要约人时生效 D. 要约自受要约人发出承诺时生效

2. 下列对于要约的表述,错误的是( )。

  A. 要约是一种意思表示 B. 要约的内容具体确定

  C. 要约是一种法律行为 D. 要约约束受要约人而非要约人

3. 下列选项中属于要约的是( )。

A. 招股说明书　　　　B. 投标书　　　　C. 招标公告　　　　D. 商品价目表

4. 甲单位以电子邮件的方式向乙单位发出要约,此要约的生效时间是(　　)。

    A. 该电子邮件发出的时间

    B. 该电子邮件进入乙单位指定的电子邮箱的时间

    C. 乙单位知道已经收到该电子邮件的时间

    D. 乙单位知悉该电子邮件内容的时间

5. 甲单位以电子邮件的方式向乙单位发出要约,乙单位共有四个电子邮箱并且没有特别指定,则此要约的生效时间是(　　)。

    A. 该电子邮件进入乙单位任一电子邮箱的首次时间

    B. 该电子邮件进入乙单位四个电子邮箱的最后时间

    C. 乙单位知道已经收到该电子邮件的时间

    D. 乙单位知悉该电子邮件内容的时间

6. 下列表述中,错误的是(　　)。

    A. 要约可以撤回　　　　　　　　　B. 要约可以撤销

    C. 承诺可以撤回　　　　　　　　　D. 承诺可以撤销

7. 在缔约过程中,受要约人对要约的主要条款部分同意,部分作出变更的答复,性质上是(　　)。

    A. 部分承诺　　　　B. 承诺　　　　C. 拒绝承诺　　　　D. 新要约

8. 下列关于要约撤销的表述中,错误的是(　　)。

    A. 要约生效后,不得撤销

    B. 要约人确定了承诺期限的,要约不可撤销

    C. 要约人以其他形式明示要约不可撤销的,要约不能撤销

    D. 受要约人从要约的条款中推测出要约是不可撤销的,并已经为履行合同做了准备工作的,要约不可撤销

9. 在缔约过程中,受要约人作出承诺后,要约和承诺的内容对(　　)产生法律约束力。

    A. 要约人　　　　B. 受要约人　　　　C. 双方　　　　D. 双方都不

10. 一方希望和他人订立合同的意思表示,在性质上属于(　　)。

    A. 要约邀请　　　　B. 要约　　　　C. 承诺　　　　D. 合同

11. 下列关于承诺的表述中,错误的是(　　)。

    A. 承诺是受要约人完全同意要约的意思表示

    B. 承诺是一种行为

    C. 承诺可以撤回

    D. 承诺可以撤销

12. 下列情形中,承诺是指(　　)。

    A. 甲向乙发出要约,丙得知后向甲表示完全同意要约的内容

    B. 甲向乙发出要约,乙向丁表示完全同意要约的内容

    C. 甲向乙发出要约,要约10天内给予答复,过期则视为承诺,但是乙却没有如期作出答复

D. 甲按照某公司广告上的价格,给该公司汇款购买其产品,该公司给甲邮寄了其指定的产品

13. 下列承诺有效的是( )。
   A. 承诺对要约的内容作了实质性变更
   B. 承诺因其他原因而延误,但要约人却未及时通知受要约人
   C. 撤回承诺的通知与承诺同时到达要约人
   D. 撤回承诺的通知先于承诺到达要约人

14. 在某建材购销的承诺中,对于要约中的下列事项作了变更,属于非实质性变更的是( )。
   A. 建材的规格型号   B. 建材的质检标准
   C. 建材包装的装潢   D. 交货方式

15. 在某建材销售的承诺中,承诺对要约做以下变更,则承诺有效的情形为( )。
   A. 对建材质量标准的变更
   B. 对建材外包装、装潢的变更,但是要约人及时表示反对
   C. 对要约内容增加了三条说明性条款,要约人并未反对
   D. 对建材规格型号的变更

16. 下列关于合同当事人的名称,住所的表述中,错误的是( )。
   A. 法人、其他组织的名称是指经登记主管机关核准登记的名称
   B. 某公司的名称必须以营业执照上的名称为准
   C. 自然人的住所是指自然人当前居住之处所
   D. 法人、其他组织的住所是指他们的主要办事机构所在地

17. 下列关于合同"标的"的表述中,错误的是( )。
   A. 合同标的是合同主体双方的权利义务共同指向的对象
   B. 合同标的是合同法律关系的客体
   C. 某工程建材购销合同的标的是建材,即物
   D. 某工程施工合同的标的是该工程本身,即物

18. 签订合同时,对标的物的质量所应当遵循的标准不包括( )。
   A. 国家质量标准   B. 行业质量标准
   C. 国际质量标准   D. 企业新产品鉴定的标准

19. 在我国,解决合同争议一般按照( )的程序进行。
   A. 协商、仲裁、诉讼   B. 诉讼、协商、仲裁
   C. 仲裁、协商、诉讼   D. 诉讼、仲裁、协商

20. 合同当事人承担违约责任的方式不包括( )。
   A. 行政拘留   B. 采取补救措施
   C. 赔偿损失   D. 继续履行

21. 下列合同生效的要件中,错误的是( )。
   A. 合同的当事人要具有完全的民事行为能力
   B. 当事人的意思表示要真实
   C. 合同不违反法律和社会公共利益

　　D. 具备法律、行政法规规定的其他必备要件

22. 合同的主体资格合格是指(　　)。

　　A. 合同的当事人要具有完全的民事权利能力

　　B. 合同的当事人要具有完全的民事行为能力

　　C. 合同的当事人要具有完全的民事权利能力和民事行为能力

　　D. 合同的当事人要具有相应的民事权利能力和民事行为能力

23. 下列关于合同无效的表述中,正确的是(　　)。

　　A. 一方以欺诈、胁迫的手段订立合同

　　B. 损害国家、集体或者第三人利益

　　C. 以合法形式掩盖非法目的

　　D. 违反法律、地方性法规的强制性规定

24. 下列关于合同无效的表述中,错误的是(　　)。

　　A. 损害国家、集体或者第三人利益

　　B. 以合法形式掩盖非法目的

　　C. 损害社会公共利益

　　D. 违反法律、行政法规的强制性规定

25. 下列情形中属于无效合同的是(　　)。

　　A. 无权代理订立的合同

　　B. 乘人之危订立的合同

　　C. 恶意串通,损害第三人利益的合同

　　D. 显失公平的合同

26. 下列合同中属于无效合同的是(　　)。

　　A. 一方以欺诈手段订立的合同,损害国家利益

　　B. 条款内容不明确的合同

　　C. 结构有缺陷的合同

　　D. 有重大误解的合同

27. 下列合同中,属于无效合同的是(　　)。

　　A. 主体的权利、义务明显不公平的合同

　　B. 条款不完整的合同

　　C. 条款内容有矛盾的合同

　　D. 损害社会公共利益的合同

28. 根据《合同法》第 53 条的规定,下列免责条款中有效的是(　　)。

　　A. 造成对方人身伤害的

　　B. 故意造成对方财产损失的

　　C. 过失造成对方财产损失的

　　D. 重大过失造成对方财产损失的

29. 甲乙两人签订合同时对免责条款的约定如下,其中有效的免责条款是(　　)。

　　A. 因乙的行为,使甲的身体健康遭受损害,免除责任

B. 因乙的行为,使甲的名誉遭受损害,免除责任

C. 因乙的过失行为,使甲遭受财产损失,免除责任

D. 因乙的重大过失行为,使甲遭受财产损失,免除责任

30. 合同履行中,如合同内容约定不明确,可使用《合同法》中第62条的规定,下列表述中错误的是(   )。

 A. 质量要求不明确的,可按照国家标准、行业标准履行

 B. 价款不明确的,可按照合同签订时履行地的市场价格履行

 C. 履行地点不明确,给付货币的,在接受货币一方所在地履行

 D. 履行期限不明确的,债务人可以随时履行,但应当给债权人必要的准备时间

31. 合同对履行地点没有约定或者约定不明确的,下列表述中,正确的是(   )。

 A. 给付货币的,在给付货币一方所在地履行

 B. 给付货币的,在接受货币一方所在地履行

 C. 交付其他标的的,在接受标的一方所在地履行

 D. 交付其他标的的,在合同签订地履行

32. 对于已经生效的合同,如发现合同条款空缺,当事人可以协议补充,关于协议补充,下列表述中错误的是(   )。

 A. 对于质量要求没有约定的,可以协议补充

 B. 对于价款约定不明确的,可以协议补充

 C. 对于履行地点没有约定或约定不明确的,不适用协议补充

 D. 所订立的补充协议,与原合同具有同样的法律约束力

33. 对于已经生效的合同,如发现合同条款空缺,致使合同难以履行,则对于合同有关内容的确定方法,下列表述中正确的是(   )。

 A. 当事人应当先协议补充

 B. 当事人可以直接按照合同的有关条款确定

 C. 当事人可以直接按照交易习惯确定

 D. 当事人可以直接适用《合同法》第62条的规定

34. 执行政府定价的购销合同,其价格的确定规则,下列表述中错误的是(   )。

 A. 逾期提货,遇价格上涨时,按新价格执行

 B. 逾期交货,价格下降时,按原价格执行

 C. 按期付款,价格下降时,按新价格执行

 D. 按期交货,价格上涨时,按新价格执行

35. 甲乙两人签订一份钢材买卖合同,约定甲先付款,乙后发货。当合同的履行期限届至,甲因担心收不到货而未付款,于是乙在发货期限届至时也未发货。此时,乙行使的权利是(   )。

 A. 先履行抗辩权   B. 后履行抗辩权

 C. 同时履行抗辩权   D. 不安抗辩权

36. 甲乙两人签订一份钢材买卖合同,约定甲应于2003年10月20日交货,乙应于同年10月30日付款,10月上旬,甲渐渐发现乙财产状况恶化,已经不具备支付货款之能力并有确

切证据证明,于是,甲提出终止合同,但乙未允。基于上述情形,甲于 10 月 20 日未按约定交货,依据合同法的有关规定,下列表述中正确的是( )。

A. 甲有权不按合同约定交货,除非乙提供了相应的担保

B. 甲无权不按合同约定交货,但可以要求乙提供了相应的担保

C. 甲无权不按合同约定交货,但可以仅先支付部分货物

D. 甲应当按合同约定交货,如乙不支付货款,可追究其违约责任

37. 合同当事人依法行使不安抗辩权的直接法律后果是( )。

A. 解除合同　　　　　　　　　　　　B 终止合同

C. 中止履行合同　　　　　　　　　　D. 恢复履行合同

38. 甲乙双方签订一份钢材买卖合同,合同约定双方没有先后履行顺序,一方在对方履行之前有权拒绝其履行要求,一方在对方履行债务不符合约定时有权拒绝其相应的履行要求,此情形中当事人行使的权利是( )。

A. 先履行抗辩权　　　　　　　　　　B. 后履行抗辩权

C. 同时履行抗辩权　　　　　　　　　D. 不安抗辩权

39. 关于同时履行抗辩权的行使,下列表述中,错误的是( )。

A. 当事人互负债务,没有先后履行顺序

B. 一方在对方履行之前有权拒绝其履行要求

C. 一方在对方履行债务不符合约定时,有权拒绝其全部的履行要求

D. 对方所负的债务具有履行的可能性

40. 关于后履行抗辩权的行使,下列表述中,错误的是( )。

A. 当事人互负债务,并有先后履行顺序

B. 先履行的一方未履行的,后履行一方有权拒绝其履行要求

C. 先履行的一方履行债务不符合约定,后履行一方有权拒绝其相应的履行要求

D. 先履行的一方未履行的,后履行一方有权拒绝其部分履行要求

41. 如当事人没有确切证据证明对方有法定的行使不安抗辩权的情形,而中止履行合同,则其应承担的法律责任是( )。

A. 缔约过失责任　　　　　　　　　　B. 违约责任

C. 行政责任　　　　　　　　　　　　D. 刑事责任

42. 关于当事人行使不安抗辩权时负有的义务,下列表述中错误的是( )。

A. 及时通知对方中止履行合同的事实、理由

B. 及时通知对方合同恢复履行的条件

C. 与对方协商一致后,中止履行合同

D. 当对方提供担保时,应当恢复履行

43. 关于当事人行使不安抗辩权享有的权利,下列表述正确的是( )。

A. 对方在合同期限内未恢复履行能力,则行使不安抗辩的当事人一方有权通知对方解除合同

B. 对方在合同期限内未能提供适当担保,则行使不安抗辩的当事人一方有权通知对方解除合同

C. 对方在合同期限内未恢复履行能力并且未能提供适当担保,则行使不安抗辩的当事人一方有权通知对方解除合同

D. 对方在合同期限内未恢复履行能力并且未能提供适当担保,则行使不安抗辩的当事人应该与对方协商解除合同

44. 关于代位权的行使,下列表述中正确的是( )。

A. 债权人怠于行使其到期债权

B. 对债权人造成的损害

C. 债权人可以向人民法院请求以债务人的名义代替行使债务人的债权

D. 专属于债权人自身的债权除外

45. 关于代位权的行使,下列表述中错误的是( )。

A. 债权人可以向人民法院请求以自己的名义代位行使债务人的债权

B. 专属于债务人自身的债权除外

C. 代位权的行使范围以债务人的债权为限

D. 债权人行使代位权的必要费用,由债务人负担

46. 代位权的行使中,关于"专属于债务人自身的债权"的含义,下列表述中错误的是( )。

A. 是指只有债务人本身才能享有的权利

B. 包括专属于债务人的人身权利

C. 包括专属于债务人的财产权利

D. 不包括因身体被伤害而产生的损害赔偿请求权

47. 下列关于撤销权的表述,错误的是( )。

A. 债权人行使撤销权必须以自己的名义

B. 债权人通过请求人民法院或仲裁机构形式撤销权

C. 撤销权自债权人知道或应当知道撤销事由之日起 1 年内行使

D. 自债务人的行为发生之日起 5 年内没有行使撤销权的,该撤销权消灭

48. 下列关于撤销权的表述,错误的是( )。

A. 债务人放弃其到期债权,给债权人造成损害的

B. 债务人以明显不合理的低价转让财产,给债权人造成损害的

C. 撤销权的行使范围以债权人的债权为限

D. 债权人行使撤销权的必要费用,由债务人负担

49. 施工合同履行过程中出现( )时,当事人一方不承担违约责任。

A. 因为三通一平导致工期拖延,发包方不能在合同约定的时间内给承包人提供施工场地

B. 因为发包方资金不到位,发包方无法按照合同约定的时间提供承包人工程预付款

C. 因为发生水灾,承包方无法在合同约定的工期内竣工

D. 因为管理不善,承包方的工程质量不符合合同约定的要求

50. 当事人在合同中既约定违约金,又约定定金时,一方违约时,另一方当事人可以( )保护其合法权益。

A. 依据违约金条款要求对方承担责任

B. 依据定金条款要求对方承担责任

C. 选择使用违约金或者定金条款要求对方承担违约责任

D. 采用违约金条款加定金条款之和要求对方承担违约责任

51. 在工程施工中,由于( )原因导致工期延误,承包方应该承担违约责任。

    A. 承包方的设备损坏   B. 不可抗力

    C. 工程量变化   D. 设计变更

52. 出现违约责任后,要求违约方继续履行合同,对于( )非金钱债务不符合约定的,对方可以要求履行。

    A. 法律上或者事实上不能履行的

    B. 质量不符合合同约定要求的

    C. 债权人在合理的期限内未要求履行的

    D. 债务标的不适于强制履行的

53. 当事人因对方违约采取适当的措施防止损失的扩大而支出的合理费用,由( )承担。

    A. 违约方   B. 非违约方

    C. 双方各一半   D. 依据责任的大小双方分担

54. ( )是属于不可抗力事件中的自然事件。

    A. 战争   B. 武装冲突

    C. 行政行为   D. 瘟疫

55. 不可抗事件发生后,当事人一方应当( ),这是当事人的首要义务。

    A. 采取措施,减少损失   B. 及时通知对方

    C. 搜集免责的证据   D. 向对方提出索赔

56. 施工合同履行中,总包单位将土方开挖分包给了甲分包商,将基础部分分包给了乙分包商,但是甲分包商工期延误,现场又有监理单位,乙分包商为此应向( )提出要求承担违约责任。

    A. 发包方   B. 总包方

    C. 甲分包商   D. 监理单位

57. 某项目在施工过程中,建设单位没有筹措到资金,未按照约定向施工单位支付工程款,该行为属于( )。

    A. 合法行为   B. 自然事件

    C. 违法行为   D. 社会事件

58. 某材料采购方口头将材料采购的任务委托给材料供应方,但是双方没有签订书面合同。供应方将委托采购的材料交给采购方并进行了交验后,由于采购方拖欠材料款引发纠纷,此时应当认定( )。

    A. 双方没有合同关系   B. 合同没有成立

    C. 采购方不承担责任   D. 合同已经成立

59. 无效合同从( )时起就没有法律效力。

    A. 谈判   B. 订立

    C. 被确认无效   D. 履行

60. 可撤销的合同,当事人必须从知道或者应当知道撤销事由之日起(　　)内行使撤销权。

　　A. 1 年　　　　　　　　　　　　　　B. 2 年

　　C. 3 年　　　　　　　　　　　　　　D. 4 年

61. 对于可撤销合同,受害方有选择合同效力的权利,这是依据(　　)原则。

　　A. 严格责任原则　　　　　　　　　　B. 过错责任原则

　　C. 意思自治原则　　　　　　　　　　D. 实际履行原则

62. 合同中关于(　　)的条款的效力具有相对独立性,不受合同无效,变更或者终止的影响。

　　A. 违约责任　　　　　　　　　　　　B. 解决争议

　　C. 价款或酬金　　　　　　　　　　　D. 数量和质量

63. 一方以欺诈、胁迫手段订立的,损害国家利益的合同属于(　　)。

　　A. 可撤销合同　　　　　　　　　　　B. 可变更合同

　　C. 效力待定合同　　　　　　　　　　D. 无效合同

64. 法人的法定代表人、负责人越权订立的合同,(　　)。

　　A. 该行为一律有效

　　B. 该行为一律无效

　　C. 除相对人知道或者应当知道其超越权限外,该行为有效

　　D. 除相对人知道或者应当知道其超越权限外,该行为无效

65. 在(　　)的情况下的代理行为不属于无权代理行为。

　　A. 没有代理权　　　　　　　　　　　B. 超越代理权

　　C. 代理权授权不明确　　　　　　　　D. 代理权终止

66. 限制民事行为能力的人订立的合同,相对人可以催告法定代理人在(　　)内予以追认。

　　A. 7 天　　　　　　　　　　　　　　B. 1 个月

　　C. 1 年　　　　　　　　　　　　　　D. 2 年

67. 精神不健康的限制民事行为能力的人订立的(　　)合同是有效的。

　　A. 房屋买卖　　　　　　　　　　　　B. 借款

　　C. 加工承揽　　　　　　　　　　　　D. 纯获利益的赠与

68. B 公司授权其采购员去采购 A 公司的某产品 100 件,采购员拿着公司的空白合同书与 A 公司订阅了购买 200 件某产品的合同,由此发生纠纷后,应当(　　)。

　　A. 要求 B 公司支付 200 件产品的货款

　　B. B 公司可以向 A 公司无偿退货

　　C. 由 A 公司交付 100 件产品,B 公司支付相应的货款

　　D. 由 A 公司交付 200 件产品,B 公司支付相应的货款

69. 无权代理人代订的合同,未经被代理人追认,相对人又没有正当理由相信行为人有代理权的,其法律后果由(　　)承担。

　　A. 被代理人　　　　　　　　　　　　B. 行为人

C. 代理人   D. 相对人

70. 当事人订立合同,在( )情况下可以不采用书面形式。

  A. 施工合同

  B. 勘察设计合同

  C. 即时清结的合同

  D. 当事人约定要求采用书面形式的合同

71. 一般情况下( )订立的合同有效。

  A. 限制民事行为能力人   B. 无代理权人

  C. 法定代表人越权   D. 无处分权人处分他人财产

72. 合同的转让实质是( )的一种特殊形式。

  A. 合同订立   B. 合同履行

  C. 合同变更   D. 合同终止

73. 关于债权人转让权利的应当( )。

  A. 通知债务人

  B. 与债务人协商

  C. 使债务人的抗辩只能针对债权人

  D. 只转让主权利,不转让从权利

74. 债权人转让权利后,债务人的抗辩可以向( )主张。

  A. 债权人   B. 债务人

  C. 让与人   D. 受让人

75. 债务人转移债务的应当( )。

  A. 通知债权人   B. 经债权人同意

  C. 只转让主债务,不转让从债务   D. 必须进行批准、登记

76. 下列说法正确的是( )。

  A. 转移债务的,新债务人和原债务人对合同的义务承担连带责任

  B. 转让债权的,受让人和让与人对合同的权利享有连带债权

  C. 当事人订立合同后合并的,由合并后的法人和其他组织承担连带债务,享有连带债权

  D. 当事人订立合同后分立的,由分立的法人或其他组织对合同的权利和义务享有连带债权,承担连带债务

77. 在合同终止的原因中,( )是最主要和最常见的原因。

  A. 合同解除   B. 债务清偿

  C. 债务抵销   D. 免除债务

78. 下列对于合同终止的正确的是( )。

  A. 合同终止会引起合同权利义务客观上不复存在

  B. 合同终止是合同责任的终止

  C. 合同终止也就终止了合同的经济往来结算条款的效力

  D. 合同终止后合同的遗留问题就没有必要处理了

79. 当事人可以将合同标的物提存，一般提存到（　　　）。
　　　A. 工商行政管理部门　　　　　　　　B. 行政主管部门
　　　C. 公证处　　　　　　　　　　　　　D. 仲裁委员会

80. 合同标的物提存后，债权人领取提存物的权利自提存之日起（　　　）年内不行使将消灭。
　　　A. 1　　　　　　　　　　　　　　　　B. 2
　　　C. 3　　　　　　　　　　　　　　　　D. 5

81. 债权人领取提存物的权利消灭后，提存物归（　　　）所有。
　　　A. 债务人　　　　　　　　　　　　　B. 债权人
　　　C. 国家　　　　　　　　　　　　　　D. 提存机构

82. 当事人依据合同规定主张解除合同的，应当通知对方，合同从（　　　）时解除。
　　　A. 当事人提出的时间　　　　　　　　B. 发出通知的时间
　　　C. 通知送达到对方的时间　　　　　　D. 对方接受通知的时间

83. 建设工程纠纷解决的几种途径中，（　　　）是依靠国家强制力来实现的。
　　　A. 和解　　　　　　　　　　　　　　B. 调解
　　　C. 诉讼　　　　　　　　　　　　　　D. 仲裁

84. 调解，是指建设工程当事人对法律规定或合同约定的权利、义务发生纠纷，（　　　）依据一定的道德和法律规范，使双方自愿达成协议，以求解决建设工程纠纷的方法。
　　　A. 第三人　　　　　　　　　　　　　B. 业主
　　　C. 施工企业法人　　　　　　　　　　D. 双方当事人

85. 仲裁委员会收到仲裁申请之日起（　　　）日内，认为符合受理条件的，应当立案。
　　　A. 3　　　　　　　　　　　　　　　　B. 4
　　　C. 5　　　　　　　　　　　　　　　　D. 6

86. 建设工程纠纷，是指（　　　）对建设过程中的权利义务产生了不同的理解。
　　　A. 总监理工程师　　　　　　　　　　B. 行政主管部门负责人
　　　C. 工商行政部门负责人　　　　　　　D. 建设工程当事人

87. 和解协议（　　　）强制的效力。
　　　A. 应具有　　　　　　　　　　　　　B. 一般具有
　　　C. 有条件的具有　　　　　　　　　　D. 不具有

88. 仲裁委员会的仲裁裁决作出后，当事人应当履行。当一方当事人不履行仲裁裁决时，另一方可按有关规定向（　　　）申请执行。
　　　A. 当地人民政府　　　　　　　　　　B. 仲裁委员会
　　　C. 人民检察院　　　　　　　　　　　D. 人民法院

89. 诉讼判决具有强制执行的法律效力，当事人可以向（　　　）申请强制执行。
　　　A. 工商行政管理局　　　　　　　　　B. 人民法院
　　　C. 人民检察院　　　　　　　　　　　D. 仲裁委员会

90. 建设工程纠纷当事人如果不服第一审人民法院判决，可以上诉至（　　　）。
　　　A. 最高人民法院　　　　　　　　　　B. 中级人民法院

C. 第二审人民法院　　　　　　　　D. 人民检察院

91. 合同当事人如果未约定仲裁协议,则只能以(　　　)作为解决纠纷的最终方式。
　　A. 诉讼　　　　　　　　　　　　B. 和解
　　C. 调解　　　　　　　　　　　　D. 仲裁

92. 人民法院使用普通程序审理的案件,应当在立案之日起(　　　)个月内审结。
　　A. 4　　　　　　　　　　　　　　B. 5
　　C. 6　　　　　　　　　　　　　　D. 7

93. 人民法院审理对原审判决的上诉案件,应当在第二审立案之日起(　　　)个月内审结。
　　A. 1　　　　　　　　　　　　　　B. 2
　　C. 3　　　　　　　　　　　　　　D. 4

94. 诉讼,是指建设工程当事人请求(　　　)行使审判权,审理双方之间发生的纠纷,作出由国家强制保证实现其合法权益,从而解决纠纷的审判活动。
　　A. 仲裁委员会　　　　　　　　　　B. 调解委员会
　　C. 人民法院　　　　　　　　　　　D. 人民检察院

95. 和解,是指建设工程纠纷当事人在(　　　)的基础上,互相沟通、互相谅解,从而解决纠纷的一种方式。
　　A. 自愿友好　　　　　　　　　　　B. 签订协议
　　C. 法律规范　　　　　　　　　　　D. 社会道德

96. 对于一个没有先例的工程或工程内容及其技术经济指标未全面确定的新项目一般采用(　　　)。
　　A. 固定总价合同　　　　　　　　　B. 可调总价合同
　　C. 估算工程量单价合同　　　　　　D. 成本加酬金合同

97. 作为施工单位,采用(　　　)合同形式,可最大限度减少风险。
　　A. 不可调值总价　　　　　　　　　B. 可调值总价
　　C. 单价　　　　　　　　　　　　　D. 成本加酬金

98. 在(　　　)合同中,业主承担了项目的全部风险。
　　A. 总价合同　　　　　　　　　　　B. 单价合同
　　C. 固定价格　　　　　　　　　　　D. 成本加酬金

99. 不属于施工合同文件的组成内容的是(　　　)。
　　A. 协议书　　　　　　　　　　　　B. 投标书
　　C. 建设项目可行性研究报告　　　　D. 中标通知书

100. 当施工合同文件中出现不一致时,以(　　　)为优先解释的依据。
　　A. 施工合同专用条款　　　　　　　B. 招标文件
　　C. 中标通知书　　　　　　　　　　D. 洽商的书面协议

101. 在建设工程施工合同法律关系中,内容就是(　　　)。
　　A. 合同条件　　　　　　　　　　　B. 条款中规定的双方权利和义务
　　C. 承包方应完成的施工任务　　　　D. 合同协议书

102. 协调处理施工现场周围地下管线的费用应由(　　　)负责。

A. 发包人   B. 监理人

C. 承包人   D. 设计人

103. 总监理工程师是经(　　)法定代表人授权,派驻施工现场进行监理组织的总负责人。

    A. 发包人   B. 监理人

    C. 承包人   D. 建设行政机关

104. 承包人的要求和通知,以书面形式由(　　)签字后送交工程师,工程师在回执上签署姓名和收到时间后生效。

    A. 承包法定代表人   B. 发包法定代表人

    C. 项目经理   D. 总监理工程师

105. 工程师对承包人提交的有缺陷的工程进度计划予以确认后,由(　　)承担责任。

    A. 发包人   B. 监理人

    C. 承包人   D. 项目经理

106. 施工合同示范文本规定,因发包人原因不能按协议约定的开工日期开工,(　　)后可推迟开工日期。

    A. 承包人以书面形式通知工程师   B. 承包人征得工程师同意

    C. 工程师征得承包人同意   D. 工程师以书面形式通知承包人

107. 在施工过程中,工程师发现经检验合格的工程仍存在施工质量问题,则修复该部分工程质量缺陷的责任应由(　　)。

    A. 发包人承担费用和顺延工期   B. 承包人承担费用,工期予以顺延

    C. 承包人承担费用,工期不予顺延   D. 工程师承担费用,工期顺延

108. 安装工程预付款的预付额度一般不得超过(　　)。

    A. 合同价款的 10%   B. 当年安装工程量的 10%

    C. 当年安装工程量的 30%   D. 合同价款的 30%

109. 发包人应在(　　)确认后 14 日内,向承包人支付工程款。

    A. 工程检验记录   B. 发包人与承包人计量

    C. 承包人与工程师计量   D. 工程师对索赔报告

110. 承包人应在(　　)将竣工工程交付发包人。

    A. 工程竣工验收报告经发包人认可后 28 日后内

    B. 发包人收到竣工结算资料后 28 日内

    C. 收到竣工结算价款后 14 日后

    D. 竣工验收合格后 14 日内

111. 由于不可抗力的发生,造成(　　),由发包人承担费用。

    A. 承包方人员伤亡   B. 承包人设备损坏

    C. 临时建筑损坏   D. 工程本身的损害

112. 施工中,承包人要求使用特殊工艺,经工程师认可后实施,应由(　　)。

    A. 发包人办理申报手续,并支付相关费用

    B. 工程师办理申报手续,发包人支付相关费用

    C. 工程师办理申报手续,承包人支付相关费用

D. 承包人办理申报手续,并支付相关费用

113.(　　)是建设工程施工合同的从合同。

　　A. 工程监理合同　　　　　　　　　B. 工程设计合同

　　C. 工程分包合同　　　　　　　　　D. 工程勘察合同

114.承包人擅自变更设计发生的费用和由此导致发包人的直接损失,应由(　　)承担。

　　A. 承包人　　　　　　　　　　　　B. 发包人

　　C. 设计单位　　　　　　　　　　　D. 工程师

115.下列关于工程变更的说法中不正确的是(　　)。

　　A. 工程变更总是由承包人提出的

　　B. 工程师审批工程设计变更时应与业主及设计单位协商

　　C. 工程的变更指令应以书面的形式发出

　　D. 发生工程变更,若合同中有适用于变更工程的价格,则应以此价格计算变更工程价款。

116.下列不能构成索赔的原因是(　　)。

　　A. 当事人违约　　　　　　　　　　B. 合同缺陷

　　C. 经工程师批准的承包人提出变更　D. 合同变更

　　E. 工程师指令

117.当施工现场出现较长时间气候异常,承包人一般可以向业主提出(　　)。

　　A. 延长工期的要求　　　　　　　　B. 费用索赔要求

　　C. 既延长工期又索赔费用　　　　　D. 停工要求并索赔费用

118.在下列索赔事件中,承包人不能提出费用索赔的是(　　)。

　　A. 业主要求加速施工导致工程成本增加

　　B. 由于业主和工程师原因造成施工中断

　　C. 恶劣天气导致施工中断,工期延误

　　D. 设计中某些工程内容错误导致工期延误

(二)多项选择题(每题的备选项中,有2个或2个以上符合题意,至少有1个错项)

1.下列属于要约邀请的是(　　)。

　　A. 招股说明书　　　　　　　　　　B. 投标书

　　C. 招标公告　　　　　　　　　　　D. 拍卖公告

　　E. 商品价目表

2.下列关于要约的表述中,正确的是(　　)。

　　A. 要约必须具有与他人订立合同的目的

　　B. 要约的内容必须具体确定

　　C. 要约只能向一个受要约人发出

　　D. 除法律另有规定外,要约人可以自主选择要约的形式

　　E. 经受要约人承诺,要约人即受要约的约束

3.下列关于要约撤回的表述中,正确的是(　　)。

　　A. 要约生效之前,要约人可以撤回要约

B. 在不损害受要约人的前提下,要约人可以撤回要约

C. 撤回要约的通知在要约之前到达受要约人时,要约可以撤回

D. 撤回要约的通知与要约同时到达受要约人时,要约可以撤回

E. 撤回要约必须经过受要约人的同意

4. 下列关于要约撤销的表述中,正确的是(　　)。

A. 要约生效之前,要约人可以撤销要约

B. 要约生效之后,要约人可以撤销要约

C. 在不损害受要约人的前提下,要约人可以撤销要约

D. 撤销要约的通知应当在要约生效之前到达受要约人

E. 撤销要约的通知应当在受要约人发出承诺通知之前到达受要约人

5. 下列情况中,不得撤销的要约包括(　　)。

A. 要约人确定了承诺期限

B. 要约人明确表示要约不可撤销

C. 受要约人有理由认为要约不可撤销

D. 从要约的有关条款中可以推测出该要约不会撤销,并已经为履行合同做了准备工作

E. 撤销要约的通知在承诺通知发出之后到达受要约人

6. 下列情形中,要约失效的情形包括(　　)。

A. 拒绝要约的通知到达要约人

B. 要约人依法撤销要约

C. 要约向不特定的人发出

D. 承诺期限届满受要约人未作出承诺

E. 受要约人对要约的内容作出实质性变更

7. 承诺的有效条件包括(　　)。

A. 承诺必须由受要约人向要约人作出

B. 中标是承诺

C. 承诺的内容应当与要约的内容完全一致

D. 承诺必须在要约的有效期限内作出

E. 承诺可以撤销

8. 下列表述中,正确的是(　　)。

A. 承诺自受要约人发出时生效　　　　　B. 承诺到达要约人时生效

C. 承诺生效时合同成立　　　　　　　　D. 承诺必须在要约的有效期限内作出

E. 承诺可以撤销

9. 下列关于承诺撤回的表述中,正确的是(　　)。

A. 承诺生效之前,受要约人可以撤回承诺

B. 承诺的撤回是受要约人阻止承诺生效的行为

C. 承诺的撤回是受要约人使已经生效的承诺失效的行为

D. 撤回承诺的通知在承诺之前到达要约人时,承诺被撤回

E. 撤回承诺的通知与承诺同时到达要约人时,承诺被撤回

10. 承诺对要约的内容作出非实质性变更时,下列表述正确的是( )。

    A. 该承诺无效

    B. 该承诺有效

    C. 该承诺效力不确定

    D. 如果要约人及时表示反对,则承诺无效

    E. 如果要约明示承诺不得对要约的内容作出任何变更,则承诺无效

11. 下列关于合同无效的表述中,正确的是( )。

    A. 一方以欺诈、胁迫的手段订立的合同

    B. 恶意串通,损害国家、集体或者第三人利益

    C. 以合法形式掩盖非法目的

    D. 损害社会公共利益

    E. 违反法律、地方性法规的强制性规定

12. 根据《合同法》,下列合同中无效的有( )。

    A. 损害社会合同公共利益的合同   B. 附条件的合同

    C. 以合法形式掩盖非法目的的合同   D. 附期限的合同

    E. 恶意串通,损害第三人利益的合同

13. 根据《合同法》第 53 条的规定,下列免责条款中无效的是( )。

    A. 造成对方人身伤害的   B. 故意造成对方财产损失的

    C. 过失造成对方财产损失的   D. 重大过失造成对方财产损失的

    E. 不可抗力造成对方财产损失的

14. 对于已经生效的合同,如发现合同条款空缺,致使合同难以履行,则对于有关事项的确定方法,下列表述中错误的是( )。

    A. 当事人应当先协议补充

    B. 当事人可以直接按照合同的有关条款确定

    C. 当事人可以直接按照交易习惯确定

    D. 当事人可以直接适用《合同法》第 62 条的规定

    E. 当事人可以申请仲裁机构裁决

15. 执行政府定价的购销合同,其价格的确定规则是( )。

    A. 逾期提货,价格下降时,按原价格执行

    B. 逾期交货,价格上涨时,按新价格执行

    C. 逾期提货,价格上涨时,按新价格执行

    D. 逾期付款,价格下降时,按原价格执行

    E. 逾期付款,价格上涨时,按新价格执行

16. 甲乙两人签订一份钢材买卖合同,约定甲应于 2003 年 10 月 20 日交货,乙应于同年 10 月 30 日付款。10 月上旬,甲渐渐发现乙财产严重恶化,已经不具备支付货款之能力,并有确切证据证明。基于上述情形,甲于 10 月 20 日未按约定交货。依据合同法的有关规定,此时,甲行使的权利是( )。

    A. 先履行抗辩权   B. 后履行抗辩权

C. 同时履行抗辩权　　　　　　　　　D. 不安抗辩权

E. 先诉抗辩权

17. 甲乙两人签订一份钢材买卖合同,约定甲应于 2003 年 10 月 20 日交货,乙应于同年 10 月 30 日付款。乙在 10 月 20 日前发生的下列情况(　　　),甲可以依法中止履行合同。

A. 经营状况不理想　　　　　　　　　B. 转移财产以逃避债务

C. 在其他合同的履行中丧失诚信　　　D. 丧失履行能力

E. 抽逃资金以逃避债务

18. 关于代位权的行使,下列表述中正确的是(　　　)。

A. 债务人拥有到期的债权

B. 债权人可以向人民法院请求以自己的名义代位行使债务人的债权

C. 专属于债务人自身的债权除外

D. 代位权的行使范围以债务人的债权为限

E. 债权人行使代位权的必要费用,由债务人负担

19. 下列哪些情形(　　　),债权人可以行使撤销权。

A. 债务人怠于行使其到期债权,给债权人造成损害的

B. 债务人放弃其到期债权,给债权人造成损害的

C. 债务人无偿转让财产,给债权人造成损害的

D. 债务人以明显不合理的低价转让财产,给债权人造成损害的

E. 债务人以明显不合理的低价转让财产,给债权人造成损害,并且受让人知情的

20. 债务人的下列行为给债权人造成了损害,债权人因此请求人民法院撤销这些行为,其中人民法院应予支持的是(　　　)。

A. 债务人能够行使而不行使其到期债权

B. 债务人放弃其到期债权

C. 债务人无偿将财产转让他人

D. 债务人以明显不合理的低价转让财产,但受让人不知该情形

E. 债务人以明显不合理的低价转让财产,并且受让人知该情形的

21. 合同人承担违约责任的形式有(　　　)。

A. 合同继续履行　　　　　　　　　　B. 采取补救措施

C. 支付赔偿金　　　　　　　　　　　D. 返还财产恢复原状

E. 支付违约金

22. 对于金钱债务的违约责任承担的方式有(　　　)。

A. 继续履行　　　　　　　　　　　　B. 减少价格或报酬

C. 要求债务人支付违约金　　　　　　D. 要求债务人支付逾期利息

E. 要求债务人采取补救措施

23. 撤销权的行使期间从(　　　)起计。

A. 订立合同的时间　　　　　　　　　B. 当事人权利受到侵害的时间

C. 当事人知道撤销事由的时间　　　　D. 当事人被告知权利受到侵害的时间

E. 当事人应当知道撤销事由的时间

24. 可撤销合同的确认应该是由( )确认。

    A. 行政主管部门　　　　　　　　　B. 当事人双方

    C. 人民法院　　　　　　　　　　　D. 仲裁委员会

    E. 工商行政管理部门

25. ( )合同是可撤销合同。

    A. 因重大误解订立的合同　　　　　B. 违反法律的强制性规定的合同

    C. 一方以欺诈、胁迫手段订立的合同　D. 订立合同时显失公平的合同

    E. 以合法行为掩盖非法目的的合同

26. 无处分权人处分他人的财产,在( )的情况下,该合同有效。

    A. 经过权利人追认

    B. 与其年龄相适应

    C. 与其智力相适应

    D. 与其精神健康状态相适应

    E. 无处分权人在订立合同后取得处分权

27. ( )合同属于效力待定的合同。

    A. 限制民事行为能力人订立的合同

    B. 无权代理的行为人代订的合同

    C. 滥用代理权的行为人代订的合同

    D. 与第三人恶意串通的代理人代订的合同

    E. 合同双方的代理人为同一人签订的合同

28. 合同中的债务人可以将标的物提存的情况包括( )。

    A. 当事人未约定价格的　　　　　　B. 债权人没有正当理由拒绝受领的

    C. 债权人下落不明的　　　　　　　D. 债务人不知以何种价格履行的

    E. 债权人死亡没有确定继承人的

29. 下列情形中,属于法定解除合同条件的有( )。

    A. 当事人一方抽逃资金,转移财产,以逃避债务的

    B. 因为不可抗力使合同目的无法实现的

    C. 当事人一方经营状况严重恶化,丧失商业信誉

    D. 在合同履行期满前,一方明确表示不履行主要债务的

    E. 当事人一方迟延履行主要债务,经催告后在合理期限内仍不履行的

30. 合同当事人一方提出解除合同,另一方如果有异议的,可以请求( )确认解除合同的效力。

    A. 人民法院　　　　　　　　　　　B. 人民检察机关

    C. 仲裁委员会　　　　　　　　　　D. 工商行政管理部门

    E. 上级主管部门

31. 我国建设工程纠纷处理的基本形式有( )。

    A. 诉讼　　　　　　　　　　　　　B. 调解

    C. 斡旋　　　　　　　　　　　　　D. 和解

E. 仲裁

32. 建设工程纠纷调解解决有以下特点(　　)。
    A. 较经济地解决纠纷
    B. 调解协议具有强制执行的效力
    C. 调解协议不具有强制执行的效力
    D. 调解人的身份没有限制
    E. 有利于消除合同当事人的对立情绪

33. 建设工程纠纷仲裁解决有以下特点(　　)。
    A. 体现当事人的意思自治
    B. 裁决的终局性
    C. 执行的强制性
    D. 当事人在仲裁过程中对抗的平等性
    E. 保密性

34. 建设工程纠纷诉讼解决有以下特点(　　)。
    A. 专业性
    B. 程序和实体判决严格依法
    C. 当事人在诉讼过程中对抗的平等性
    D. 二审终身制
    E. 执行的强制性

35. 当事人申请仲裁应符合的条件有(　　)。
    A. 有仲裁协议
    B. 政府的批准
    C. 有具体的仲裁请求、事实和理由
    D. 属于仲裁委员会的受理范围
    E. 有调解书

36. 仲裁和诉讼都是解决纠纷的方式,与诉讼相比,仲裁具有以下(　　)特点。
    A. 当事人对仲裁庭的组成有权选定;诉讼中审判庭人员是由法院指定的
    B. 仲裁必须有合同纠纷当事人的仲裁协议;而诉讼则没有关于诉讼的协议
    C. 对于仲裁,当事人必须选择仲裁委员会;而诉讼则实行法定管辖,当事人不能随意
        选择管辖法院
    D. 在仲裁协议中,当事人可不选择仲裁委员会;在合同中,关于解决争议方式中可以
        选择诉讼方式及诉讼管辖法院
    E. 仲裁裁决的效力低于诉讼判决

37. 以付款方式进行划分,建设工程施工合同可以分为(　　)。
    A. 总价合同
    B. 固定价格合同
    C. 单价合同
    D. 可调价格合同
    E. 成本加酬金合同

38. 施工合同的当事人包括(　　)。
    A. 发包人
    B. 监理人
    C. 设计人
    D. 承包人
    E. 分包人

39. 《施工合同文本》由(　　)几部分组成。
    A. 协议书
    B. 中标函
    C. 通用条款
    D. 专用条款
    E. 图纸

40. 《施工合同文本》规定,施工合同文件的组成包括(　　)。

A. 中标通知书   B. 招标文件

C. 投标书及其附件   D. 工程质量保修书

E. 工程量清单

41. 在施工合同中,下列( )工作应由承包人完成。

A. 土地征用和拆迁   B. 临时用地、占道申报批准手续

C. 保护施工现场地下管道的保护工作   D. 提供围栏设施

E. 提供工程进度计划及计划统计报表

42. 因( )原因造成工期延误,经工程师确认,工期相应顺延。

A. 设计变更   B. 不可抗力

C. 发包人不执行专用条款的约定   D. 工程造价管理部门公布的价格调整

E. 发包人违约

43. 对于设备安装工程,应由发包人组织( )。

A. 单机无负荷试车   B. 单机投料试车

C. 联动无负荷试车   D. 投料试车

E. 设备到货检验

44. 隐蔽工程重新检验合格,发包人应向承包人承担由此发生的( )费用。

A. 重新检验费   B. 重新覆盖费

C. 承包人损失   D. 隐蔽工程施工价款

E. 监理工程师的酬金

45. 可调价格合同中,价款调整的范围包括( )。

A. 不可抗力

B. 工程造价管理部门公布的价格调整

C. 国家法律变化影响合同价款

D. 工程变更

E. 因供电部门检修电路造成连续停工 3 日

46. 工程项目参加保险时,由发包人办理( )保险,并支付保险费用。

A. 建设工程   B. 第三方人员生命财产

C. 施工现场内的施工机械   D. 待安装的工程设备

E. 所有施工现场的工作人员

47. 发包人在( )情况下,有权要求解除合同。

A. 发包人无力支付工程款   B. 承包人拖欠分包款

C. 承包人转包工程   D. 双方达成解除合同协议

E. 不可抗力

48. 建设工程委托监理合同示范文本包括( )。

A. 工程建设委托监理合同   B. 标准条件

C. 通用条件   D. 专用条件

E. 协议书

考核项目三

编制建设工程施工合同。

任 务 书

一、考核目的

通过考核,让学生明晰建设工程施工合同文件的组成以及如何针对工程项目自身的特点,编制专用条款,强化学生对施工合同的熟悉和理解,为学生从业进行合同管理工作奠定基础。

二、考核内容

以《建设工程施工合同(示范文本)》(GF-1999—0201)(2003 版)为范本,根据给定的背景资料,略去通用条款,编写合同协议书及专用条款。

三、给定的工程条件

详见指导书。

四、实施说明

1. 全班学生两人一组,每组视为签订合同的双方,即承发包双方代表;

2. 教师指导学生完成考核任务;

3. 教师可根据教学实际需要,将考核内容分散安排在各节教学过程中,也可以在其模块结束后统一安排;

4. 考核项目在课内完不成,安排在课外时间完成。

五、上交的成果与成绩评定

1. 成果:学生上交编写完成的建设工程施工合同各一份(两人合同内容相同)。

2. 成绩评定:按"施工合同编制"考核项目成绩评定表评分,作为本课程技能考核的依据。

指 导 书

一、给定的工程条件

工程1：本工程为××市疾病控制综合楼工程，工程立项批准文号：东计发〔2007〕145号、东发改〔2010〕5、20号，建设单位为该市疾病预防控制中心，中标人为××建设集团股份有限公司，中标价为12 462 846元。该工程地点在该市吴宁西路66号，质量要求为合格，工期要求为12个月，计划开工日期2010年6月21日。工程建设规模为建筑面积约9 570.96m²，框架结构，地上六层，地下一层，承包方式为包工包料，中标工程范围为施工设计图纸施工范围，不允许分包，资金来源为自筹，委托监理。

工程2：本工程为××市甘东小区综合楼工程，工程立项批准文号：东计发〔2007〕146号、东发改〔2010〕5、21号，建设单位为该市江北街道猴塘社区甘东小区，中标人为××建设有限公司，中标价为1 968 379元。该工程地点位于江北街道猴塘社区甘东小区，质量要求为合格，工期要求为300日历天，计划开工日期2010年6月31日。结构类型：框架结构，地上七层，地下一层，建筑面积2 734m²。资金来源为自筹，承包方式为包工包料，允许基础工程进行分包，中标工程范围为施工设计图纸施工范围，委托监理。

工程3：本工程为××市南马高级中学学生宿舍楼工程，工程立项批准文号：东计发〔2007〕147号、东发改〔2010〕5、22号，建设单位为该市南马高级中学，中标人为××建设有限公司，中标价为1 408 498元。工程地点在该市南马高级中学，质量要求为合格，工期要求为8个月，计划开工日期2010年6月25日。建设规模：六层框架结构，建筑面积2 034m²。资金来源为自筹。承包方式为包工包料，不允许分包，中标工程范围为施工设计图纸施工范围，委托监理。

工程4：本项目为××市亭塘村发展集体经济留用地综合楼工程，工程立项批准文号：东计发〔2007〕148号、东发改〔2010〕5、23号，建设单位为该市江北亭塘小区，中标人为××建设有限公司，中标价为3 306 688元，工程地点在该市江北亭塘小区，质量要求为合格，工期要求为180日历天，计划开工日期2010年6月25日。结构类型：框架结构，地上七层，地下一层，建筑面积3 964.6m²。资金来源为自筹。承包方式为包工包料，不允许分包，中标工程范围为施工设计图纸施工范围，委托监理。

工程5：本工程为××市中心粮库工程，建设单位为该市粮食局，工程立项批准文号：东计发〔2007〕149号、东发改〔2010〕5、24号，中标人为该市城建市政工程有限公司，中标价为27 886 082元。工程地点在该市歌山镇上周村，质量要求为合格，工期要求为540日历天，计划开工日期2010年7月31日。建设规模框架结构地上4层（局部二层、仓库一层），建筑面积20 670m²。资金来源为财政拨款及自筹，其中，自筹比例为30%。采用可调价格合同，不允许分包，中标工程范围为施工设计图纸施工范围。委托监理。

工程6：本工程为××市××镇××社区四合居民小区综合大楼工程，工程立项批准文号：东计发〔2007〕150号、东发改〔2010〕5、25号，建设单位为该市该镇该社区四合居民小区，中标人为××建设有限公司，中标价为3 231 789元。工程地点在该市该镇该社区四合居民小区,质量要求为合格,工期要求为 180 日历天,计划开工日期 2010 年 6 月 31 日。建设规模框架结构地上 4 层,建筑面积 3 645.565m²。资金来源为自筹。承包方式为包工包料,不允许分包,中标工程范围为施工设计图纸施工范围,委托监理。

工程 7: 本工程为××市江北街道凤凰社区上王小区 C 号楼宿舍工程,工程立项批准文号:东计发〔2007〕151 号、东发改〔2010〕5、26 号,招标单位为该该市江北街道凤凰社区上王小区,中标人为××建设有限公司,中标价为 4 707 907 元。工程地点在该市江北街道凤凰社区上王小区,质量要求为合格,工期要求为 6 个月,计划开工日期 2010 年 6 月 24 日。建设规模:框架结构,地上六层,建筑面积 6 342.72m²。资金来源为自筹,承包方式为包工包料,允许劳务分包,中标工程范围为施工设计图纸施工范围。委托监理。

二、合同生效: 双方签字盖章后生效。

三、专用条款

针对工程项目自身的特点,由双方自行编制专用条款。

四、成绩评定

按"施工合同编制"考核项目成绩评定表评分,作为本课程技能考核的依据。详见附件一。

五、格式要求

要求严格按规定的格式编排、打印,格式范本详见附件二。

271

附件一:"施工合同编制"考核项目成绩评定表

"施工合同编制"考核项目成绩评定表

学生姓名＿＿＿＿ 班级＿＿＿＿ 学号＿＿＿＿ 成绩＿＿＿＿ 教师签名＿＿＿＿

项目名称	＿＿＿＿＿＿＿＿＿工程施工合同编制		
考核目标	通过考核,让学生明晰建设工程施工合同文件的组成以及如何针对工程项目自身的特点,编制专用条款,强化学生对施工合同的熟悉和理解,为学生从业进行合同管理工作奠定基础		
考核内容	以《建设工程施工合同(示范文本)》(GF-1999—0201)(2003 版)为范本,根据给定的背景资料,略去通用条款,编写合同协议书及专用条款		

评 分 标 准

评 价 项 目		评价分值	项目得分
内容 完整性	封面	4	
	目录	4	
	协议书	5	
	专用条款	5	
格式 规范性	装订顺序正确	5	
	格式完全符合规范化程度	10	
综合运 用能力	查阅文献资料的能力	6	
	专用条款中 11 项内容的编制合理性、针对性	34	
	协议中 12 项内容的编制合理性、准确性	12	
	计算机应用能力	5	
学习 态度	独立完成项目情况	5	
	按时上交成果	5	
合　计		100	
项目成绩	项目成绩＝项目得分合计×25％＝		

（本页为施工合同封面）

建设工程施工合同

> 宋体 小一号，加粗，居中

> 宋体 小二号，加粗

工程名称：＿＿＿＿＿＿＿＿＿

工程编号：＿＿＿＿＿＿＿＿＿

发 包 方：＿＿＿＿＿＿＿＿＿

承 包 方：＿＿＿＿＿＿＿＿＿

签订日期：＿＿＿＿＿＿＿＿＿

第一部分　协议书

发包人（全称）：＿＿＿＿＿＿＿＿＿＿＿＿＿

承包人（全称）：＿＿＿＿＿＿＿＿＿＿＿＿＿

依照《中华人民共和国合同法》、《中华人民共和国建筑法》及其他有关法律、行政法规，遵循平等、自愿、公平和诚实信用的原则，双方就本建设工程施工事项协商一致，订立本合同。

一、工程概况

工程名称：＿＿＿＿＿＿＿＿＿＿＿＿＿

工程地点：＿＿＿＿＿＿＿＿＿＿＿＿＿

工程内容：＿＿＿＿＿＿＿＿＿＿＿＿＿

工程立项批准文号：＿＿＿＿＿＿＿＿

资金来源：＿＿＿＿＿＿＿＿＿＿＿＿＿

二、工程承包范围

承包范围：＿＿＿＿＿＿＿＿＿＿＿＿＿

三、合同工期

开工日期：＿＿＿＿＿＿＿＿＿＿＿＿

竣工日期：＿＿＿＿＿＿＿＿＿＿＿＿

合同工期总日历天数＿＿＿＿＿＿＿天

四、质量标准

工程质量标准：＿＿＿＿＿＿＿＿＿＿

五、合同价款

金额（大写）：＿＿＿＿＿＿＿＿元（人民币）

　　　　　￥：＿＿＿＿＿＿＿＿元

六、组成合同的文件

组成本合同的文件包括：

1. 本合同协议书

2. 中标通知书

3. 投标书及其附件

4. 本合同专用条款

5. 本合同通用条款

6. 标准、规范及有关技术文件

7. 图纸

8．工程量清单

9．工程报价单或预算书

双方有关工程的洽商、变更等书面协议或文件视为本合同的组成部分。

七、本协议书中有关词语含义与本合同第二部分《通用条款》中分别赋予它们的定义相同。

八、承包人向发包人承诺按照合同约定进行施工、竣工并在质量保修期内承担工程质量保修责任。

九、发包人向承包人承诺按照合同约定的期限和方式支付合同价款及其他应当支付的款项。

十、合同生效

合同订立时间：_____年_____月_____日

合同订立地点：_____

本合同双方约定 _____后生效

发 包 人：（公章）	承 包 人：（公章）
住　　　　所：	住　　　　所：
法定代表人：	法定代表人：
委托代理人：	委托代理人：
电　　　话：	电　　　话：
传　　　真：	传　　　真：
开 户 银 行：	开 户 银 行：
账　　　号：	账　　　号：
邮 政 编 码：	邮 政 编 码：

此处承发包双方自定，应符合实际的情况，公章处签字。订立日期前后协调

格式要求：正文用五号宋体，行间距固定值20磅，段前段后距0。

第二部分　通用条款（略）

> 宋体 小二号，加粗，居中，段前段后0.5行

第三部分　专用条款

一、词语定义及合同文件

1．词语定义；按本合同《通用条款》第1条执行。

2．合同文件及解释顺序

合同文件组成及解释顺序：＿＿＿＿＿＿＿＿＿＿＿

> 宋体五号，常规，段前段后距为0，首行缩进2个字符，行距20磅

3．语言文字和适用法律、标准及规范

3．1　本合同约定使用汉语言文字。

3．2　适用法律和法规

需要明示的法律、行政法规：《中华人民共和国合同法》、《中华人民共和国建筑法》、《建设工程质量管理条例》、《中华人民共和国招投标法》、《＊＊省工程建设管理条例》、《建设工程施工发包与承包价格管理暂行规定》等

3．3　适用标准、规范

国内没有相应标准、规范时的约定：＿另议＿＿＿＿＿

4．图纸

4．1　发包人向承包人提供图纸日期和套数：＿＿＿＿＿＿＿＿＿＿＿

发包人对图纸的保密要求：＿＿＿＿＿＿＿＿＿＿＿

使用国外图纸的要求及费用承担：＿＿＿＿＿＿＿＿＿＿＿

二、双方一般权利和义务

5．工程师

5．2　监理单位委派的工程师

姓名：＿×××＿　职务：＿工程师＿

发包人委托的职权：＿＿＿＿＿＿＿＿＿＿＿

需要取得发包人批准才能行使的职权：＿＿＿＿＿＿＿＿＿＿＿

5．3　发包人派驻的工程师

姓名：＿＿×××＿＿　职务：＿工程师＿

职权：＿负责处理应由发包人处理的一切事务＿

5．6　不实行监理的，工程师的职权：＿无＿＿＿＿＿

7．项目经理

姓名：＿＿×××＿＿＿　职务：＿项目经理＿

格式要求：正文用五号宋体，行间距固定值20磅，段前段后距0。

备注：各条款的内容可以双方自行确定。